# あなたの知らない政治家の世界
## スウェーデンに学ぶ民主主義

クラウディア・ワリン
アップルヤード和美 訳

CLAUDIA WALLIN
**SWEDEN**
**THE UNTOLD STORY**

新評論

# 閣下、麗しき紳士淑女のみなさま

遠く離れたとある王国から、緊急のお知らせを届けます。閣下、みなさま方、事前に警告しておく必要があるかと思いますが、この変わった国の住人は、国民を代表するというもっとも名誉ある職に就いている人々を普通の人と同じように扱うという国をつくってしまいました。

冗談を言っているわけではありません。本書で私が述べることは、単なるおとぎ話のような幻覚だと言う人もいるでしょう。「スウェーデン」と呼ばれるこの豊かな王国には、国王も王妃も王女たちもいるのですから。ただ、王国だからといって騙されてはいけません。この国の住人は、一風変わった「万人が平等である」ことを謳う民主主義の名のもと、国王のすべての権限を剥奪してしまったのです。

本書でみなさんにお知らせすることは、私が自分の目で確かめたことであり、やがては地球上の国々が受け入れるであろうという内容です。

この遠く離れた国では、国会議員も、大臣も、市長も、市民や国民の負担を軽減するためにバスや電車を利用して職場まで通っています。バスですよ、みなさん！　この裕福な王国のあちらこちらには数多くの城がありますが、国民を代表する国会議員たちは、民主主義と市民の権利を保護する「名士」に似つかわしくないほどの小さくて粗末な事務所で仕事をし、気の毒なぐらい狭い宿舎（ワンルーム）で暮らし、共用の洗濯機を使って日々着ている衣服を洗っているのです。

　国の高貴な守護人たちが、かくも謙虚な生活を余儀なくされているのは、異常とも言える変わった季節変動が、それに耐えて暮らす人に与える影響のせいなのでしょうか。この国の最果ての地では、夏は太陽が沈まず、冬は暗闇が支配しています。みなさまには、私が声高に説明しなくても、このような気象現象がこの土地に住む国民の脳にかなりの影響を与えることは分かるでしょう。

　氷に覆われた地域では、人間よりもヘラジカやトナカイの数のほうが多いと言う人がいます。しかし、これは正しくありません。かつては、みんなで使うための資金稼ぎにあらゆる手段を尽くして戦った勇敢なヴァイキングの戦士が住んでいたこの土地の人口は、今や一〇〇〇万人近く[1]にまで膨らみました。また、この王国の周りには裕福な国が集まっており、それらをまとめて「北欧諸国」として世界に知られています。

　北欧諸国には、現在も王子や王や城が存在していますが、名士である国会議員は一般の人々と同じような生活をしています。これも、私が直接目にしたことですが、隣国の「ノルウェー王国」と呼ばれる国でも、国民を代表する議員の多くが、スーツのポケットから出して食べる、ぐんにゃりとしたサンドイッチを「昼食だ」と言ってうれしそうに食べています。

辺境の地、北ヨーロッパにある北欧諸国の人口は、合わせて約二六〇〇万人です。このすべての人たちが、自らが選ぶ名誉ある国会議員からすべての特権をはぎ取ろうとしているのです。

高名なみなさま、注意を怠らないでください。多くの方々が必ず知っている国、そう、高級チョコレートと立派な銀行があるスイスと間違える人が多くいることからも分かるように、このスウェーデンという王国について知られていることはかぎられたものでしかありません。とはいえ、現在、平等主義のスウェーデン王国のニュースは広まりつつあります。

二〇一三年一月六日　ストックホルムにて

---

（1）二〇一八年一一月現在、約一〇二二万人となっている。スウェーデン統計庁。

もくじ



# 第1章　贅沢や特権というものは皆無　11

# 第3章 汚職を許さない

# 第4章　スウェーデンという国



283

写真提供：スウェーデン国会（Riksdag）

## 謝辞

マッツ・クヌートソン氏には貴重な会話をさせていただいた。Paulo Roberto Varejão、Joe Frans、Claes Jernaeus には時間をいとわず支援をいただいた。スウェーデン議会のアンナ・アスペグレン氏とマリア・スクルト氏には私の終わるところを知らない質問に根気よく答えていただいた。Eduardo Mack とソフィア・ポルハンマー氏には貴重な情報提供をしていただいた。またインタビューに応じてくれた全ての方々に、この本の執筆への支援となったことを感謝したい。我が家の小さなバイキングたち Felix、Alex、Max の愛情にも感謝。そして何より、夫の Ulf Wallin にはありとあらゆる意味で感謝したい。

# あなたの知らない政治家の世界——スウェーデンに学ぶ民主主義

父のJúへ、心の中にいつまでも生きています。

CLAUDIA WALLIN
SWEDEN: THE UNTOLD STORY


English edition: Translated by Laurie Anne Carpenter
CreateSpace Independent Publishing Platform, 2018
Portuguese edition: Um País sem excelências e mordomias
São Paulo: Geração Editorial, 2014

# はじめに

突然ドアが開くと衝撃的な場面が現れるので、あらかじめ警告しておいたほうがいいだろう。このような場面は、心臓の弱い人や誇大妄想癖といった傾向のある人にとってはあまりふさわしくない。ドアの後ろから職員が現れ、コーヒーカップを振り回し、何か策略でもめぐらせているかのようにハミングをしている。この職員は、スウェーデン政府の内閣府である「ローセンバード（Rosenbad）」で開かれている重要な国際会議の部屋に入ったところである。

「誰かが食器洗い機にコーヒーカップを入れ忘れている」

非難するように言い放ったこの職員の言葉が、会議の席に着いている外国の代表団を驚かせた。お互いに顔を見合わせた代表団は、当惑した様子でその成り行きを見守っている。

「ああ、カップに名前が書いてある。フレドリックだ」わざと職員は驚いたように言った。「これ、君のカップじゃないのか、フドリック？」

うろたえて非難した職員を見ているフレドリックとは、フレドリック・ラインフェルト（John Fredrik Reinfeldt）のことで、スウェーデンの第四二代首相（二〇〇六年一〇月六日〜二〇一四一〇月三日）である。

「食器洗い機がいっぱいだったんだ」

ぼそっと首相は言ったが、明らかな怠慢さを指摘され、代表団の前で恥を晒してしまった。「食器洗い機の中のものを出せばいいんだよ、フレドリック」さらに皮肉を込めて職員が言う。「お母さんは、ここでは働いていないからね、首相」

フレドリック・ラインフェルトは椅子から立ち上がり、「すみませんが、これを片づけないと……」と来賓に断って、カップを持って部屋を出ていった。

二〇一三年五月、この場面を見た数百万人は驚いてしまった。ヨーロッパで人気の高い歌謡コンテストである「ユーロビジョン（Eurovision）」がスウェーデンで開催された際、三九か国の放送局が冒頭にこの場面を放送したのだ。歌謡コンテストのオープニングでは開催国の習慣や価値観を表現することが伝統となっている。それを、スウェーデン流に表したものがこの場面だった。

首相とコーヒーカップの寸劇を見せることで、国の平等主義的な特徴にスポットライトを当てたわけである。他の北欧諸国もそうであるように、統治する側と統治される側の間に存在する「隔たり」を忌み嫌い、否定しているのである。なかには、「この寸劇は荒唐無稽な妄想にすぎない、ユーロビジョンの視聴者を喜ばせるための茶番劇である」と言う人もいるだろう。それに対してスウェーデン人は、「失礼ながら、同意しかねます」と答えることだろう。

前述のコーヒーカップをめぐる場面は珍しくない。首相の報道官ロベルタ・アレニウス（Roberta Alenius）氏と非公式な会話をしているときに聞いた話であるが、実際ラインフェルト首相は、オフィスを出るときには必ず自分のコーヒーカップを食器洗い機に入れるというのだ。

この話を聞いたとき、私はスウェーデンが普通の国でないことを悟った。秋、発酵したリンゴを食べて酔っぱらったヘラジカが道路をふらついているイメージや、冬に建物の屋根から巨大な氷の塊が落ちてくるからではない。また、街角で、数え切れないほどの男性が育児休暇を取得する権利をフルに活かし、ベビーカーを押しているからでもない。

ここ一〇年、私の故郷となっているこの特異な国でもっとも注意を惹いたことは、一般人と権力をもつ人との関係において神経をとがらせなくてもよいということだ。言い換えれば、スウェーデンは、政府の役人も、国会議員も、一般市民として扱う国ということである。そして、「閣下」などという堅苦しい敬称が存在しない国なのだ。

市民に奉仕することを目的として選ばれた人、つまり政治的信任を与えられた人だからといって、貴人に与えられる敬称を授《さず》けるわけではない。社会の下層部にいる人によって維持されている「珍しい庶民の王宮」に与えられている特権やへつらいも、認められることのない社会である。

この国では、政治家の妻が、夫である議員が使う公用車で買い物に行くことは絶対にない。公用車は税金で賄われており、その運転手も税金を払っているのだから。そもそもスウェーデンでは、政治家に公用車や運転手、個人秘書をもつ権利が一般的には与えられていない。専用機で移動することもなければ、飛行機のファーストクラスを使うこともないのだ。もちろん、豪華なホテルに泊まることも、贅沢な特別手当を受け取ることもない。贅沢なし、特権なし、なのである。

この本の物語は、スウェーデンのある寒い夜にはじまった。北ヨーロッパに位置する寒々とした国では、あえて「寒い夜」と言う必要がないことをまず言っておかねばならない。それは夜九時のことで、私は公共放送「SVT」の看板番組である「アクチュエルト（Aktuellt）」[2]を見ていた。ストックホルム大学でスウェーデン語のコースを終えたばかりの私は、古くはヴァイキングが使っていた言葉をどれくらい理解できるか試していた。

「聞こえた?」夫のウルフに尋ねた。

番組では、この国でもっとも尊敬されている政治ジャーナリストのマッツ・クヌートソン（Mats Knutson）氏によるラインフェルト首相へのインタビューの様子が放映されていた。

「記者が首相を『フレドリック』と呼んだわ!」

「それがどうかした?」

夫はスウェーデン人らしい反応をする。「ラインフェルトさん」でも「首相」でもない、ただの「フレドリック」、つまり一般の市民なのだ。

その夜以降、マッツ・クヌートソン氏、スウェーデンの政治家、政治学者、弁護士、ジャーナリスト、裁判官や市井《しせい》の人々との会話を重ねることで、一般市民とその市民を代表する政治家との公平な関係の論理が分かりはじめた。権威ある人との会話において敬称を使うことに対する嫌悪感ばかりでなく、統治する側とされる側の間に浸透している平等意識があるのだ。

一九六〇年代にフォーマルな敬称の使用を廃止し、誰もがシンプルに「あなた」と呼ばれる社会、それがスウェーデンである。誰も、人の上に立つ人はいない。政治家とて、ほかの人より上だとは見なされない。政治家を選ぶ庶民に近い状況で生活するべきだ、と考えられているのだ。裁判官でさえ便益や特権はなく、その高額な給与にリンクした食事手当（つまり税金）を利用してランチを食べることもない。

権限をもっている者は説明責任を果たす義務があり、すべての情報は一般に公開されなければならない。スウェーデンの開放性は、まさに政治権力の透明性に反映されている。そして、それは、世界最古の透明性を確保する法律（情報公開法）によって監視されている。この法律のおかげで、国レベルの政治家による汚職が比較的少ないのだ。

私の新たな故郷となったこの国での会話やインタビューは、ブラジルのテレビ局のために制作した「ニュース報道」において使ったものである。このシリーズは「スウェーデン――特典・特権のない政治家の国」というタイトルで、インターネットに乗って世界中に広がった。そして、このテレビ報道はポルトガル、スペイン、コロンビア、メキシコ、ベネズエラ、インドといった国でも反響を呼び、スウェーデンの現実について詳細情報を求めるメッセージが次々と届いた。私が本書を著したのはこのような依頼にこたえるためであり、その内容は、テレビ番組を制作するために行った調査と、二〇一三年にスウェーデンで行ったインタビューに基づいている。

（2）　スウェーデンの夜のニュース番組で、一九五八年から放送されている。

では、この国はいったいどのような国なのだろうか？

一二〇〇年頃に成立したスウェーデン王国（スウェーデン語ではKonungariket Sverige）は、世界でもっとも古い王国の一つである。王宮は一四の島々からなり、バルト海とメーラレン湖に囲まれた首都ストックホルムの華麗な眺望の中心にある。しかし、王宮に住む君主が、この極端で進歩的な平等と公正さ、また社会的連帯の理念の推進において手本となった国で権力を失ってから久しい。

危険な海を渡って略奪を働き、家を焼き、外国の地を恐怖に陥れたヴァイキングの時代はすでに過去のものとなっている。ヴァイキング、最悪の言葉を借りれば、「ブロンドの髪の野蛮人」と言われていた彼らは、同時に「すご腕」の交易者であり、探検家でもあった。

その時代、彼らには珍しい習慣があった。コンセンサスによって、集団で意思決定を行っていたのだ。ヴァイキングは、現在のスウェーデンおよび他の北欧諸国で制定されている「ティング（ting）」と呼ばれる集会を開いていた。この集会は初期の議会とも言えるもので、指導者はいない。つまり、全員が平等であると主張する自由な人々によってつくられたものである。

中世のスウェーデンでは、もう一つ変わった現象が見られる。議会に、貴族、聖職者、中産階級に混じって農民からも代表者が送られていたのだ。このような仕組みは、当時のヨーロッパでは珍しいものである。これが起源となり、何世紀にもわたってスウェーデン社会をかたどってきた民主的伝統と国民の本能ともなっている平等観が、この国を徐々に「社会的正義」のモデルとしていった。

そのはじまりは飢餓にあった。一九世紀半ばまでスウェーデンは、農業が経済の中心であり、ヨーロッパの最貧国の一つであった。そんな国の顔が一変する。その変化を牽引したのは、教育とインフラ、そして工業技術に対する大規模な投資だった。二〇世紀になり、後進国で貧困に喘いでいたスウェーデンは、世界中でもっとも豊かで洗練された工業国となった。

このようにして地球上でもっとも高い税に支えられ、「揺りかごから墓場まで」国民を保護するという、広範囲で寛容な福祉国家を築く基礎ができたのだ。組織的で調和を好む人々が、新しくより人間的な社会をつくるべく、収入の格差や生活の質の不平等をなくすように力を合わせたわけである。

一九三六年、『*Sweden: The Middle Way*（スウェーデン——中道の道）』[3]を著したアメリカ人ジャーナリストのM・W・チャイルズ（Marquis Childs）氏が、「スウェーデン人は、資本主義と社会主義という極端の狭間で好ましい中間点を見つけた」と述べている。社会民主党が主導し、世界の「模範」となった黄金時代は一九七〇年代まで続くことになる。

「イデオロギーの違いを超えて深く浸透しているスウェーデン人の信念は、自由社会の病は治すことができ、不正は許されないというものだ」と、チャイルズは書いている。しかし、時の変化は、福祉国家と融合した強い市場経済に支えられた先駆的なスウェーデンの処方に課題を突きつけている。

冬の終わりに地面や凍った海に必ず亀裂が入るのと同じく、今の時点では、スウェーデンも「欠陥のない社会ではない」と言っておかねばならない。この国もまた、それなりの問題や矛盾を抱えておかねばならない。

---

（3）　この本は、雑誌「エコノミスト」（毎日新聞社、一九五〇年）で紹介されたほか、一九二八年に賀川豊彦、島田啓一郎が『中庸を行くスヰーデン——世界の模範國』として邦訳出版されている。

り、失敗と成功を経験し、その方向性については賛否両論がある。この国の統合政策の不備によって多くの移民が不利な境遇に置かれ、格差が助長され、福祉国家もやや寛容性が薄れつつある。それに、平等な社会を推進しているのはスウェーデンだけではなく、同じような傾向は北欧諸国全体にあるということも忘れてはならない。

それでも、北極圏にほど近い場所で政治が誠実に行われ、時代遅れとなっている特権がなく、税金に対して敬意が払われている国があることを知っておくことは重要である。国会議員の平均給与が、小学校教師の二倍ほどでしかない国である。健全な管理政策が継続して、公金の効果的な使途を監視することで公的機関への信頼を強めている国でもある。そして、国民への敬意を要求する社会が政府を細かく観察し、違反があれば罰するところである。その結果、汚職が普通ではなく例外のものとなった。つまり、透明性が担保された社会であり、行動の変容を遂げた国と言える。

スウェーデン人はというと、決してこれで満足しているわけではない。さらなる透明性を求めており、庶民の現実が分からない政治家がもっと減ればよいと思っている。スウェーデンの第四一代首相を務めたハンス・ヨーラン・ペーション（Hans Göran Persson）氏が学生向けに講演（二〇〇二年）した次の言葉から、自己批判感覚が政府に存在しているという事実をうかがうことができる。

「私は、世界でもっとも素晴らしい政府を率いているわけではない。大臣で構成される内閣は、知的エリートのモデルでもなければ、特段美しいというわけでもない」（Inifan - makten, myglet, politiken Thomas Bodstrom, Norstedts, 2011）

# 第1章 贅沢や特権というものは皆無

「耐え難いほどの困難が待っているぞ！」

著名な外国の政治家が、「スウェーデンの政治世界に入りたい」と言って、誰も止めらないほど気持ちが高ぶっているスウェーデン人をたしなめている。取り巻きとなる助手や親戚といった「寄生する」人を雇う特別な経費などはない。五つ星の個人健康保険を使って鼻の整形手術もできない。市町村議会の議員であれば給与もない。二つ星ホテルの部屋かと思えるような国会議員の宿舎。このような苦難に耐えることができないのなら、北欧神話の「賢者の神」のごとく、戦いで首を切断されたあとでも助言を続けたことで知られ、かぎりない知恵で崇められている「ミーミル（Mímir）」に祈るしかないだろう。

スウェーデンでは、政治家は贅沢な暮らしをさせてもらえない。平等主義が本質である社会では、政治家という階層は、手厚くもてなされるエリート特権にあずかれないだけでなく、権力に根付いた貴族の特典もないのだ。公用車も専用運転手も与えられないスウェーデンの政治家は、一般市民と同じように混み合ったバスや電車で移動している。議員免責特権はなく、法的優遇も受けられず、何かトラブルを起こしたら、公正な裁判官によって一般市民と同じように裁きを受けなければならない。もちろん、裁判官自身も法を超えた存在ではない。

一生暮らせるほどの給与をもらうこともなく、人々のために数年間働いたからといって、スウェーデンの国会議員はそれに報いられるほどの恩給ももらえない。入り口で迎えてくれる個人秘書、専用トイレ、好きなものが食べられる朝食バーなどは一切なく、必要最低限となっている議員事務所は、役所に勤める事務員の部屋のように質素で狭い。また、選挙区では事務所を借りるための手当がもらえないので、地元にいるときは自宅や公立図書館などで仕事をしている。

「まあ、今の状態はいいけれど、さらによくなる余地はまだあるね」

アーランダ空港からストックホルムの中心部へ移動中、タクシーの運転手がこのように言った。「リクスダーグ」(スウェーデン国会)の議員の手取り給料について、彼はほかの人と同じように憤り、不満を漏らしている。恐ろしいことに、国会議員の給与は小学校教師の二倍ほどでしかないのだ。しかし、この運転手に言わせれば、これほどの給与は弁解の余地のない特権であり、すぐにでも廃止されるべきものであるらしい。

ミーミルの助言を仰ぐまでもなく、この国では誰がボスなのかが明らかだ。一般市民のヨアキム・ホルム氏が言う。

「政治家の給料を払っているのは私だ。だから、政治家に贅沢な暮らしをさせるだけの理由はない」

別の一般市民、ミカエル・フォーシュルンド氏も次のように言っている。

「政治家は、私を含めて、税金を払っている市民のために働くことを目的として選ばれる。この国では、政治家が自分たちより優れた、特権階級の人間であると考える人は一人もいない」

市町村レベルではとくにそうなのだが、諸外国から見れば、政治家になろうとする行為には精神鑑定が必要と思われるかも知れない。なぜなら、スウェーデンの市町村議会の議員には給与がなく、仕事をするための部屋も与えられないので、家で仕事をすることになるからだ。そんな条件で議員になるというのは、やはり「頭がおかしい」としか言いようがない。

この国の政治モデルが示しているのは、地球のほかの地域で日常化している権力の濫用を羨ましいものであるかのように眺め、何も感じなくなってしまっている大衆にこそこのような厳しさが必要であろう、ということではないだろうか。

スウェーデンの経験は、政治家は上流階級に値するだけの優遇を受けるべきであるという根拠のない概念を覆すものである。つまり、政治家は平均的な市民より麗しい紳士淑女の階級に属するので、政界という「高天原《たかまのはら》」より下に住んでいる者が決して得ることのできない特権などが神によって許されているとい

「政治家の給与を払っているのは私だ」と言う一般市民のヨアキム・ホルム氏（Joakim Holm）
©COURTESY BANDEIRANTES TV

う概念を否定しているわけだ。

私は今でも、外務大臣［二〇一三年現在］で元首相のカール・ビルト（Carl Bildt）氏がストックホルムのスーパーで買い物籠を押しているという、まるで現実社会では見られないような光景を目にしたときの不思議な感覚を覚えている。ストックホルム市の市長であるステン・ノルディン（Sten Nordin）氏が、バス停で列に並んでいる姿も目撃している。国会の議長であるペール・ヴェステルベリ（Per Westerberg）氏が、地下鉄の電車に乗っている様子も見たことがある。

社会に大きな格差がないスウェーデンは、そうでない国に比べて、間違いなく安全で暴力の少ない国とも言える。一般市民と同様、政治家も移動に防弾車を使う必要はない。この国が大事にしていることは、一般市民の暮らしぶりや日々の苦痛が実感として分かる人物を政治家として選ぶということだ。自らの権益よりも市民のことを考えて働いてくれる政治家が選ばれているこの国では、政治家の権力というものが良識をわきまえた範囲内で行使されていることを示している。

ジャーナリストで政治評論家、スウェーデンの国営テレビ放送局であるＳＶＴで番組をもっているマッツ・クヌートソン氏が次のように言っている。

「スウェーデンでは、政治家は一般市民と同様、質素な暮らしをしている。それは、伝統と言ってもいいだろう」

一九七〇年代、社会民主党の首相オロフ・パルメ（Olof Palme, 1927～1986）はワーリングビー（Vällingby）郊外の自宅に住み、通勤には古い赤色の「フィアット」を使っていた。

「あれは旧東ドイツでつくられた『フィアット600』でした」と、故パルメ元首相の息子で、ウプサラ大学の経済学教授をしているマッテン・パルメ（Marten Palme）氏は言い、当時を振り返って次のように話してくれた。

「父は平等主義者で質実剛健をよしとしていたので、私たちは普通の生活をしていました。［ゴットランド島の北部にある］フォーロ島（Fårö）にあるサマーハウスはかなり原始的なもので、水道や電気もありませんでした」

パルメ首相の前任者であるターゲ・エルランデル（Tage Erlander）氏も、首相府まで路面電車で通っていた。時には、近くで働く妻の車に相乗りをさせてもらっていたという。

スウェーデンで首相官邸を設置することが決まったのは一九八六年のことで、当時のオロフ・パルメ首相が護衛もつけずに映画を観に行った帰りに暗殺された以後のことである。この残酷な犯罪は、いまだ解決されていない。パルメ首相の後任となった社会民主党のイングヴァール・カールソン（Ingvar Carlsson）首相は、この新しくできた首相官邸に嫌々ながら引っ越しをしている。副首相のときもストックホルム郊外の質素なアパートに暮らし、今でも同じアパートに住んでいるカールソン氏は、スウェーデンの首相が「宮殿」と呼ばれるような館に住むのはお門違いだと思っ

古いフィアットを運転して仕事に向かうのオロフ・パルメ首相
©ARNE SCHWEITZ

た、と述べたようだ。ちなみに、首相官邸は、一八八四年に富豪のサーゲル（Sager）家が「サーゲルシュカ宮殿（Sagerska Palace）」と名付けた屋敷である。

あまり意識をしていない観光客なら、首相官邸の玄関の真ん前を通っても気付かないだろう。官邸となっている「サーゲルシュカ邸」に外門はなく、議会近くにあるバルト海とメーラレン湖に接している歩行者専用道「ストロムガータン通り」に位置している。首相の生活空間（私邸）は一一九五平方メートルある官邸の最上階で、面積は三〇五平方メートルほどである。官邸は外部に設置された二台の隠しカメラで監視されており、時々、スウェーデン公安警察の「ボルボ」が停まっている。

「サーゲルシュカ邸」は美しい館である。しかし、ラインフェルト首相［二〇〇八年に来日］の生活空間には、身の周りの世話をする使用人は一人もいない。

「首相の私邸には、一週間に一度清掃業者が入ります。この無料サービスは収入と見なされ、首相はこのサービスに対する税金を収入から払っています」と話すのは、スウェーデン政府の報道官であるアンナ・ダーレン氏だ。一般人から驚嘆の反応を引き出すことなく、ラインフェルト首相は料理やアイロンがけ、自らの服の洗濯について、この国の一般市民と同じようにごく自然に話している。

「私たちみんながしているんだから、彼がしても不思議じゃない」

何人かのスウェーデン人からこのようなコメントを聞いた。スウェーデンの首相が新聞記事で掃除のコツを教え、市民に「床掃除をするときは膝をついてしなくてはならない」と助言していることを知って、大衆迎合主義的であると思う人もいるだろう。しかし、家事をすることは大抵のスウェーデン人にとって、この国で大量に消費されている蒸留酒の「スナップス」を飲むのと同じように自然なことなのだ。

ほかの多くの国と同じように、スウェーデンにも家政婦という職業は存在しない。「家政婦」という言葉は、もっとも急進的なスウェーデン人の間では、平等を願う気持ちと社会的下層階級が再生されるという恐怖に駆られ、憤りを呼び起こすのだ。二〇〇六年に行われた総選挙では、当時の中央党（Centerpartiet）党首のモード・オーロフソン（Maud Olofsson）氏が、二つの仕事を掛け持ちする人の負担を軽減するために清掃人を雇う場合の税控除を導入しよう、と主張したとき、世間では火花が飛び交った。

「それでは、その清掃人の部屋は誰が掃除をするんですか？」

スウェーデンの民放「ＴＶ４」の討論番組で、モデレーターのヨーラン・ローセンベリ（Göran Rosenberg）氏が苛立ちを隠せない様子で言った。

「でも、すべてのペンキ屋さんが自分の家のペンキを塗っているわけではないでしょう！　だから、清掃人も、必要なときには家事手伝いを雇うことができるんです」と、オーロフソン氏は反論した。

意外な反論をしたオーロフソン氏に、当時の首相であるヨーラン・ペーション氏［二〇〇四年来日］がすかさず攻撃を仕掛けた。

「各人、それぞれ自分で家事はするべきだ」と、ペーション首相は言っただけでなく、紛れもないプライドをもって、「私は、一分でワイシャツのアイロンがけができる」と言い放った。そのため彼は、生放送のテレビ番組でアイロンがけをやってみせることになった。この番組のホストが時間を計って、ペーション首相がアイロンがけを行っている様子をYouTubeで見ることができる。「Ett Herrans Liv Göran Persson Season 1 Avsnit 3 del 4/5」というタイトルだ。（原注）

この「おふざけ番組」は多くの視聴者を惹きつけることになった。しかし、その年の選挙で、一〇年にわたって首相の座にいたペーション氏は敗れ、退陣することになった。

モード・オーロフソン氏が副首相（連立政権の副首相）に就任し、スウェーデン人の多くが、時折、掃除などの家事代行サービスを利用するようになった。そのサービスの主な提供者はポーランドからの移民であった。とはいえ、大抵のスウェーデン人が、今でもペーション氏のように自分で洗濯し、料理し、アイロンがけを行っている。

閣僚になっても贅沢な暮らしをしない、というのも同じだ。イギリスの有力経済紙〈ファイナンシャル・タイムズ（FT）〉が二〇一一年の最優秀欧州財務大臣に選んだアンダーシュ・ボリ（Anders Borg）氏［二〇一二年来日］は、平日はストックホルムにある二五平方メートルの国が所有する宿舎に住んでいる。

ヨーロッパの最優秀財務大臣に選ばれたアンダーシュ・ボリ氏は25m$^2$の宿舎に住んでいる
©ANDERS SELNES

「スウェーデンの政治家は慎ましやかです」と、ボリ氏の報道官であるペーテル・ラーション（Peter

Larsson）氏は言う。この報道官によると、ボリ大臣のワンルームマンションは、スウェーデン防衛大学（Försvarshögskolan）の学生向け宿舎の一角にあるということだ。スウェーデン外務省の職員も、何人かがこの宿舎に住んでいるという。週末になるとボリ氏は、ストックホルムの南にあるカトリネホルム（Katrineholm）地区にある家で家族と過ごしている。

スウェーデンの政治家は、大臣であれ、市長であれ、国会の議長でさえも、首相を除いては誰も官邸に住む権利が与えられていない。選挙基盤がストックホルム外となる議員にかぎってストックホルムで部屋を借りるための住宅手当が支払われているが、国が所有する宿舎に住むこともできる。この宿舎、一八平方メートルのワンルームマンションの場合もある。

名誉ある仕事をする人にとって、このような待遇は粗末なものに思えるかもしれないが、これでもよくなったほうだ。一九八〇年代末までスウェーデンには、政治家用の宿舎などが存在しなかった。国会議員は、自分の執務室にあるソファベッドで寝たものだ。今では、全員に宿舎が保障されている。しかし、このような保障が得られることは、住宅不足のストックホルム中心部で住む場所を探している人々にとっては考えられないことである。

「なぜ、国会議員は、私たちのように順番待ちをしなくても宿舎を手に入れることができるのですか？」と、国会内にある保育所で働く人が首をかしげる。国会内には、議員の子どもを預かる保育所

---

（原注）http://www.youtube.com/watch?v=xSAgICGQDg.

が設けられているのだ。

宿舎自体は保障された権利かもしれないが、ベッドはその対象ではない。ほとんどの議員宿舎は、一つの部屋がリビングルーム兼ベッドルームになっており、置かれているのはソファのみである。

それにしても、スウェーデンの政治家におけるこの倹約ぶりはいったいどこから来ているのだろうか？　この答えを求めて、私は「アフトンブラーデット（*Aftonbladet*）新聞社」の本社で、スウェーデン人ジャーナリストのレーナ・メリン（Lena Mellin）氏に会うことにした。彼女は、この国でもっとも広く読まれている政治コラムの一つを書いている。

「国会議員には特権がありますよ」とメリン氏が言う。

「どういう特権ですか？」と私が食いつく。

「国会議員は電話代を払わなくてもいいんです。ストックホルムの中心部にある宿舎を、賃料を払わずに借りることもできます。家で使えるコンピューターももらえ、その技術サポートにはお金を払う必要がありません。報酬も、一般市民の平均以上となっています。ストックホルム外の選挙区を代表している議員には、週末に選挙区に帰る交通費も無料パスで払っています」と、メリン氏は特権を列挙した。そして、次のように補足した。

「普通の市民が別の市で仕事をしていても、雇い主が週末の帰省のためにお金を出してくれることはありませんよね」

私はメリン氏に、「このような手当は、スウェーデンでは比較的ささやかだと思われるのか？　ほかの国の政治家が受け取る手当に比べてなぜ控えめなのか？」と尋ねてみた。

「そうでしょうね。スウェーデンの政治家は贅沢な暮らしはしません。スウェーデンは、市民の平等を基本的な価値として選んだ社会だからです」

「それにしても、公用車やお抱え運転手のような特権もないのですか？」

「政治家に公用車とお抱え運転手ですか、もちろんありませんよ。そんな手当があると、ろ、く、で、も、な、い問題の元凶になりますよ。汚職とかね。政治家に特権があると分かれば、多くの人が自分もそんな仕事に就きたいと言い出して、違法な行為を厭わなくなってしまいます」

もし、スウェーデンの政治家が、自分たちの報酬を増やし、一生給与がもらえるようにし、コーヒーを入れてくれる秘書のいる広い事務所を使うと決めたら、スウェーデン人はどのような反応をするのだろうか。親戚や多くの個人秘書を雇い、専用機で移動し、運転手付きの公用車をもつことが認められたら……。そして、それらが国民の税金で賄われるとしたら……。

「スウェーデン社会は、そのような特権を政治家に譲渡することを決して許しません。スウェーデンで革命が起こるとしたら、そういったことが引き金になるでしょう」と、メリン氏は言っていた。

## 「家の掃除は芸術だ」

「ちりと埃にとって最大の敵となるラインフェルト首相は、家の掃除を入念に、しかも組織的に行っている。当然、スーツは着ていない。徹底的に掃除するときは、特別なポケットがいくつもあるズボンを履いている」（スウェーデンの新聞「アフトンブラーデット」二〇〇八年一二月二一日付）

## 首相との会話

「私は、ほかの人と同じようにただの個人でいたい。特別な人であるかのような扱いを受けたくない」（フレドリック・ラインフェルト）

ラインフェルト首相がスウェーデン議会のロビーに入っていく。飢えたライオンがいる場所に入っていく剣闘士のような足取りで。首相は、月例となっている党首討論（Frågestund）に臨むのだ。四〇分にわたり、ラインフェルト政権下のスウェーデンの状況について議員から質問を受け、それに答えるという状況に晒される。

何気なく出入りする議員やジャーナリストの数が、本会議場に近づくにつれて増えていく。状況的には、孤立していることになる。議事堂の片側にはバルト海があり、一方にはメーラレン湖がある。国会議事堂は、それらに挟まれた小さなヘルゲアンズホルム島（Helgeandsholmen）全体を占めている。

家の掃除をしながら正しい掃除の仕方をアドバイスするラインフェルト首相
©BJÖRN LINDAHL

議事堂のロビー、彫刻を施したガラスパネルから見える地平線上にはストックホルム市庁舎（Stadhuset）のきらめきが見える。反対側にある「ローセンバード」と呼ばれる内閣府などの官庁街がある前の岸では、魚釣りをする人が竿を持ち、ニシンやサケがかかるのを待っている。

「一〇分間だけですよ」と、首相の報道官であるロベルタ・アレニウス氏がロビーで待っていた私たちに告げた。ラインフェルト首相のインタビューがはじまるという合図だ。

穏健党（Moderata Samlingspartiet）の党首でもあるフレドリック・ラインフェルト氏は、二〇〇六年に四一歳の若さで首相に就任した。中道右派の四党連合（スウェーデン語でアリアンセン）が、社会民主党が率いる連立政権を倒したときである。

本会議場の控室で立ったまま神妙な顔つきのラインフェルト首相が、私を見つめながらこの「王国」について

国会議事堂（右）とローセンバード
©Melker Dahlstrand

語りはじめた。この王国とは、以前は王族が行使していた権力を現在は政治家が行使しているが、王や王妃のような暮らしをしていない国のことだ。

**筆者**　贅沢や特権に縁のないスウェーデンの政治家のライフスタイルは、道義的な行動規範に従ったものなのですか？

**ラインフェルト**　そう思います。スウェーデンには、ほかの国に見られるような大きな社会的格差がありません。このことは、スウェーデン社会で非常に重要視されています。それゆえ政治家にも、「上に立つ人」ではなく「私たちの一人」であることが求められます。これがスウェーデン社会における理念の基本原則であり、私もこの原則を快く思っています。

私はほかの人と同じように、ただの個人でいたいと思います。特別な人であるかのような扱いは受けたくない。この平等意識はスウェーデンの精神に反映されており、「スウェーデンというのはこういう国である」という国のアイデンティティーになっています。もし、私が普通の人とまったく違う贅沢な暮らしをしていると国民が感じれば、ほかの政治家でもそうでしょうが、私はかなり批判されることになるでしょう。

**筆者**　このようなスウェーデンの価値体系はどこから来ているのですか？

**ラインフェルト**　スウェーデンには民主主義が深く根付いています。政治家だからといって裕福になったり、家族を金持ちにしたり、ほんのわずかの人が享受できるという特権が手に入るわけでもありません。私は、「彼は私の声を聴いている。私の問題を解決してくれている」と国民が言ってくれるような改革をし、この国をより良くすることを目指して政治家になりました。そうでなければ、有権者はほかの人に投票したことでしょう。

私にとって、贅沢ができないことは問題となっていません。首相になる前からしていた日々の家事を楽しんでやっています。目立った違いは、警護官がいつも周りにいることです。それでも、ほかの国民と同じように、今でも家事や身の周りのことは自分でやっています。

**筆者**　大抵のスウェーデン人がするように、朝、首相も自分のシャツにアイロンをかけているのですか？

**ラインフェルト**　もちろんです。ただし、毎朝ではありません。週末に、翌週に着るシャツにアイロンをかけておくからです。自分でシャツを洗濯し、アイロンも自分でかけています。

**筆者**　毎晩、夕食もつくるのですか？

**ラインフェルト**　そうですよ。自分で夕食をつくって食べています。三人の子どもが私のところにいるときは、子どもの食事もつくっています（ラインフェルト氏は政治家のフィリッパ・ラインフェルトとの間に子どもがいるが、離婚している）。何も特別なことではありません。すべてのスウェーデン人が仕事から帰ったらすることです。

**筆者**　掃除狂だという噂ですが、今でも自宅の掃除は自分でするのですか？

**ラインフェルト**　二人の子どもには埃アレルギーがあります。子どもの健康問題に直結しているので、家をきれいにしておく必要があるのです。官邸に最低限の清掃サービスを入れることがたまにありますが、通常の掃除は自分でしています。ただ、首相になる前は日曜日に時間をかけて隅々まで掃除をしていましたが、今はできていません。

**筆者**　なぜ、自分で掃除をすることがそこまで大事なのですか？

**ラインフェルト**　まず、掃除が好きですし、私だけでなくすべてのスウェーデン人がしていることです。家の掃除をすると、自分の生活を管理して、子どもの世話をしているという気分になれるので、自分にとってもいいのです。リラックスした気持ちになれますし、楽しくできるように工夫もしています。掃除をしているときはヘッドフォンで音楽を聴くか、サッカーチーム「ユールゴーデン」の試合中継を聞くんです。

きれいになった家の中で、子どもが安らかに眠るのを見守ったり、歩き回るというのは最高の気分です。

**筆者**　人に教えたい掃除のコツは？

**ラインフェルト**　使い古したワイシャツの裏を使って鏡や窓を磨くと効果的です。

**筆者**　好きな家事は？

**ラインフェルト**　服の洗濯ですね。以前は家の掃除のほうが好きだったのですが、今は洗濯です。洗濯すると、何でもこい、準備はできている、という気分になれるんです。

**筆者**　スーパーのレジで並んでいる姿を見かけた人がたくさんいますが？

**ラインフェルト**　ほかの人と同じように、買い物は自分でしますからね。ただ、今は警護官が付いてきますけどね。

**筆者**　普通の人がすることをすべて自分でやったうえで、国の指導者としての時間をどのように捻出しているのですか？

**ラインフェルト**　家事にはそんなに時間はかかりません。このような政治の仕事をしていても、家庭生活を営むことが大切です。きちんと計画すればできるんです。自分の生活のわずかな部分を家事にあてています。それから文書を読んだり、必要があれば電話をかけたりします。仕事と家庭を両立させることは、必ずできます。

**筆者**　上流階級に与えられるような特権を政治家に与えるという政治システムについて、どのように思いますか？

**ラインフェルト**　まず言っておきたいことは、そういう国の多くは民主主義のはずですので、このような質問にどのように答えるかは、国民によって選ばれた政治家次第ということになります。当然のことながら、もし私がある国の財務大臣で、支出を削減する必要があれば、どこからはじめるかについては分かりきったことです！　政治家が支出削減をすると言うなら、まずは自分から率先して手本となるべきでしょう。この国の国民は、官僚制と政治指導層にかかるコストを常に意識しています。バランスが必要なのです。政治家が有権者からの信頼を維持しようとするなら、有権者の気持ちを知る必要があります。

## 首相が教える掃除のコツ

ラインフェルト首相は、一〇代のころから家の掃除をしていた。家を掃除するために、母親がいくつかの区画に分けていた。そのうちの一つをフレドリックに分担させていたのだ。以下のヒントは、〈アフトンブラーデット紙〉に掲載された「掃除の達人に聞く――フレドリック・ラインフェルト首相」という記事に書かれていたものである。

**いらないものは持たない**――「基本的なルールは、モノを多く持ちすぎないということです。飾りや雑貨はチリや埃が付きやすく、掃除が難しくなります」とラインフェルト首相は言う。

**掃除しやすい服装をする**――ラインフェルト首相は、ブラシやその他の掃除用品を入れるため、ポケットの多い作業服を着ている。「家の掃除はアートです。うまくするには集中力が必要です」と言う。

**床を磨くときは這いつくばって**――「馬鹿馬鹿しいと思うかもしれませんが、私は膝をついて這いつくばって床を磨きます。そうすれば、床の汚れが取れるんです。モップをかけるだけでは汚れは落ちませんからね」とラインフェルト首相は言う。

**キッチンが一番大事**――ラインフェルト首相は、毎晩キッチンの掃除に一五分をあてている。コンロとシンクをきれいにし、テーブルを拭いて、食器洗い機のスイッチを入れる。「こうすれば、次の日がすっきりとした気持ちではじめられます」と言う。

**掃除機の小さなノズルを使う**――「家の掃除の本当の楽しみは、隠れたところにあるんです。ソファのクッションの下や、リビングルームの隅にたまった埃を見つけると、とてもやる気が湧くんです。こういうところにある埃が掃除機に吸い込まれる音を聞いて満足感を得るために、付属の小さなノズルを使いましょう」とラインフェルト首相は言う。

**掃除の仕方を計画する**――「うまく掃除をするためには、よい計画が必要です」と首相は言う。できれば、家の外側から掃除をはじめるのがよいらしい。あるいは、もっとも念入りな掃除が必要とされるキッチンとバスルームを先にするとよい、とも言う。ラインフェルト首相は、掃除をする際、いつもより念入りにする部屋を一つ決めてから行っているという。

## 国会議員の宿舎

誰もが、世界の終わりが近いことを知っていた。二〇〇〇年には悲惨なことが起こるという噂が広まり、破局的な惨事がすべてのもの、すべての人間を消滅させるだろうと言われていた。しかし、現実主義のスウェーデン人は、これまでにも「世界の終わりだ」と言われたことが何度かあったとして、その年にするべきことを実行に移した。つまり、自分の執務室で寝泊まりしていた議員の最後のグループを、新たに造られた国所有の議員専用宿舎に移動したのだ。この移動は一九八九年にはじまった。

誰もがもっとも恐れていた日、オオカミが太陽や月を飲み込むことはなく、首都ストックホルム以外を選挙基盤とする国会議員が議員宿舎に住むことが認められた。宿舎はまったくシンプルで、口にすることが憚れるような贅沢が一切ない「侘び住まい」である。

もし、利権に左右されるような薄っぺらな美徳をもったスウェーデン人が、突然、人のために働きたいというような衝動に駆られたとしよう。この国が所有する宿舎では、魅力的なヘビの声でささやいたとしても、スウェーデン人を誘惑し、「政治の世界に入れ」と説得することはできないだろう。

スウェーデンの国会議員は質素な宿舎に住み、その平均床面積は四五・六平方メートルとなっている。一番小さい宿舎では、一六・六平方メートルというものもある。スウェーデン議会が管理する一九七戸の宿舎のなかで、七〇～九〇平方メートルの部屋はわずか八戸、四五・六平方メートルを超えるものは八五戸しかない。

国会議員のなかには、国が所有するワンルームマンションに住んでいる人もいる。スウェーデンには、議員のためのワンルームマンションもあるのだ。「寝るための部屋（övernattningsrum）」と呼ばれ、広さの平均は一八平方メートルで、通常は一年生議員にあてがわれることが多い。合計五七戸のワンルームマンションが、国会議員のために用意されている。

部屋の大きさにかかわらず、国会議員にあてがわれた宿舎には、生活に必要となるアメニティーは何一つ提供されていない。洗濯機や食器洗い機、ケーブルテレビはもちろん、ダブルベッドでさえ税金で賄われることはない。

議員宿舎に住む議員は、誰一人として国費で洗濯機を受け取ることはない。宿舎には共用の洗濯機があり、それを使うためには、洗濯する時間を計画して、予約をしておかねばならない。また、ほとんどの部屋がワンルームなので、リビングルームと寝室を兼ねている。

短く天気の変わりやすい夏のある朝、私は社会民主党に所属しているチリ生まれのルチアノ・アストゥディロ（Luciano Astudillo）議員の宿舎を訪れることにした。この議員はスウェーデン南部のマルメを代表しており、国会議員に選出されてから六年になる。

私は、一八八一年に設置された「Katarinahissen《カトリーナヒッセン》」と呼ばれる公営の大きなエレベーターを下りていった。このエレベーターは、ストックホルムの真ん中に位置するセーデルマルム（Södermalm）島のスルッセン（Slussen）の海岸通りと高台部分をつなぐために造られたものである。今は動いていないが、二〇一九年に運転が再開されるという。エレベーターが設置されているプラットフォームの上から見ると、ストックホルムのもっとも美しい光景を目にすることができる。メーラレン湖とバルト海が交わるポイントが見られるのだ。

数分すると、アストゥディロ議員がエレベーターの横、地下鉄のスルッセン駅の出口にある回転ドアから出てきた。私たちはセーデルマルム島の動脈で、モダンなバーやカフェが立ち並ぶヨートガータン通りを、議員宿舎があるところまで一緒に歩いた。

スウェーデンの作法に従って、私は家に入る前に靴を脱ぎ、周りを見わたした。議員宿舎には小さなリビングルームと小さなバスルームがあり、同じく小さなキッチンには電子レンジがあったが、食器洗い機は見当たらなかった。床面積は三三平方メートルほどだ。

「寝室はどちら？」と尋ねると、「リビングルームが寝室ですよ。寝るときはソファベッドを広げるんです」と言う。彼は、チリのサルバドール・アジェンデ大統領（Salvador Guillermo Allende Gossens, 1908～1973）が軍事クーデターによって政権を追われた二年後、一九七五年にスウェーデンにやって来ている。三歳のときだった。

宿舎を案内しながらアストゥディロ議員は、幼い娘がたまにストックホルムに訪ねて来るときは、一緒にソファベッドで寝ていると教えてくれた。

「何度かチリに行ったことがあるので知っていますが、チリの国会議員事情は、まったくことは違いますね」と、議員が言う。

今度は、共用の洗濯機が置かれている地下に行ってみた。そこには、洗濯機が二台あるだけだった。ドアの近くの壁には「使用予定表」が掛っており、議員たちはそこに使いたい日時を書いて予約を入れている。隅には、アイロン台が折りたたんで置かれていた。

「私はアイロン台を持っているんですよ。自分の部屋でアイロンがけをしたいので」

このように話すアストゥディロ議員は、自分で食事をつくり、掃除も自分で行っている。もちろん、議会が夏に閉会になるときには、年に一度の無料クリーニングが入ることは承知している。

夏の閉会期、議会の宿舎部門を担当しているマリー・ストルペ氏と一緒に、国所有のワンルームマンション（簡易住戸）に行ってみた。議会の入り口で、なぜそんな平凡なものに私が興味をもつのか分からないといった表情で、ストルペ氏が迎えてくれた。

私のそばには、目がくらみそうなほど背が高く、スコーネ地方（南部スウェーデン）独特のアクセントでしゃべるカメラマンのカシミール・ルーテルショルド氏がおり、一部始終を録画し、ブラジルのテレビ局「バンデランテス（Bandeirantes）」の編集局に送ることになっていた。

私たち三人は王宮のほうに向かって歩き、国会議事堂がある島とストックホルムの旧市街である「ガムラスタン」をつなぐスタールブロン橋を渡る。コイン広場（Mynttorget）を過ぎると、議事堂の別館である議員会館（Ledamotshuset《レダモーツフセット》）に入る。ここにも執務室がある。警備室を通過し、エレベーターで六階に上がる。この建物には五二戸のワンルームマンションがあるが、そのうち一三戸がこのフロアにある。残り五戸は、リッダルフストリエット広場の近くにある「セファルス（Cephalus）」と呼ばれる議会周辺の建物の中にある。

迷路のような廊下に並ぶドアの脇には、この中に住んでいる国会議員の名前が書かれた札が掛けられている。エヴァ・オーロフソン（Eva Olofsson）氏、トーネ・ティングスゴード（Tone Tingsgård）氏、クリスティーナ・オスカルソン（Christina Oskarsson）氏、アラン・ヴィドマン（Allan Widman）氏といった議員が現在ここに住んでいる。廊下を歩いていると、さまざまな政党の略称が額に刻まれているのが分かる。左派も、保守の代表も、議場では敵であるがここでは「お隣さん」である。

今、留守をしている議員から了解を得て、ストルペ氏が部屋の鍵を開けた。小さな一八平方メートルの部屋だ。「平日に議員が住むには十分な広さです」と、ストルペ氏がベッドとして使うソファを広げながら言う。

やや大げさかもしれないが、ワンルームマンションの大きさを見て、ストックホルム郊外のサラ（Sala）にある、とてもモダンな「サルベルガ刑務所」の独房を思い出した。すべてのスウェーデンの刑務所がそうであるように、囚人の部屋には専用のバスルームがあった。

「もし、親戚などが訪ねてきたら、移動式のベッドを置くことができますよ」と、ストルペ氏は言う。ソファベッドのほかには、テーブルと小さな洋服ダンス、一口コンロのある小さな食事場所、そしてミニ冷蔵庫があるが、それだけでこのワンルームマンションはいっぱいだ。

ここでは、台所も共用なのだ。ストルペ氏は私たちを広々とした共用キッチンに案内してくれた。モダンなリサイクリング・ステーションに加え、意外にも食器洗い機があった。議員宿舎にはなかったものだ。

「議員たちは自分で鍋を洗い、常に、ここをきれいにしておかなければならないんです」とストルペ氏が言う。よく見ると、キッチンの食器棚の一つに「使ったらきれいにしておこう！（Städa Upp!）」と書かれた紙が貼られていた。議員たちに、「後片づけ」を呼びかけているのだ。近くには、障碍のある議員のためのキッチンもあった。障碍のある議員の部屋やバスルームには、特別な支援が施されている。

議員会館を後にし、ストルペ氏と一緒にムンクブロン（Munkbron）に向かった。ここには、国が所有している七つの建物のうちの一つがある。メーラレン湖の湖沿いにあるムンクブロンは、スタッツホルメン島の旧市街のなかにある通りだ。ここからリッダーホルメン島とリッダーホルム教会（Riddarholmskyrkan）の尖塔が見える。この教会には、スウェーデンの古代王族が埋葬されている。左には、もう一つの島であるセーデルマルム島が見える。

ムンクブロンにある建物の黄色っぽい外観は、アストゥディロ議員の宿舎と同じようにシンプルだ。ストックホルムのほとんどの建物がそうであるように、ドアマンやコンシェルジェはいない。外から呼び出しができるインターコムもない。通常の電子パネルがあり、入り口のドアを開くためにはコードを入力することになっている。

一階の部屋は一六平方メートルあまりしかない。極小のキッチンには一口コンロと電子レンジ、そしてミニ冷蔵庫がある。シングルベッドとテーブル、小さな洋服ダンスか

市庁舎から見たリッダーホルメン島。後ろに見えるのは、スタッツホルメン島とセーデルマルム島（訳者撮影）

らなるこの宿舎は、数回連続当選しているベテラン議員の部屋らしい。

二階には四〇平方メートルもある部屋があり、階下の部屋と比べると、星二つ分レベルアップしていることになる。とはいえ、一人が立って料理するのがやっとのキッチンを除けば、リビングルームに数平方メートルの余裕があるだけで、寝室兼用となっている。議員宿舎の基本的な機能を備えたモデルは、ここでも同じであった。

最後に、地下に行ってみた。同じく、政治家向けの共用の洗濯機があり、壁には時間を予約する予定表が貼られていた。英語では、恥ずかしい話を人前で言うことを「汚れた服を人前で洗う」と言うが、実際に議会で汚れものを洗う議員がいる。議会にも共用の洗濯機があるのだ。その典型となる例が、スウェーデンの左党（Vänsterpartiet）に所属しているロサーナ・ディナマルカ（Rossana Dinamarca）議員である。彼女は次のように言っていた。

「普通、宿舎に帰えるのが夜なので、議会の洗濯機で日中に服を洗うんです。簡単ですよ。服を洗濯機に入れて、一時間たったら取りに行けばいいんですから」

国会議員の子どもは、一歳から一三歳であれば議会の保育所に入園することができる。[1]

「でも、子どもの昼食代は払わなければなりません。二〇クローナ［約二二〇円］です」と言うのは、保育所でアシスタントを務めているモニカ・カールソンだ。

「審議が夜にある場合は、夜中かそれ以降まで開いていますよ」

宿舎やワンルームマンションは、ストックホルムから五〇キロ以上離れた選挙区から選出された議員のみ借りる資格がある。ストックホルム選出の議員には、国所有の不動産を借りたり、住宅手当を受け取るという権利はない。また、議会の議長でさえも公邸をもてるという権利がない。

「リクスダーグ（スウェーデン国会）の議長には、住宅に関する特権はありません。議長といえどもほかの国会議員と同じです」と、議会の広報担当であるマリア・スクルト氏が言っていた。

政党ごとに、所属議員にどのような住宅を与えるのか決めることになっている。誰が大きな部屋をもらい、誰がワンルームマンションに入るのかを決めるのだ。不動産の管理費用は議会が払っているが、すべての費用を支払っているわけではない。

「議員は電気代として月額一〇〇クローナ［約一一〇〇円］の手当をもらいますが、それだけです。希望すればクリーニングサービスを利用することができますが、三〇〇クローナ［約三三〇〇円］を払わなければなりません」と言うのは、議員サービス部（Ledamotsservice）の責任者であるアンナ・アスペグレン氏だ。

さらに、国が宿舎代を支払う相手は議員本人に限定されている。議員の配偶者、家族、パートナー

（1）一クローナ＝約一一円（二〇一九年九月二一日現在）として円換算をした。以下も同じ。ちなみに、北海道大山本淳教授は、以下のように為替変動について述べている。「一クローナは約一五円である（二〇一三年四月現在）。ただし、最近の為替変動の状況を考えると、日本円に換算しても現地での価格の感覚とは必ずしも相関しないのではないかと思われる。スウェーデン中央統計局によると二〇一一年の平均賃金は月二万九〇〇〇クローナであった」（http://www.ipss.go.jp/syoushika/bunken/data/pdf/19824904.pdf）こちらもあわせて参考にされたい。

は、住むことはおろか、使用料を支払わなければ泊まることができないのだ。議員宿舎に家族が泊まったりした場合は、一か月以内に家族が泊まった日数分を国に払い戻す必要がある。

また、七五パーセントの女性が雇用されているこの国では、ストックホルム以外を選挙基盤とする議員の配偶者が議員宿舎に住むことになれば、家賃の半額を負担するという義務が生じることになる。アスペグレン氏が次のように説明した。

「言うまでもなく、私たちが税金を払うのは、首都以外を選挙区とする議員以外の誰かにタダで住んでもらうためではありません」

国会議員には、ストックホルムでの宿舎に関して二通りの選択肢がある。一つは、議員宿舎またはワンルームマンションに住むこと。もう一つは、自分で住居を借りて、その賃料に応じて議会に払い戻しを求めることだ。後者の場合、議会が払戻す上限は月額八〇〇〇クローナ［約八・八万円］と定められている。ストックホルム中心部の住宅不足に鑑みれば、比較的少額と言えるだろう。

「ただ、配偶者と一緒に暮らす議員の場合は、この払い戻し金額も家賃の半額しか要求できず、管理費も自分たちで払う必要があります」とアスペグレン氏が言っていた。中央党（Centerpartiet）の党首であるアニー・レーフ（Annie Lööf）氏がその例で、ストックホルムのマンションで夫と一緒に暮らしている。

「アニーの夫は、ほかの国民と同じように、自分の家賃分を払わなければならないのです」

二〇一一年、社会民主党の党首であるホーカン・ユーホルト（Håkan Juholt）議員がこの規則を破ってしまった。そして、その責任を問われることになった。

## 宿舎スキャンダル――「国の汚職対策部がユーホルト議員を捜査」

ユーホルト議員は、スウェーデン社会民主党が首を長くして待っていた救世主のように思われていた。雄弁で選挙に強そうなユーホルトは、二〇一一年三月に社会民主党の党首になった。再び有権者の信頼を得て、二期連続で敗北を期した総選挙で社会民主党を政権の座に返り咲かせることができるのでは、と期待を集めていた。

ところが、議会から住宅手当を受けて住んでいるマンションにガールフレンドが一緒に住んでいることが発覚し、華々しいキャリアが阻まれてしまった。党首のパートナーが自分の支払うべき家賃を払わず住んでいることが分かると、ユーホルトが率いる野党社会民

住宅手当を不正受給していたため辞職に追い込まれたユーホルト氏　©ROGER TURESSON

主党の支持率の上昇が止まってしまった。一〇月のことだったが、これによってユーホルトの人気には陰りが見えはじめ、秋に散る葉のように落ちてしまった。

　このニュースを報じたのは〈アフトンブラーデット紙〉だった。ユーホルト議員が二〇〇七年からパートナーのオーサ・リンドグレンと一緒に住んでいるマンションの家賃を払うために納税者のお金を受け取っていた、と同紙は報じた。そして、あっという間にスキャンダルに発展した。四年半で、総額三二万五三〇二スウェーデンクローナ［約三五八万円］を受け取ったことになる。

　結局、この件に関して警察の捜査が入ることになった。「国の汚職対策部隊がユーホルト議員を捜査」と、メディアも口を揃えて言い出した。予備捜査が終わると汚職対策部隊は、国会議員が関与する容疑を規定するスウェーデンの法律に従い、この件をスウェーデン警察の「犯罪課（Riksenheten för Polismål）」に委ねた。

　ユーホルトは恥ずかし気もなく無罪を主張し、「手当を受給するマンションに議員の配偶者や家族が住む場合、支払いをする必要があるという規則を知らなかった」と言った。そして、不満を言うこともなく、不当に受け取った一六万クローナ分をすぐに返還した。ユーホルトの動きは素早かった。しかし、それでも手遅れだった。

「住宅の使用についての規則を知らなかったために過ちを犯したので、これについて謝罪します。しかし、意図的に不正受給をしたわけではないことは分かっていただきたい」とユーホルトは言った。しかし、議会の事務局によると、社会民主党のアシスタントの一人がこのことについては数か月前に知らせていたということだった。

ユーホルトは、ストックホルムから南へ三〇〇キロの所にあるオスカーシャム（Oskarshamn）の出身である。一九九四年に国会議員に初当選してから、彼はストックホルムの中心部にある議員宿舎に一人で住んでいた。そして二〇〇七年、彼はヴェステルトルプ（Västertorp）郊外にあるガールフレンドのオーサが住む住居に移った。そのとき彼は、オーサの住居を自分の新たな首都での宿舎と登録し、七二二五クローナ分の家賃に対する払い戻しを要求した。

この郊外の住居の家賃は、ユーホルトが一人で住んでいた議員宿舎よりも安く、議会の議員用住宅手当の上限である八〇〇〇クローナ［約八・八万円］を下回っていた。そのことを論点として、ユーホルトはいわゆる謝罪行脚（förlåtelseturnén）として二か月かけて国中をめぐり、有権者に訴えた。それでも、ユーホルトの罪は許し難いものだった。党首のガールフレンドが、有権者が納める税金で住んでいたわけだから。彼女が負担すべき割合の家賃を支払うべきであって、有権者が肩代わりするものではない。

この時点でメディアは、ガールフレンドがベラルーシへの出張に同行していたことも暴露した。この場合、スウェーデン議会の規則では、ユーホルトは宿泊費の半額しか請求できないのだ。次の会話は、二〇一一年一〇月八日付の〈ダーゲンス・ニュヘテル紙（Dagens Nyheter）〉に掲載されたものである。

**記者**　自分のパートナーと同居していたのに、どうして家賃の全額を税金で賄ってもらえるなどと思ったのですか？

**ユーホルト**　そのことはまったく念頭にありませんでした。国会議員が住宅手当を受けられる住居に誰かと一緒に住む場合、その家賃の半額しか払い戻し請求ができないということは知りませんでした。この規則を知らなかったのです。知っているべきでしたね。

**記者**　あなたのパートナーも同じところに住んでいたわけですから、家賃を二分することは理に適っていると思いませんか？

**ユーホルト**　そうですね。

**記者**　そういう風には考えなかったわけですね。

**ユーホルト**　考えませんでした。私がストックホルムの中心部で借りていた議員宿舎はもっと高かったんです。だから、問題だと思いませんでした。

**記者**　この事件で、有権者のあなたに対する信頼が失われると思いますか？

**ユーホルト**　政治家全体のイメージに傷がつくと思っています。

このスキャンダルは、各紙の社説などでも怒りを呼んだ。リベラルな日刊紙〈イェブレ・ダーグブラッド（Gefle Dagblad）〉は、「社会民主党の党首であるホーカン・ユーホルト氏は、月額報酬が一四万四〇〇〇クローナ［約一五八万円］である」と報じた。そして、次のように厳しく論評している。

「これほどの月給をもらっていれば、ヨアキム・フォン・アンカ（ディズニーアニメのキャラクターで、ドナルドダックの伯父役のしみったれた百万長者のスクルージ）でも、たった数千クローナのために詐欺を働くことはしないだろう」

ほとんどの人が、規則を知らなかったというユーホルトの主張を信じていた。しかし、有権者として彼を容赦すべきかどうか、そしてユーホルトがスウェーデンの首相の座に就くべき候補者として適切であるかどうかについては疑問に思ったのだ。

二〇一二年一月、党首辞任という声が強まるなか、ユーホルトはついに辞任を表明した。彼が党首の座に就いていたのは、わずか一〇か月だった。

「スウェーデン人は、権力の座にある人が自分の私腹を肥やそうとすれば、その人が誰であろうとも拒絶する」

政治学者のジェニー・マデスタム（Jenny Madestam）氏が、スウェーデンの通信社〈ＴＴ〉でこのように語っている。

ユーホルトのスキャンダルが理由で、議会は新たな規則を導入することになった。現行の規則では、国会議員はストックホルムで暮らす場合、一人で暮らしているのか、そうでない場合は誰と暮らしているのかについて、全員が所定の書式において報告することが義務付けられている。以前は任意の報告のみだった。

## 宿舎入居の前に――国会議員エヴァ・フリボリとの会話

### 「執務室のソファベッドで寝るのは問題ではなかった」（エヴァ・フリボリ［Eva Flyborg］）

フリボリ氏が国会議員になったとき、国会議員の生活はどう考えても楽園と結びつけられるものではなかった。皿も、服も、執務室の流しで手洗いをしなければならなかったし、ベッドはなかった。また、議員のための宿舎も存在しなかった。一九九四年から一九九八年の議員としての第一期、自由党（Folkpartiet）に所属するフリボリ氏は執務室のソファベッドで寝泊まりをしていた。

ある凍てつく朝、私はフリボリ議員へのインタビューのために議会へ向かった。犬でさえ冬用の毛皮の内側で凍えているような朝である。入り口に着くと役人が出迎えてくれ、自由党に割り当てられている棟に案内してくれた。私はその役人に、「エヴァ・フリボリ議員の助手なのか？」と尋ねてみた。すると、この役人、ラーシュ・ヨハンソン氏が言った。

「私はパートで働いていて、フリボリ議員のほか八名の議員から依頼されるさまざまな仕事をしています。スウェーデンには個人秘書というのはいないのです」

フリボリ議員は、自由党のエネルギー、産業、貿易を担当するスポークスパーソンを務めており、経済学者でもある。以前は、スウェーデンの自動車メーカーである「ボルボ」に勤めていた。一九六三年に、スウェーデンの西海岸に位置するヨーテボリ地域にあるオッテルハーラン

（Otterhällan）で生まれた。そういえば、スウェーデン議会の「ビートルズ・ファンクラブ」の創設者としても知られている。もちろん秘書はおらず、ミニコーヒーバーや個人のバスルームもない一二平方メートルの執務室で、一九九〇年代の議員時代を振り返ってもらった。

**フリボリ**　執務室は小さく、一〇平方メートルほどでした。小さなバスルームとコーヒーメーカー、トースターがあるだけでした。バスルームのシンクで、皿や服を洗わなければなりませんでした。地下には共用の洗濯機がありましたが、それが使えるのは、三〇〇人以上いるほかの議員が使っていないときだけです。

**筆者**　大きな洗濯施設ではなかったのですね？

**フリボリ**　もちろんです。とても小さな洗濯場で、洗濯機が二台あるだけでした。

**筆者**　三四九人の議員に対して二台だけですか？

**フリボリ**　そうです、二台だけです。だから、議員の多くはバスルームのシンクで服を洗うか、地元に帰るときに持って帰って、洗ってきていましたね。

**筆者**　洗った服は執務室の中で乾かすのですか？

エヴァ・フリボリ氏　©COURTESY

**フリボリ**　ほかに干す場所はありませんから。私に与えられたのは執務室だけでした。ですから、服を椅子やコンピューターやランプに掛けて乾かしました。朝になって乾いている場合は片づけました。

**筆者**　議会の執務室で仕事をして、そこで泊まるのは普通だと思われていましたか？　それとも、議員の間でも不満がありましたか？

**フリボリ**　普通だと思っていましたよ。とくに問題だとは誰も思っていませんでしたね。

**筆者**　議員は自分たちの待遇に不平を言いませんでしたか？

**フリボリ**　国会議員としての生活は、ほかの人とは違います。普通の仕事ではありませんからね。でも、それを覚悟で国会議員になったのです。若いころにはガールスカウトに入っていたので、執務室のソファベッドで寝ることに問題はありませんでした。それに、スウェーデン人はとても実用性を重んじる国民です。できることをすればいいと思っています。洗濯をする必要があって、バスルームのシンクしか洗濯する場所がなければ、そこでするしかないのです。

**筆者**　それでは、なぜ議会は一九九〇年代に議員専用の宿舎を造ろうと決めたのですか？

**フリボリ**　議員宿舎は、火災防止規制と環境基準を遵守するために造られたのです。議員が文書や本が積み上がっている執務室で暮らし、食事をし、キャンドルに火を灯しているのは危険だ、と判断されたわけです。それで議会は、私たちを議会の建物から追い出さなければならなかったのです。そうでなかったら、いまだに執務室に住んでいたでしょうね。

**筆者**　今でも、そこに住んでいたと思いますか？

**フリボリ**　ええ、大したことではありませんから。私の本拠地はストックホルムではありません。家はヨーテボリにあります。そこが居住地なのです。そこに家族、友人がいて、車があります。ストックホルムでは、週の数日間働いているだけです。

　数年前までは、議会があるので月曜から金曜までストックホルムにいました。時には、週末もいたことがあります。ほんのたまにですが、一か月ずっとストックホルムにいたこともあります。今は、ストックホルムにいるのは週に四日となりました。

**筆者**　スウェーデンのこのような制度と、政治家がもっと広い部屋や宿舎があり、お抱え運転手や個人秘書、そして助手といった特権を与えられている国と比べて、どのように思いますか？

**フリボリ**　私は、どの国の批判もしません。まず、そのことを断っておきます。それぞれの社会でそれぞれの選択がなされています。ただ、いくつかの国で政治家に与えられている特権のなかには、「相応しくない」と思えるほど過度なものがあることも確かです。それらの国では、政治家が重要な役割を果たしており、社会的に高い地位を与えるべきだという国民の見解が現れているのでしょう。

　スウェーデンでは、そのような社会的地位を政治家の役割に与えません。もし、国会議員が敬称で呼ばれれば、馬鹿馬鹿しいと思われることでしょう。誰一人として、誰かの上に位置するという人はいないのです。ただ、一つだけ例外がありますけどね。それは王室です。といっても、王室はすでに権力をもっていません。

**筆者**　今のストックホルムの宿舎について教えてください。

**フリボリ**　今は、議員宿舎の中で一番大きな部屋に住んでいます。四八平方メートルの部屋です。私の議員経験が長いことと、少し前まで息子が一緒に住んでいたからです。

**筆者**　寝室が二部屋ある宿舎ですか？

**フリボリ**　いいえ、小さな部屋が一つあるだけですよ。その部屋で、息子と一緒に暮らしていました。今は、ヨーテボリで学生をしています。

**筆者**　息子さんの分は、家賃を払う必要があったのですか？

**フリボリ**　いいえ、そのとき息子は一二歳未満でした。一二歳以上になると、議員の子どもが宿舎に住む場合には家賃を払うことになります。ホテルと同じですね。一二歳以上の子どもは有料になります。

**筆者**　宿舎には、洗濯機や食器洗い機といったアメニティーはありますか？

**フリボリ**　いいえ、ありません。地下に洗濯施設があるだけです。合計八〇戸ある二つの建物に、二台の洗濯機があるだけです。

**筆者**　自分たちで服を洗い、アイロンをかけるんですか？

**フリボリ**　もちろんです。ほかに誰がしてくれるんですか！　自分でできることは、ほかの人にしてもらう必要はありませんね。そのほうが実用的でもあります。私は、シャツのアイロンがけを二分ですることができます。もし、ドライクリーニングに出すとなれば、時間もお金もかかります。そんな時間はありませんからね。自分でやったほうが簡単です。二〇分で食事をつくり、二分でアイロンがけをします。とても効率がいいでしょう。

**筆者**　国会議員として、また議会の産業貿易委員会の委員として、個人付きの助手はいないのですか？

**フリボリ**　いいえ。パートタイムのアシスタントが一人いて、私とほかの八名の議員のために働いてくれています。

**筆者**　会議に出るための飛行機のチケットを予約してくれるような秘書はいないのですか？

**フリボリ**　いいえ、いません。自分でしたほうが早いですから。秘書に頼むためには、まず情報をわたして、その後、秘書がいろいろなフライトの選択肢を提案します。そして、私個人のニーズといろいろな事情や制限を考慮して、また旅行会社に電話して、一番よいフライトを選ぶことになります。ですから、秘書にやってもらうことは効率がいいとは言えません。違いますか？

**筆者**　すべての面会予定や私的な予定を管理してくれる個人秘書がいないかぎりはそうですね。

**フリボリ**　スウェーデンでは、そういう個人秘書はいません。もちろん、議員にも個人秘書はいませんね。

**筆者**　個人秘書をもつというのは過度な特権でしょうか？

**フリボリ**　私に言わせればそうですね。ほかの職業の人と比べて公平ではないからです。必要がありませんし、議員は個人秘書を必要としていません。特権があると、議員や政治家を、選んでくれた人たちよりもよい暮らしをするような人間に変えてしまいます。そうなると、国民と議員の間に距離ができ、一般市民は政治家を信頼することができなくなります。

## 質素な国会議員の執務室

スウェーデンの国会議員の執務室は平均一五平方メートルで、内装も質素なものである。「ソファの需要は高いですね。十分な数がありませんから」と話すのは、社会民主党のスポークスパーソンであるオメル・オグズ氏だ。彼は、スウェーデンの「イケア」でよく見かける赤い三人掛けのソファを指さして言う。

私たちは、社会民主党の議員の拠点となっている国会議事堂の別館に来ている。リッダルフストリエット広場にある古い円型の建物であり、議事堂からほんの少し歩いたところにある。中央のアトリウムは一般に開かれているが、芸術家のイヴァール・ヨンソン（Ivar V Johnsson, 1885~1970）氏が制作し、「Morgon《モルロン》（朝）」と名付けられた女性の大きな裸像がそびえ立っている。アトリウムの周りには、ミントガータン通りと旧市街の路地に続く小道がある。

この議会の別館の入り口からは、ストックホルム大聖堂（Storkyrkan）が見える。人目を惹く建物で、スウェーデン国王の後継者であるヴィクトリア皇太子（女性。二四九ページ参照）が自分のスポーツトレーナーをしていた男性と二〇一〇年に結婚式を挙げたところである。しかし、この建物、内側から見ると飾り気のない内装となっている。

広い廊下に面しているドアを開けると、各議員の小さな執務室がある。執務室はガランとしていて、秘書が迎えてくれるような受付はない。コーヒーを飲むスペースや個人のバスルームもない。各議員の部屋には、お決まりとなっている明るい色の木製テーブルの上にコンピューターが置かれており、テーブルとお揃いの本棚とテレビがある。なかには、小さな丸テーブルが置かれている部屋もある。

各階の廊下には、二五名の議員が共用で使っている自動コーヒーメーカーがある。議員は紙コップを使って、自分でコーヒーを入れている。なかには、そこで、「スヌース」と呼ばれてい

アトリウムの周りには、ミントガータン通りと旧市街の路地に続く小道がある　©PHOTOGUIDE.SE

るスカンジナビアの伝統的な無煙タバコのケースを取り出す議員もいる。ティーバッグのような小さな紙袋に詰められており、唇の裏に挟んで使用する嗅ぎタバコだが、刺激性の強い臭いがする。趣味がよくないことを象徴していると言える。タバコを吸うより安全だと話す人が多いが、反対する人たちは「中毒の予備軍だ」と言っている。

コーヒーメーカーの近くにはカウンターがあり、新聞や刊行物が置かれている。議員共用のものだ。自分で購読するだけの予算が各議員にはないので、各党が新聞や雑誌の購読料を支払っている。執務室に持ち込んで新聞を読んでもいいが、「読み終わったらカウンターに戻さなければなりません」と、社会民主党のミカエル・ハグベリ議員が言う。

「各議員一人ひとりが新聞や雑誌を読むために、党が何百人分もの購読料を払う必要はありません。新聞などの刊行物は建物内にある図書館で読むこともできます。議会の建物すべてに図書館はあります」と、ハグベリ議員は付け加えた。そういえば、廊下には、ゴミのリサイクルステーションと議員の事務用品を入れておくロッカーもあった。

一番小さな執務室は一〇平方メートルとなっている。広めの部屋の平均でも二五平方メートルで、最大は四五平方メートルとなっている。大きな部屋は党のリーダーや議会の委員会委員長などにあてがわれている。社会民主党の党首の部屋は三〇平方メートルで、贅沢の痕跡もない。党首の唯一の特権は、ソファが確保されていることだ。

## 秘書や個人的な助手はなし

スウェーデンでは、個人秘書や助手は議員の世界に存在していない。「国会議員で個人秘書や助手がいる人はいませんよ」と話すのは、議員サービス部のアドバイザーであるマッツ・リンド氏だ。スウェーデンの制度では、議会に議席をもつ各政党が共用の助手を雇うために、制限のある予算を受け取ることになっている。何人かの助手グループが、各党の議員全員の仕事を手伝っているということだ。

通常、一人の議員に助手が一人つくと月額五万三〇〇クローナ［約五八万円］が支払われ、それが助手の給与となっている。議員のニーズに合わせた助手チームをつくるため、各党でその予算配分が自由にできる。しかし、一般的なルールとして、誰一人として個人秘書はつけず、複数の議員で助手グループを共有している。助手グループは、政治文書を準備したり、報道担当を行っている。

社会民主党の議会本部の廊下で、スポークスパーソンが助手グループの名簿をくれた。九五名で、一三〇名となる議員の活動をサポートしている。内訳は、五二名の政務アドバイザーに三三名の政務・報道補佐スタッフ、そして一〇名の事務アシスタントで、事務アシスタントは議員個人の業務を通常は行っていない。

「各議員は、スケジュール管理は自分で行っています。列車や飛行機のチケットは自分で予約しています」と、オグズ氏は言っていた。しかし、社会民主党の党首には、執務室に合計一〇名の職員がいる。そして、受付には秘書もいた。

スウェーデンの政治学者であるルネ・プレムフォース（Rune Premfors）氏は、一人の議員のために何人もアドバイザーを抱えるのは逸脱行為であると言う。ストックホルム大学の研究室においてプレムフォース氏は、ワシントンの上院議員のもとで働いたことがある友人に言及した。その友人は、部屋にいるスタッフ全員がたった一人の議員のために働いていることを知り、驚いたと言う。

「人材を共用で使えるなら、なぜ一人の政治家が全員を使う必要があるのでしょうか？　国民を代表する議員は、特権が付与されたり、特別な待遇を受けるべきではありません」と、プレムフォース氏は主張している。

確かに、大国にはより大きな問題があり、それを解決するためには「より多くの人材が必要だ」という論理も分からないわけではない。しかし、プレムフォース氏は次のよう言っている。

「だからと言って、個人付きのアドバイザーという形で特権を増やす必要はないでしょう。議員に必要なのは、活動と意思決定をサポートする正確な情報とコンサルタントサービスです。スウェーデンでここ二〇年間拡大しているのはＲＵＴ（議会のリサーチサービス）で、すべての政党にさまざまなリサーチや統計、専門的なコンサルタントサービスを提供しています」

一九七〇年代まで、国会議員には助手どころか議会に執務室さえなかったと、政治学者のダニエル・タースチス（Daniel Tarschys）氏が振り返っている。

「時とともに、助手やアドバイザーによるサポートといったリソースが導入されました。しかし、このようなリソースは常に党全体を対象としたもので、決して一人ひとりの議員を対象としたものではありませんでした。党が、集団で使うか、個人のサービスとして使うかを決めるのです。この制度は、政党が議会で重要視されていること、そして党の結束力が強いことを反映したものです」

政府管理部（Förvaltningsavdelningen Regerinskansliet）によると、スウェーデン政府の閣僚には、秘書一人と二名～九名の助手がいるという。

## 議会アドバイザーのパウラ・カルヴァルホ＝オーロフソン

「私は、特定議員の個人付き助手として働いているわけではありません」

ポルトガルの元政治家とスウェーデンの地方議員の娘であり、政治学者のパウラ・カルヴァルホ＝オーロフソン（Paula Carvalho Olovsson）氏は、二〇〇五年から社会民主党の議会助手として働いている。党の議会本部がある国会議事堂で、党に所属しているすべての議員の助手を務めるということがどういうことなのかについて説明をしてもらった。

**筆者**　スウェーデンで、政党の助手をするということがどういうことか説明してください。

**カルヴァルホ**　私は、特定議員の助手として働いているわけではありません。社会民主党の議員グループ全体の助手をしています。

**筆者**　社会民主党には一〇〇人以上の議員がいますね。そのうちの、誰か一人だけがあなたの手助けを求めることはできないのですか？

**カルヴァルホ**　議員全員が同時に助けを必要とするわけではありません。きちんと整理されたスケジュールがあるからです。助手は、特定の分野によってグルーピングされます。たとえば、同僚の何人かは社会問題や経済問題を専門としていますし、保健や犯罪を専門にしている人もいます。ほかにも、議会の委員会の仕事をしている人もいて、専門用語で動議を書いています。私の仕事は、その動議を平易な言葉に書き直すことで、それを使って議員がインタビューに答えたり、スピーチをしたり、有権者に伝えたりしているのです。つまり、議員の活動分野ごとに特定の専門性をもった助手がいるということです。

**筆者**　この制度はうまく機能していますか？　それとも、スウェーデンの国会議員は助手の数を増やしたほうがいいのでしょうか？

**カルヴァルホ**　私たちにとってはよい制度ですし、効率よく働けていると思っています。同じ分野で仕事をしている人が多すぎると、余分なことをしてしまう可能性があります。

**筆者**　助手が多すぎるのもよくないということですか？

**カルヴァルホ**　そうですね。スウェーデンの国会議員は、議会リサーチサービス（ＲＵＴ）に頼ることもできます。ＲＵＴは、無党派のさまざまな分野の専門性をもつコンサルタント集団で、リサーチ、見積もり、その他の技術的コンサルタントを請け負っています（八二ページ参照）。

**筆者**　スウェーデンの国会議員は、スケジュールを自分で調整し、出張の手配も自分でするのですか？

**カルヴァルホ**　もちろんです。当然のことです。

**筆者**　スウェーデンのこのような制度を外国の制度と比較してどのように思いますか？　外国の議員には、何人ものお抱え助手がいることがありますが？

**カルヴァルホ**　私たちにとっては、そういう国は別世界となります。一人の議員に多くのアドバイザーはいりません。ここでは、そういうことは起こりませんね。スウェーデンでは、そういうことは受け入れられないし、許されないと思います。スウェーデンには、今でも国会議員は権利が多すぎるとか、報酬が高すぎると考えている人が多くいます。スウェーデン人は、一般の人がもっていないものを政治家がもつことを嫌うのです。だから、イタリアなどであるような汚職はありません。(2)

---

(2)　パウラ・カルヴァルホ＝オーロフソン氏は、二〇一九年にEU問題担当相付きの副大臣に就任している。通常、副大臣には、専門知識をもった官僚を大臣が任命することが多い。

## 報酬額――議員報酬は小学校教師の二倍

世界でももっとも生活費が高く、所得税も世界でももっとも高い水準にあるこの国で暮らすため、スウェーデン議会の議員は米ドルで七〇〇〇ドル（二〇一三年）の月額報酬を得ている。税引き後の所得は、スウェーデンの小学校教師の約二倍程度である。ちなみに、スウェーデンクローナでは、議員の月額報酬は五万八三〇〇クローナ［約六四万円］となる。(3)

小学校教師は平均二万六五〇〇クローナ［約二九万円］となっている。スウェーデンの所得税率は累進法となっているため、所得の多い議員は税額も大きくなる。したがって、税引き後の所得は約三万五二〇〇クローナ［約三九万円］となる。小学校教師は税額が議員より低いため、税引き後の平均所得は一万八三〇〇クローナ［約二〇万円］となる。つまり、議員が議員報酬として受け取る額の半分ということになる。

スウェーデンの国会議員の報酬額は、公的医療制度による医者の月給五万四九〇〇クローナ［約六〇万円］に匹敵する。スウェーデン統計局（Statistiska Centralbyrån）の二〇一三年によるデータでは、スウェーデン人の平均月収は三万五八〇〇クローナ［約三九万円］となっている。ちなみに、看護師は三万二二〇〇クローナ［約三五万円］、警察官であれば平均三万五〇〇クローナ［約三八万円］、裁判官で平均四万五一〇〇クローナ［約五〇万円］となっている。

約三万五〇〇〇クローナの月収を得ている国会議員は、それなりに裕福であると見なされている。実際、議員がそれで十分な報酬を得ていると感じることは適当であろう。贅沢な食事手当、フォーマルな服を買うための手当、謝金やクリスマスやその他のボーナス、議員手当などで、銀行口座の残額にゼロが追加されることはない。

ストックホルム以外が選挙基盤である議員のみ、平日にストックホルムで働くための「トラクトメンテ（traktament）」と呼ばれる日当を請求することができる。その金額は、一一〇スウェーデンクローナ［約一二一〇円］となっている。

ここで、ストックホルムの物価に照らして、この一一〇クローナで何が買えるかを列挙しておこう。コーヒー一杯とシナモンロールを三、四個、ソフトドリンクとピザ、タバコ二箱、リンゴンベリー（コケモモ）のソースがかかったミートボール（köttbullar）にマッシュポテトを付け合わせた伝統的なスウェーデン料理、なら買える。ランチメニューがある小さな街中のレストランでランチを食べると、一皿九〇クローナ［約九九〇円］ほどである。これでも、自分たちが納める税金で議員報酬が支払われている市民の大半にしてみれば、この議員報酬額は依然として高すぎるという。

「なぜ、議員は教師より所得が高い必要があるのですか？」と、議会の保育所で働くモニカ・カール

(3)　二〇一九年現在、六万六九〇〇クローナ［約七四万円］に引き上げられているが、北欧五か国で一番低い水準となっている。

ソン氏が言っていたし、アーランダ空港から乗ったタクシーの運転手は、「今の状態はいいけれど、さらによくなる余地があるよね」と言っていた。

あるとき、左党（Vänsterpartiet・前共産党）の議員がカールソン氏と同じ理由を使った。左党の議員は、国会議員の月額報酬が常識の範囲を逸脱しており、受け入れられないレベルであるとして、行動を起こすことにした。二〇一二年一月の党大会で、すべての左党議員が月額報酬の一部を党の活動財源とするために差し出すことにしたのだ。その日以来、五万八三〇〇クローナの議員報酬のうち、手元に残るのは二万七五〇〇クローナ［約三〇万円］となった。

「左党の基本理念として、公職にあるものが金持ちになってはいけません。政治家が、平均的な労働者の所得より高い収入を得てはいけないと考えています」

左党の党首は、スウェーデン中東部の街ノルショーピン（Norrköping）において、〈ノルショーピン・ティドニンガー（Norrköpings Tidningar）紙〉の論説ページに次のような投稿をしている。

---

我々は社会の変化を推進するために政治の世界にいるのであって、金儲けのためや自分の出世のために働いているわけではありません（中略）。ほかの政党も、我々を見習ってくれることを願います。（二〇一二年一月一四日付）

＊ニクラス・ルンドストロム（Niclas Lundström）、リンダ・スネッケル（Linda Snecker）、ペール・ガウルンド（Per Gawelund）の連名となっている。

もし、この行動が左党議員の間に亀裂を生むことになったとするなら、一九五七年までスウェーデン議会の議員には報酬がなかったことを思い出すべきであろう。議会の保存文書によると、「市民の誰しも、経済的な理由で議員になることを妨げることはできない」という意見で議会が一致したことによって議員報酬を導入することが決まったが、「報酬額は、経済的に魅力的であると映るほど高くするべきではない」とされている。

「つい最近までスウェーデンの国会議員は、各政党の党員によって報酬が支払われており、国から報酬をもらっているわけではありませんでした。のちに国からの報酬が導入されましたが、国会の開会月のみが対象となっていました」と話すのは、元議員で現在はストックホルム大学で政治学を教えているダニエル・タースチス氏だ。

「給与は低かったですよ」と、タースチス氏は当時を振り返った。

「私が一九七六年に当選したときは、議会が閉会となる二か月間は給与が支払われませんでした。閉会中の二か月は、通常のフルタイムの仕事に戻ると思われていましたからね。議会の報酬があまりにも低かったので、公務員や民間の会社で兼業していた議員は、雇い先から少額の給与をもらっていたんです」

議会の記録によると、一九八四年にやっと、フルタイムの国会議員として年間を通しての報酬がもらえるようになっている。

「そのころの議員報酬は、公務員の平均賃金と同じでした。その後、徐々に上がり、今では上級公務員と同じになりました。しかし、それでも一番上のレベルではありません」と、タースチス氏は言う。

国会議員はスウェーデンの平均給与よりも高い報酬を得ているが、EU議会の議員報酬よりは低い。スウェーデン政府の閣僚は月額一一万八〇〇〇クローナ［約一三〇万円］を受け取っており、スウェーデン議会（Riksdag）の議長は首相と同額で、月額一四万八〇〇〇クローナ［約一六三万円］となっている。(4)この金額は、イギリス首相が得ている報酬額の七〇パーセントでしかなく、アメリカ大統領の約半分である。

なかには、このような低い報酬では、有能な人物が政治の世界でキャリアを積もうと考えないだろうと信じている人がいる。また、低い報酬のリスクとして、裕福な人が遊びで政治の世界に入ろうとすることも考えられる。スウェーデンの外交官で政治家でもあるハンス・ブリックス（Hans Blix）氏は、その真ん中の考え方を説いている。つまり、「それなりによい給与を議員に与えるべきだ」と言ったうえで、次のように話していた。

「バランスが重要です。給与は、高すぎても低すぎてもいけない。高額の報酬を払って政治家に訴追免除の権利を与えれば、政治家のキャリアは間違ったタイプの人を惹きつけることになります。逆に報酬が低すぎれば、有能な人が政治の世界に入らないことになります。政治家自身が、自分たちは公職に就いているのであり、仕事ができるのは税金のおかげであると自覚することが大事です」

また、報酬がよければより有能な人が政治家になりたがるだろうという考え方に賛成しない人が意外に多い。ストックホルム大学の教授で、政治学者のルネ・プレムフォース氏が次のように言っていた。

「世界のどこを見ても、一番能力の高い人たちを政治の仕事に惹きつけるような政治制度はありません」

## 議員に議員報酬を上げる権利はない

　自分の給与を上げることができる特権をもつことは、世界中の被用者と同じくスウェーデンの議員にとっては単なる幻想でしかない。スウェーデンでは、議員報酬の引き上げに関しては、独立した「国会報酬委員会（Riksdagens Arvodesnämd）」と呼ばれる委員会で決められている。この委員会は、委員長（通常、退職した裁判官）と二人の公的代表（通常、元公務員やジャーナリスト）からなっている。最近の例では、公的代表に元社会民主党のオロフ・パルメ首相の元報道担当や、保守的な新聞〈スヴェンスカ・ダーグブラーデット〉の元編集長、さまざまな地方の元公務員といった人が就任している。

「我々のなかに議員はいません。まったく独立した委員会で、その独立性は憲法で守られています。議会の管理部も、私たちに指示を出すことはできません」と話すのは、現在の委員長であるヨハン・ヒルシュフェルト氏だ。元ストックホルム控訴裁判所の議長であるヒルシュフェルト氏は、ヨーロッパの夏季議会が閉会したあとの九月に、年に一度の国会報酬委員会を開くと言っている。

（4）二〇一九年現在、この金額は一七万六〇〇〇クローナ［約一九四万円］に引き上げられている。

「だからといって、議員報酬は毎年上がるとはかぎりません」

ヒルシュフェルト氏によると、議員報酬を引き上げるかどうかを判断するにあたり、委員会がインフレや官民両セクターの賃金変動率など、国全体の経済状況を審査するということだ。

「次の委員会では概況を審査し、議員報酬を一〜一・五パーセント引き上げることにするか、見送るかを決定することになるでしょう」

議会の管理部が委員会の指名をしている。〈スヴェンスカ・ダーグブラーデット紙〉の政治記者で評論家、そして二〇一三年に社会民主党の党首ステファン・ロベーン氏の自伝を著したレーナ・ヘンネル氏が、委員会に所属する委員の独立性は本物だと言っている。

「裁判官が委員長を務めるこの委員会は、本当に独立性が保たれています。スウェーデンでは、裁判官は非常に中立性が高いので、国会報酬委員会は議員報酬に関する問題を扱うのにふさわしい組織だと言えます。また、この分野でスキャンダルは一度もありません」

国会報酬委員会の決定は、覆すことができない絶対的なもので、議会で議決にかけられることもない。委員長のヒルシュフェルト氏は、次のようにも言っている。

「議員は、このプロセスにおいてはまったく決定権がありません。そして、議員たちがこの報酬額で満足しているかどうか、私には分かりません。電話をしてきて、もっと上げてくれと言ったり、不満を言う議員がいないからです」

もう一つの独立委員会である「閣僚報酬委員会（Statsrådsarvodesnämden）」が、閣僚や首相の

—報酬について決めている。退職した裁判官を含む三名の委員の選出に関しては、議会の憲法委員会（Konstitutionsutskottet）が指名し、議会において投票で決められている。

## 議員には終身恩給もない

普通の知識があるスウェーデン人なら、国会議員がたった二期や三期を務めただけで終身恩給という特別な権利が得られない理由は分かるはずだ。スウェーデンの国会議員は、恩給ではなく、一定期間の所得補償（inkomstgaranti）が得られるだけである。スウェーデンの法律では次のようになっている。

——所得補償の目的は、議員が議会での活動を終えたあとの移行時期に経済的な補償を提供するためとなっている。この補償は、元議員に永久の収入を約束するためのものではない。

元社会民主党の議員であるジョー・フランス氏は、二〇〇二年から二〇〇六年までの四年間議員を務めた。議会を去ったときには、一年分の恩給を受ける権利があった。

「でも私は、議員を辞めてからすぐにほかの仕事をはじめたんです。新たな仕事に就いたことを当局に連絡しました。すると、元議員としての恩給の支払いが停止されました」

フランス氏が議員だったときは、在職期間が六年以内だった議員に対しては最高一年の議員恩給が支払われることになっていた。六年以上務めた議員で四〇歳未満の議員は最高二年まで、五〇歳未満の議員は最高五年まで、五〇歳以上の議員に関しては六五歳になるまで恩給が支払われることになっていた。

「それはいいけれど、さらによくなる余地がある」ということで、二〇一一年、スウェーデンの公共放送が議会の恩給を調査することになり、まだ若く、ほかの仕事に就くことができる元議員に何百万クローナもの大金が支払われていることが発覚した。そして二年後、この制度が保持していたキリスト教的な寛容さの名残を切り捨てようという決断が下され、この規則が厳しくなった。

改正後の規則では、二〇一四年以降に当選した議員は、議員報酬の八五パーセント（四万九五五五クローナ・約五四・五万円）を恩給として最高の二年間受け取る権利を得るためには、最低八年（二期）務めなければならなくなった。そして、一年以上の恩給を受けるためには、新たな仕事を求めて就職活動をしていることを示さなければならなくなった。

「制度の規則が厳しくなったことを理解することが大切です。積極的に仕事を探していることを示さなければなりません。さもなければ、恩給はカットされます」と述べるのは、前掲した国会報酬委員会の委員長であるヨハン・ヒルシュフェルト氏だ。議員が別の任務に就いたり、政治家としての地位に就いたときも恩給は停止されることになる。しかし、この新たな制度をもってしても、まだ恩給制度は批判の的となった。多くのスウェーデン人が、この制度は不条理なものだと考えている。

「馬鹿らしい」と〈アフトンブラーデット紙〉の政治欄に書くのはジャーナリストのレーナ・メリン氏だ。

「国会議員と一般市民の間の、ひどく不快な違いです。私やあなたが職を失ったら、最高月額一万四九六〇クローナ［約一六万円］の失業手当がもらえます。しかし、仕事のない元議員は約五万クローナ［約五五万円］も受け取れるんですよ。さらに、元議員は二年間も恩給がもらえるんです。一八歳未満の子どもがいない平均的な市民は、法律では一年間しか失業手当はもらえません」

　メリン氏の怒りに油を注ぐのが、議会を去るときに五七歳になっている議員に対する例外措置の可能性だ。この場合、減額はされるが（報酬の四五パーセント）、最高八年間恩給を受け取ることができるのだ。つまり、社会保障費を納めた期間によって計算される国の社会保障で年金の受給ができるようになるまで、ということである。

「当然のことながら、五七歳の国会議員でも、議会を去れば新たな職を求めるべきです。自分の裁量で再教育を受けてもいいでしょう。仕事が見つからなければ、毎年恩給の延長を申請すればいいのです。しかし、その場合は、以前の報酬の四五パーセントにするべきです」と、ヒルシュフェルト委員長は言う。

　国営放送SVTのニュース番組も、職業安定所を統括する公共雇用サービス庁（Arbetsförmedlingen）のコメントを取り上げている。

「恩給をもらうより、普通の人と同じように、政治家は職業安定所に行って仕事を探すべきです」

二〇一四年以降に当選した国会議員で、在職期間が八年以下の議員は、三か月〜一年の恩給が得られる。議員の配偶者がもらえる遺族年金にも手が付けられる日は遠くない。

「この国の年金制度は、夫も妻も両方が働くことが前提になっています。したがって、各人は、その人が働いた期間に応じて支給される年金しか受け取れません。ということは、女性は自分の夫が亡くなっても夫の年金を受け取ることができないということです。しかし、制度のなかにはいくらかの給付が残っています。八年以上の在職期間がある議員にかぎってですが、議員が亡くなると、その配偶者は議会の恩給を二年間受け取ることができるのです」と、ヒルシュフェルト委員長は言う。

一方、二〇一四年の改正で、議会議長の恩給はそのほかの議員と同じ基準とし、追加的な給付が一切なくなった。スウェーデン政府の閣僚は、最高一年間、満額の恩給が支給されている。しかし、閣僚が辞任するときの年齢が五〇歳に達しており、六年以上在職していた場合は、さらに追加的権利が付与される。最初の年は満額の支給を受け、以降は減額されるが、六五歳になるまで恩給が受けられるのだ。それ以降は、在職期間に応じて公的年金制度から支払われる年金のみになり、月額一万四六八七クローナ［約一六万円］が支給されることになる。

五〇歳以上で、在職期間が六年以上ある閣僚は、六五歳になるまで報酬（月額一一万八〇〇〇クローナ・約一三〇万円）の四五パーセントを受け取る権利がある。在職期間が一二年以上になるとこの比率が高くなり、報酬の六〇パーセントほどが受け取れることになる。

「いずれにしても、この規則は変わることになると思います。閣僚や首相が六五歳まで恩給が受けられる可能性についてはスウェーデンで議論になっていますから」と話すのは、前掲した閣僚報酬委員会の委員であるエリサベト・レイメース氏だ。

「今のところ、元閣僚が他の政治的な役務に就いたときに恩給は自動的に停止されます。また、元閣僚が別の仕事に就いた場合、その仕事の報酬に応じて恩給額が減額されたり、停止となります」

首相についても同じだ。現在の首相であるラインフェルト氏が二〇一四年の選挙で負けたとすると、彼は四九歳なので恩給の支給は一年間だけになる。もし、選挙に勝って首相の座を降りるのが五〇歳以降になれば、首相としての報酬（月額一四万八〇〇〇クローナ・約一六三万円）の四五パーセントを六五歳まで受け取ることができる。

「ラインフェルト氏が一二年間首相を務めた場合、首相として報酬の五四パーセントを受け取ることができます」と、政府職員年金委員会（Statens tjänstepensionsverk：SPV）のローズ＝マリー・ハレン氏は言っている。

特権の問題は、常にスウェーデン人を苛立たせ、国を挙げての議論を呼ぶことになる。首相が、「スウェーデン国民は意識を変え、退職を七五歳あたりまで遅らせるべきだ」と発言したあと、この傾向がとくに顕著になった。〈アフトンブラーデット紙〉は、「フレドリック・ラインフェルトは五〇歳で退職できる」という見出しの記事を出し（二〇一二年二月二日）、首相の矛盾を突いた。

**記者**　あなたは五〇歳で退職することができますね。政府の年金制度を見直す時期が来ていると思いませんか?

**ラインフェルト首相**　そうですね。その時期に来ているかもしれません。しかし、言っておきますが、私は今すぐにでも退職しようなんて思っていません。そういう考えをもっている政治家も知りません。私は、できるだけ長く働こうと思っています。

ラインフェルト首相の気が変われば、税金で賄われる特別な終身手当なしで首相の座を降りることになる。政府のスポークスパーソンによれば、元首相に対する恩給給付の条件には、無料であてがわれる運転手付きの車や秘書、助手、警備員などが含まれていない。

## お抱え運転手もなし

これまでにも述べたように、スウェーデンの国会議員には運転手付きの公用車はない。ストックホルムの郊外に住んでいる議員は、一般の人と同じように電車や地下鉄に揺られて通勤をしている。冬でも、寒さが厳しくなければ元気のいい議員は自転車で通勤をしている。そして、国会議事堂の近くにある宿舎に住んでいる議員たちは、長い冬の間、凍った道路を滑ったり転んだりしながら歩いて通勤をしている。

マイカーで快適に通勤できればよいところだが、次の三つの点からそれができなくなっている。まず、スウェーデン人は環境汚染の意識が高いこと、二つ目は駐車料金が高いこと、三つ目は「トランクセルスカット（trängselskatt）」と呼ばれる、ストックホルムの中心部に車で入るすべての人から徴収されている渋滞税だ。

「議会の議長でさえ地下鉄で通勤しています」と話すのは議会の広報部で働いているマリア・シュルト氏だ。議長も議員も、一年にわたって公共交通を無料で利用できるカードがもらえる。また、スウェーデン人の有権者には理解できないことではあるが、議員は長時間の移動にかぎり列車のファーストクラスに乗ることが許されている。

公用車はほんの数台しかなく、その利用には制限がある。議会の車は三台で、すべて「Volvo S80」クラスとなっている。この三台は、議長と三人の副議長のみが利用可能となっているが、公務にしか使えない。議会の管理部で働くルネ・ポエドトゥク氏が言う。

「タクシーではありませんから。公用車は通勤のために使うものではありません。それに、環境問題のこともありますから、車は少ないほうがいいのです」

スウェーデンでいつでも車が使えるのは首相だけだ。その車は、スウェーデンの公安警察「サポ（Säpo）」が所有しているものの一台である。ある政府の補佐官によると、遠く離れた郊外でスピーチを行うなど、車を必要とする特段の理由がなければ政府の閣僚も使えないということだ。

「サポ」の本部で警護部門のスポークスパーソンに聞いたところでは、時によっては、安全のために車の利用をすすめる場合もあるという。

「でも、大臣が決めるわけではないのです。すべての車は警護サービスのものなので、どの大臣がいつ使うかについてはサポが決めているのです」

護衛なしで地下鉄に乗っていたり、通りを歩いていたりする政治家をよく見かけることがある。しかし、一九八六年のオロフ・パルメ首相の暗殺と二〇〇三年のアンナ・リンド（Ylva Anna Maria Lindh, 1957～2003）元外相の事件以来、サポに頼るようになった閣僚もいる。リンド元外相は、ストックホルムのデパートで精神病を患っている男に刺されて亡くなっている。

## 首相のフォルクスワーゲン「ビートル」

今、自転車に乗って、信号のところで停まって待っています（信号が赤になると、周りに誰もいなくても動く人はいません）。車はほんの数台走っているだけです。赤いバスにスカイブルーのボルボ、そして白いフォルクスワーゲン「ビートル」が私の横にいます。

ビートルを運転している人を見たとき、驚いて自転車から転げ落ちそうになりました。すぐに、誰だか分かりました。オロフ・パルメ首相に間違いありません。ブロンドの髪にワシ鼻で、抜け目のなさそうな表情の運転手が信号が変わるのを待っているではありませんか。信号が青になると、ギアをローに入れ、政府の所在地に向かって走り去っていきました。首相は「ビートル」を自分で運転し、護衛は同乗しておらず、まるでほかの市民と同じように通勤していたのです。

この経験は、非常に印象深く記憶に残っています。私は、国の元首が長く黒いリムジンに乗り、前を走る車が先導し、怖そうな顔つきで拳銃を持った警護官が警戒しながら乗る護衛車が二、三台周りを固めているという状況に慣れていたからです。これは、典型的な権力をもった人が被害妄想になる例ですね。スウェーデンでは、首相が「ビートル」を運転して通勤し、国王も自転車で通りを走る国なのですね。

アルフレド・シルキース（Alfredo Sirkis）(5)著『*Roleta Chilena*（チルアン・ルーレット）』（一九八一年）より引用。

## ファーストクラスの航空券もなし

スウェーデンの政治家が、航空券がらみで見出しを飾るようなスキャンダルを起こすことは滅多にない。スウェーデンの国会議員は、気前よく公費で航空券を買えるだけの手当をもらっていないからだ。

怪しげな旅行会社との取引で波を立てることがないよう、スウェーデンの国会議員は議会内にある旅行会社で航空券の予約をしている。旅行会社は、議員の支出を管理する「議員サービス

(5)　ブラジル人ライター、ジャーナリスト、元国会議員。

(Ledamotsservice)」から直接支払いを受けることになる。この旅行会社は、議会と二年間の契約を結び、さらに二年の契約更新が可能となっている。その後、正式な競争入札によって新たな旅行会社が選ばれることになる。

　国外への出張だが、もちろん自由に行けるわけではない。「国会議員は、自由に外国に行けるわけではありません」と話すのは、議員サービス部のトップを務めているアンナ・アスペグレン氏だ。

　スウェーデンの国会議員は、議会の任期、つまり四年間で五万クローナ［約六一万一五〇〇円］を外国への出張に使ってもよいことになっている。そして、国外出張をするためには、その理由を詳細に説明し、いくつかの外国でもそうであるように、議長に申請して承認を得なければならない。

議会内に旅行会社があるため、贅沢をすることはできない　©COURTESY BANDEIRANTES TV

　国外出張の場合、国会議員は決められた額の日当をもらうことになる。この額は、訪問先の国によって、二二〇クローナ［約二四〇〇円］から七〇〇クローナ［約七七〇〇円］の幅がある。ブラジルに行く場合は四〇七クローナ、アルゼンチンの場合は四二六クローナ、ボリビアやパラグアイでは二七〇クローナ、アメリカでは五七三クローナ、ドイツは六一四クローナ、イタリアは五八〇クローナ、スペインは五四〇クローナ、ポルトガルは四一七クローナ、南アフリカは三一九クローナ、そして中国は六〇五クローナとなっている。

これらの手当には部分的に課税もされている。また、海外の会議中に食事を提供された場合は、その分の額が日当から減額されることになっている。「無料でランチを食べた分についてまで、私は日当を支払いませんよ」と、アスペグレン氏は言う。議会の基準では、出張中に無料で食事を提供された場合、食事に相当する額（朝食は日当の二〇パーセント、昼食は三五パーセント、夕食は三五パーセント）が日当から引かれている。さらにもう一つ、出張した場合、議員の宿泊費のみが議会から支払われるという規則がある。同伴者と宿泊費を折半した場合、議会は宿泊費の七五パーセントしか議員に支払わない。

「議員は贅沢なホテルには泊まれず、普通のホテルに泊まらなければなりません」と、アスペグレン氏は続けた。

スウェーデン政府は、通常、公務であっても民間機で出張している。「政府の規則では、国会議員は特段の理由がないかぎり、もっとも経済的な航空券を予約しなければなりません」と、政府情報部（Information Rosenbad）のヨセフ・サリー氏が言う。

ガルフストリーム（アメリカの航空機メーカー）の小さな専用機が三機あるが、その使用は首相、外相、王室の公務に限定されている。稀なことだが、利用可能であればほかの閣僚が使うこともあるが、これらの航空機はスウェーデン空軍によって運用されている。「空軍は、この航空機の使用料を政府に請求します」とサリー氏は言う。ちなみに、この三機のうち二機は一二人乗りの「ガルフストリームＧ４」で、もう一機は一六人乗りの「ガルフストリームＧ５５０」となっている。

「必要があれば、要人特務隊はもう一機、三一人乗りの『サーブ240』を提供することができます」と話すのは、スウェーデン空軍要人特務隊のヨハン・アブラハムソン中佐である。しかし、この空軍の航空機、三四九名の国会議員や知事、そして市長は利用することができない。

### 国会議員の旅行規定

国会議員に当選すると、各議員は「旅行規定（Reseregler）」と題された三五ページの冊子を受け取る。この規定には、次のようなアドバイスが書かれている。

・列車、車、飛行機などはもっとも経済的な手段を選ぶこと。
・車を借りる場合は、議会の旅行会社からレンタルすること。議会と契約しているレンタル会社の車を借りれば、より安く借りることができる。一般的なルールとして中型車を借りること。数人の移動に使うなど、特別な場合には大型車を借りてもよい。経費と環境への配慮から、特別使用の車や贅沢な車を借りることに関しては許可できない。
・議員が自分の車を使用する場合は、遠回りをする特段の理由がないかぎり、最短距離で移動できるルートを選ぶこと。
・議員が自分の車を使用する場合、議会は一キロ当たり二・六五クローナ［約二九円］を支払うが、議員は総額に対して、〇・八クローナごとの税金を支払わねばならない。議員がモーターバイクを使用する場合は、一キロ当たり〇・四クローナの還付がある。
・議員はほかの公共交通手段がないときにかぎって、あるいは特別な理由があるときのみタクシーを使うことができる。

―・―・―・―

このルールを破る者は、メディアと有権者からの怒りを買うことになる。二〇一一年、スウェーデンの新聞〈イクスプレッセン（Expressen）紙〉がある議員の大胆な行為をすっぱ抜いた。「ミカエラ・ワルテルルソン（環境党・Miljöpartiet）、電車に乗らずタクシーに乗る！」という大見出し（ヘッドライン）であった。

ワルテルルソン議員は、許されない軽率な行為をしてしまった。電車に乗らず、税金をタクシー代に使ってしまうという愚行を犯してしまったのだ。〈イクスプレッセン紙〉によると、ワルテルソン議員の支出を調べていたところ、六か月で四三回もタクシーに乗っていたことが分かった。駅の近くに住んでいるにもかかわらず、一万七〇〇〇クローナ［約二〇・八万円］もの経費を納税者に支払わせていたのだ。

当紙によると、そのうちの多くは夜に発生しており、議会から、またはストックホルム中央駅から自宅に帰宅するときのも

環境党の代表ミカエラ・ワルテルソン氏は、電車ではなくタクシーに乗ったためにヘッドラインを飾ることになった
©CHRISTIAN ÖRNBERG

のだった。そのほかにも、朝に発生したものがあった。ワルテルソン議員によると、そのときは予算の仕事で昼夜問わず働いており、多忙を極めていたということだった。

「夜遅くまで働かなければならなくて、電車がもうないか、本数が少なかった時間帯です。非常に辛い時期で、仕事に行くにもタクシーに乗らざるを得なかったのです」と、公共交通の使用をもっとも声高に推奨している党の代表であるワルテルソン議員は言った。そして、次のように言葉を続けた。

「通常の状況なら、決して電車の代わりにタクシーに乗るようなことはしません」

その後、ワルテルソン議員はスウェーデン環境党内のリーダーを選ぶ選挙で敗れた。環境党は党首を置かず、必ず男女各一名のスポークスパーソンを置いている。

## 地方の選挙区には個人事務所なし

スウェーデンの国会議員は、各自の選挙区での活動については一切手当が出ていない。したがって、事務所の賃料、食事、家具や設備用品代、ケーブルテレビ、定期刊行物の購読料などの補助もないということになる。

「議員の多くは自宅を使っています」と話すのは、前掲した議員の歳出を管理する「議員サービス部」のアンナ・アスペグレン氏だ。例外的に、議員が所得税の控除を申請できる場合もある。もちろん、議員としての義務を果たすための必要経費に直結している場合であるが、還付は保証されていない。

「最近、ある議員がデジタルカメラを買い、税控除を求めた例があります。議員としての仕事ぶりをカメラに収め、インターネット上に投稿するためにカメラが必要だったということですが、スウェーデンの国税庁（Skatteverket）はこの申請を却下しました」と、社会民主党の報道官であるオメル・オグズ氏が話してくれた。そこで私は、アスペグレン氏に議員が地方の選挙区にいるときの歳出に関して、「何らかの手当はないのか？」と尋ねてみた。その返事は、「あり得ません」というものであった。

それでは、果敢なスウェーデンの政治家たちは、地元選挙区にいるときはどのように仕事をしているのだろうか。私は、左党（Vänsterpartiet）の闘志あふれる議員、ロサーナ・ディナマルカ氏に話を聞くため議会に電話をした。ディナマルカ氏は、政治家と一般市民が登場し、スウェーデンにおけるさまざまな問題を取り上げるテレビ番組によく出演している人物である（三六ページ参照）。

受付のオペレーターが「ディナマルカ氏は今不在である」と告げ、通常のプロトコールに従って、私の名前や身分を聞くこともなく、「議員の携帯電話につなぎましょうか」と申し出てくれた。言うまでもなく、携帯電話には議員自身が出る。

ディナマルカ氏は一九七四年にチリで生まれ、八歳のときにスウェーデンに来た。サルバドール・アジェンデ大統領［三六ページ参照］の政権を打倒する軍事クーデターを逃れてスウェーデンにやって来た両親に連れられてきた。二〇〇二年から国会議員をしており、スウェーデン南西部のヴェストラ・ヨータランド県を選挙区としている。

**筆者**　地元では、どこで仕事をするのですか？

**ディナマルカ**　家で仕事をします。議会から支給されているラップトップと携帯がありますから。県にある党の本部や公立図書館を使って、ほかの議員との会合もできます。党の本部に事務所があるわけではありませんが、会合をする施設はあります。地元のカフェなどでも会合をしますよ。

**筆者**　地元の選挙区にいるときは食事手当が出るのですか？

**ディナマルカ**　いいえ、自分の給与から払っています。十分な給与をもらっているので、食事やコーヒー代、「ブラー（bullar・スウェーデンのシナモンロール）」などは自分で払いますよ。

**筆者**　事務用品代は払ってもらえるのですか？

**ディナマルカ**　いいえ、紙やそのほかの用品を買っても大した金額にはなりません。自分の給与で紙は買えますすよ。ただ、大量の印刷をしなければならないときや、何か特別なものを準備する必要があるときは議会でします。週の大半はそちらにいますから。

**筆者**　自分の裁量で使える助手はいるのですか？

**ディナマルカ**　ストックホルムにいるときは、ほかの議員と共用の助手がいます。助手には、他の地域へ出張するときの交通費や宿泊費は出ませんが、それで不便を感じたことはありません。地元に

ロサーナ・ディナマルカ議員は自分の事務所をもたず、ほかの議員と共用の秘書がいるだけだ
©ADAMKALIN/SVERIGES RADIO [SWEDISH RADIO]

いるとき、何か用があれば、ストックホルムにいる助手に電話をすればいいだけです。

**筆者**　通常、有権者や市民とはどのように接しているのですか？

**ディナマルカ**　県内各地の市町村で会合やイベントを開きますが、ほとんどの場合、学校訪問や医療センター、工場といった職場をめぐるなどして問題を話し合い、有権者の生活や職場状況を知って、改善を求めます。また、私を含めて、党の議員が議会でどんな活動をしているのかについて知ってもらいます。そのほうが効率的です。

**筆者**　そういった場所を訪問するために移動手段は提供されるのですか？

**ディナマルカ**　いいえ、自分の車を使っています。議会にはどれくらいの距離を走ったか報告し、燃料代を払い戻してもらいます。また、鉄道、バス、地下鉄であれば年間無料パスが使えます。さらに、必要であれば議会がホテル代を払ってくれます。

**筆者**　地元で仕事をしているときは、ケーブルテレビやその他の手当があるのですか？

**ディナマルカ**　いいえ、ケーブルテレビは自分で支払っています。私は、自分の給与で支払っている賃貸マンションに住んでいます。近隣の人はみんな知り合いで、同じような問題に直面している普通の人たちです。

郊外にある家でのオロフ・パルメ首相とその家族（1970年代）
©SCANBOX ENTERTAINMENT

歴史的にスウェーデンの政治家は、有権者に近く、庶民感覚をもっています。私も、ほかの人と同じように暮らしています。自分の食べるものは自分で料理し、家事をしたり子どもの世話をしています。私には四歳と八歳の子どもがいますからね。

スウェーデンの国民は、議員が特権をもつことは決して認めません。政治というのは、国民がその政治制度に寄せる信頼度に大きく左右されますからね。

## コンサルタントや広報にも手当はなし

スウェーデンの国会議員は、コンサルタントを雇ったり、リサーチサービスを利用したり、技術サポートを受ける、あるいは自分の活動を広報するための特別手当を受け取ることはない。政治的な判断をするためのリサーチや分析が必要な場合は議会のリサーチサービス「ＲＵＴ」を利用することが多く、怪しげな民間のコンサルタントに公費をつぎ込むようなことはしない。「ＲＵＴ」とは、経済学者、政治学者、法律家、その他さまざまな分野の専門家が所属する議会の部署である。「ＲＵＴ」のメンバーは、政党を問わず、すべての議員にサービスを提供している。

「一番大事な要素は、ＲＵＴが政党に関係ないことです。ＲＵＴは政党とは関係ないテクニシャンや専門家で構成されており、そのことが、このチームの調査が信頼に足るだけの正当性のあるものとなっています」と話すのは、「ＲＵＴ」の法律と政治分野のトップを務めるロビン・トラヴィス氏だ。「RUT」のメンバー全員がフルタイムで働く公務員であるため、選挙の結果によって仕事を失うことはない。

「私も公務員です。直属の上司は議会の事務部長です。議会の議長が私の仕事ぶりに関して意見を言うことはできません」と、トラヴィス氏は言う。

この専門分野をもつコンサルタントは、議員からの要請で頼まれたリサーチ、財政上の法的アドバイス、地方や国政的な統計にかかわるデータ集計、法改正や変更をした場合の影響予想などを行っている。

「すべての調査は、議員または議会の委員会によって内容が公表されるまで秘密裡に行われます」とも、トラヴィス氏は言う。

前掲したディナマルカ議員［七九ページ参照］も「RUT」のサービスを定期的に利用している。

「私は、RUTのコンサルタントと専門家をよく利用しています。大規模なリサーチやコンサルタントが必要になることがよくありますが、そのようなときにRUTは欠かせないツールです。私たちのような小さな政党の場合はとくにそうです。政治アドバイザーの数は知れていますからね」と、ディナマルカ議員が話してくれた。

ディナマルカ議員も、ほかの議員も、自分たちの議会活動を広報するための手当はもらっていない。彼女は、「広報活動への手当は必要ない」と主張している。

「私たちは討論に参加したり、職場を訪問したり、記事を書いたり、あるいはソーシャルメディアを使うことで活動報告に代えることができます。これは、国民とのつながりを保つとてもよい方法です。また、議会には政党のグループ助手がいて、そのなかには広報アドバイザーもいますから」

スウェーデン国民は、インターネット上で議員活動について知ることができる。スウェーデン議会の公式ホームページの各議員のページには「サクト・オ・ヨート（Sagt och gjort・発言と行動）」というセクションがあり、その議員が提出した動議のコピー、スピーチをする議員のビデオ、代表質問、その他の議会活動について閲覧できるようになっている。

## ケント・ハーシュテット議員との会話

我々には、うわべを飾るような贅沢はありません。納税者から敬意を払ってもらうためには、税金を賢く使わなければならないのです。この国のなかには、失業している人もいれば、ほかの問題を抱えている人もいます。ですから、公費はできるだけ賢く使わなければなりません。（ケント・ハーシュテット［Kent Härstedt］）

社会民主党の議員であるケント・ハーシュテット氏(6)は、世界でもっとも悲劇的な事故を生き延びた人物である。一九九四年の九月二八日、その寒い夜、彼はとんでもなく恐ろしい思いをした。九八九人の乗客を乗せたフェリー「エストニア号」が荒れ狂うバルト海で沈みはじめたのだ。大波で、フェリー船首のランプの固定具が破損し、数分後には、フェリーは生き地獄と化した。
巨大な船の中にあるバーではお酒の瓶がミサイルのように飛び交い、乗客は床や壁に打ち付けられた。何人もの人が腕や足を骨折した。パニック状態に陥った乗客の多くはデッキから飛び降りたが、船がかなり傾いていたために船体にぶつかった。降ろされるライフボートにつかまろうと必死になる者もいた。デッキにはライフジャケットが数多く搭載されていたが、生き残ろうと無我夢中で、ほかの乗客のライフベストを奪い取ろうとする者もいた。「エストニア号」は、エストニアの首都タリンからストックホルムに向かっていた。

ハーシュテット議員は、氷のように冷たく、波が渦巻く海に飛び込まなければ助からないと思った。波は七メートルもの高さがあり、水面の温度は一〇度で、多くの人が低体温症で死に至ることも分かっていた。しかし、彼は海に飛び込み、転覆したライフボートに乗ろうと海の中でもがいた。救難隊が到着する前に、彼のライフボートに乗っていた多くの乗客が亡くなってしまった。生きていたのは六名だけだった。

この悲劇から一九年後、私は議会にハーシュテット議員を訪ね、

ハーシュテット議員も、毎週シャツを自分で洗い、アイロン掛けをしている
©BERTIL ERICSSON/SCANPIX

(6)　ハーシュテット氏は二〇一七年に来日している。また、二〇一九年、オーストラリア人学生が北朝鮮で拘束された事件においてはスウェーデンの北朝鮮特使として交渉し、解放に貢献している。

一〇平方メートルの執務室で話を聞いた。どのようにして戦後ヨーロッパ最悪の海難を耐え抜き、一三七人の生存者の一人になれたのかと尋ねると、記憶をたどる彼の顔がゆがんだ。

「みんなが死にはじめたとき、私たちは死体を上に被せて、その下にいたのです。死体によって外気から守り、体が冷えないようにしたのです。自分の上に何人の死体があったのか覚えていません。波は高く、何度も波を被りました」と語るハーシュテット議員は、当時二九歳だった。合計八五二人がこの海難事故で亡くなっている。

一九九八年にスコーネ地方から当選して以来、ハーシュテット氏は国会議員としての典型的なルーティンに耐え抜いている。

**筆者**　政治家として特権があると思いますか？

**ハーシュテット**　特権の定義によると思います。私には携帯電話を持つ権利があり、議会にケーブルテレビ付きの執務室をもち、ストックホルムに宿舎があり、議会議員のリサーチを行う専門家によるコンサルタントの利用もできます。私は、スピーチや記事の執筆、動議から航空券の予約まで、リサーチ以外のすべてを行っています。秘書や助手、個人用のアドバイザーはいません。三名の議員と共用する助手が一人います。

**筆者**　多くのスウェーデン人が、たとえば教師よりはるかに高い給与をもらうことは特権だと思っていますが？

**ハーシュテット**　その気持ちはよく理解できます。多くの労働者の平均月収より高いのですから。ただ、私たちの仕事はかなり激しく、出費が多いというのも事実です。ストックホルム以外の地方議員にとっては、首都の宿舎に補助金が出るとしても高くつきます。しかし、我々にはほかの国にあるようなうわべを飾るような贅沢はありません。個人秘書や運転手付きの車なんて考えられませんから。

**筆者**　なぜですか？

**ハーシュテット**　納税者に敬意を払ってもらうためには、税金は賢く使わなければならないからです。この国のなかには、失業している人もいれば、ほかの問題を抱えている人もいます。ですから、公費はできるだけ賢く使わなければならないのです。

私たちは、普通の人と同じような生活をしています。イングヴァール・カールソン（Ingvar Carlsson・スウェーデンの元首相）は、私が仕事を終えるころにはいつもバス停に立っていました。先週、同じバス停に立っているカールソンを見かけました。いつでも、有名な政治家が通りを歩いている姿を見かけます。みんな、普通の生活をしているのです。

**筆者**　スウェーデン人は政治家を敬っていますか？

**ハーシュテット**　一般的に、国会議員は信頼できて、正直な人間だと思われています。私たちがすること、決めることのすべてを歓迎しているわけではないでしょうが、一般的には我々が誠実であると有権者は思っています。だからこそ、市民と異なるような生活水準の暮らしをしないのです。

確かに、私たちは本拠地と首都を行ったり来たりし、法案を作成し、一定の特権をもっていますので、一般市民とは違う生活をしていますが、なるべく市民と同じ状況下で暮らしたいと思っています。

**筆者**　どのような特権ですか?

**ハーシュテット**　国会議員として重要な人物に会い、国の将来に影響を及ぼす機会があります。それを特権だと思っています。しかし、スウェーデンでも改善してほしいことがあります。私たちに多くの助手はいりません。それは過度の贅沢です。しかし、法案や動議、記事を書くフルタイムの政治アドバイザーは欲しいです。大きな宿舎や運転手などといった私生活上の恩恵より、職務上の特権が欲しいのです。私たちの世界では助手をもつことは夢ですが、一人のアドバイザーさえいればそれで充分なのです。

**筆者**　議員は、自分の事務所で働く助手や党のアドバイザーとして親戚を推薦したりすることはできますか?

**ハーシュテット**　具体的に法律で禁じられているわけではありませんが、ここでそういうことを見たことがありません。

**筆者**　議員として、健康保険の資格が得られますか?

**ハーシュテット**　特別な健康保険はありません。すべての国民が加入する公的健康保険があるだけです。

**筆者**　議員としての、日々のルーティンを教えてください。

**ハーシュテット**　私はスウェーデンの南部に住んでいます。毎週火曜日に車で空港まで行って、ストックホルムに飛びます。そこから鉄道で議会に行きます。木曜の夜か金曜の午後までストックホルムで働き、残りは自分の選挙区で働いています。週に一度、シャツにアイロンを掛けてクローゼットに吊るしておきます。それで、一週間は着るものに困りません。自分の部屋か共用の洗濯機で洗濯をしています。掃除をしてくれる人はいませんので、部屋の掃除も自分でします。夜は、自分で料理するか、何かを買って食べています。

**筆者**　議会では、議員専用となっている割安の食堂はありますか？

**ハーシュテット**　ないですよ。ストックホルム以外を選挙基盤としている議員が首都で生活するための日当として受け取る額は一一〇クローナ［一二一〇円］で、実際の生活費としては足りません。今日も、ランチに九〇クローナを払ったんです。平均的な質素なランチですよ。朝食や夕食代は、議員として受け取る給与から自分で支払っています。

**筆者**　ほかの議員と同様、地元にいるときは家で仕事をしますね。そちらに補助はないのですか？

**ハーシュテット**　議会は、ストックホルムの執務室用のコンピューターと、地元で仕事をするときのためのラップトップを支給しています。

**筆者**　地元にいるときの用品にかかる費用はどうしていますか？

**ハーシュテット**　もちろん、自分で買っています。紙、ペン、フォルダー、そのほか細かなものですね。複雑なものは、週の大半を過ごす議会の執務室で調達します。公用文房具があるほか、議会には専用の郵便局もあります。たまたま地元から郵便を送る必要があるときは、自分で切手を買っています。そんなに高くはありませんからね。

**筆者**　会合はどこでするのですか?

**ハーシュテット**　通常、地方の党本部を使うか、公立図書館を使っています。ストックホルムとヨーテボリ、マルメの三都市にある公立図書館には議会用の特別な部屋が用意されていますので、そこで会合を開くことができます。ほかの都市では図書館のカフェを使っています。

　地方の党本部に自分の事務所をもっている議員はいませんが、施設や会議室を使うことはできます。また、地元のカフェで有権者と会うこともよくあります。

**筆者**　そういった会合などでの飲食費は経費で落とせるのですか?

**ハーシュテット**　もちろん、落とせません。

**筆者**　スウェーデンの国会議員には、議会活動について広報するための予算がありませんね。ご自分の活動を有権者にどうやって伝えているのですか?

**ハーシュテット**　どの社会でも、今はソーシャルメディアがコミュニケーションの有効手段となっています。私はフェイスブックを使って、有権者に自分の活動を逐一報告しています。有権者は、私がどういう一日を過ごしているか、何をしているか、誰と会っているのかなどが分かります。たとえば、今あなたのインタビューを受けていることも知ることができます。フェイスブックに投稿していますから。

**筆者**　あなたは、一九九八年から二〇〇二年まで執務室のソファベッドで寝泊まりしていましたね。宿舎に移ったのはかなり遅かった。執務室で寝泊まりするというのはどんな感じでしたか？

**ハーシュテット**　時にはイライラすることもありましたね。目覚めて最初に目にするのが机とコンピューターですからね。でも、大したことではありません。夜は廊下でほかの議員に「おやすみ」を言って、自分の部屋に入って鍵をかけて眠ります。

　執務室は一〇か一二平方メートルでしたね。小さなシャワー付きのバスルームがあるのですが、そこで服を洗濯していました。みんながそうしていましたから。今は宿舎にバスルームがあるので、執務室にはバスルームがありません。

**筆者**　今の宿舎はどうですか？

**ハーシュテット**　三五平方メートルありますが、ワンルームで、リビングルームと寝室が兼用になっています。リビングに小さなキッチンがあり、バスルームもあります。建物の中には共用の洗濯機がありますが、私は自分の洗濯機を買ってキッチンのところに置いています。議事堂内にある洗濯機も使いますよ。そちらのほうが便利ですから。

**筆者**　スウェーデンにはないような特権をもっている外国の国会議員をどう思いますか？

**ハーシュテット**　自分が使うお金を拠出してくれているのは誰かを考え、分別をもって、納税者が収めたお金を注意深く使うべきです。

## モナ・サリーン氏のハンドバッグ

二〇一〇年、社会民主党のモナ・サリーン（Mona Sahlin）党首が公式写真を撮った際、六〇〇〇クローナ［約七万円］もするルイ・ヴィトンのバッグを持っていたことでメディアから猛烈な非難を浴びた。サリーン氏は、スウェーデン人の「平等」という信条に違反してしまったのだ。

選挙で選ばれたリーダーと有権者の間に何か違いが認められれば、それは平等に違反することになる。新聞各紙は、次々と「社会民主党の党首が国民の大半の給料の半分に相当するような高価なバッグを持つべきではない」(7)と糾弾した。サリーン氏は、バッグは五〇歳の誕生日に友人からもらったものだと反論したが、このバッグを手元に置いておくには対価がかかりすぎると判断した彼女は、オークションに掛け、売り上げ金をチャリティーに寄付する羽目になった。

モナ・サリーン氏と900米ドルのルイ・ヴィトンのバッグ。メディアから行き過ぎた無駄遣いであるという非難を浴びた　©YVONNE ÅSELL

## ハンス・ブリックス氏との会話

「誰も、私を閣下と呼びません」（ハンス・ブリックス［Hans Blix］）

ストックホルム中心部にある社会民主党の本部から三ブロックほど離れたところにある「Man in the Moon」は、ビール好きが集まり、食事もおいしい場所として有名だ。まだヒヨッコの政治家も、名をなした政治家も、この騒々しいガストロパブのラウンジを行き来している。周りには、無名ではあるが華麗な出で立ちの人や、奇妙な常連客もいる。

一度ならず、私はここでラインフェルト首相を見かけている。しかし、いつも私の目を釘付けにするのは、ハンス・ブリックス氏のような威厳のある人が、何気なく夫人と一緒に食事している場面だ。金曜になると、私はこのパブにやって来ては、ブリックス氏の姿を探しながら歩いてしまう。元国際連合イラク監視検証査察委員会委員長であり、スウェーデンの元外務大臣であるブリックス氏がこの近くに住んでいるからだ。かつて国際原子力機関（ＩＡＥＡ）の事務局長を務めたブリックス氏は、国連大量破壊兵器査察団長としてイラクに乗り込み、世界に真実を伝えたことで知られている。

（7）　スウェーデンでは、五〇歳の誕生日は人生のマイルストーンとして大々的に祝うという習慣がある。

　二〇〇三年にアメリカが主導したイラク戦争がはじまる前、国際ニュースはこのスウェーデン人外交官の画像を何度も繰り返し使った。地球上最強の国に対して国連の査察団は、イラクで大量破壊兵器が製造されている証拠はまったく見つからなかったと、毅然とした態度で示したのである。

　イラク侵攻後、ブリックス氏はイラクの大量破壊兵器の脅威を誇張し、サダム・フセイン（一九三七～二〇〇六）政権打倒のための戦争を正当化しようとしたとして、アメリカ政府とイギリス政府を非難した。結局のところ、イラクのどこからも大量破壊兵器は発見されなかった。

　私がブリックス氏の住むストックホルムにあるマンションの呼び鈴を鳴らしたのはちょうど一〇時だった。時間に正確なこの都市では、約束の時間に遅れようものなら顰蹙《ひんしゅく》を買い、友好関係にヒビが入るのだ。ドアを開けたのはブリック氏自身だった。コーヒーを淹れ、トレーにクロワッサンを載せて持ってきてくれた。誰もがするように、と言う人もいることだろう。

　ハンス・ブリックス氏は、一九二八年にウップサラで生まれた。イングマール・ベルイマン（Ernst Ingmar Bergman, 1918～2007）監督の『ファニーとアレクサンデル』の舞台である。一七〇平方メートルあるマンションの大きなリビングルームには、ペルシャ絨毯が敷かれていた。

「絨毯を見ると、買わずにいられない質《たち》でね」と、ブリックス氏が告白した。床という床に絨毯を敷き詰め、敷くところがなくなると、今度は壁に掛けはじめたという。四度のブラジル訪問でお土産として買った、鮮やかな色彩の陶磁器や半貴石《はんきせき》（アメジストやトルコ石など）で飾られたミニチュアの木もあった。

**筆者**　スウェーデンでは、他国のように議員や閣僚、市長、知事、首相その他一般的に権威のある人を「閣下」と呼ばず、単に「あなた」と呼びますが、どのようにお呼びしたらいいでしょうか？

**ブリックス**　誰も、私を「閣下」とは呼びません。一九六〇年代にスウェーデンでは敬称を廃止したので、誰もが今はお互いを「Du（あなた）」と呼ぶのです。誰も、政治家をエリートグループとして扱いません。エリートというのは、ほかのグループの上に立っており、普通の市民からはかけ離れた存在だからです。

**筆者**　政治家がエリート階級であると見なされている国の政治体制についてどのように思いますか？

**ブリックス**　もし、自分がそのような国に住んでいたら、政治家の特権を削減することを約束している政党に一票を投じます。政治家が特権をもつと、その恩恵によって一般市民から離れてしまうことになります。有権者は政治家に、「市民の代表として仕事を遂行しないなら、次の選挙では投票しませんよ」と言うべきなんです。

**筆者**　大臣を務めていたとき、飲食費や住居手当など何か特権はありましたか？

**ブリックス**　いいえ。私は、一九六八年からずっと賃貸しているこのマンションに住んでいます。家賃は政府の役人としての退職年金より高いんですよ。家賃は一万七〇〇〇クローナ［約一九万円］で、年金収入は一万三〇〇〇クローナ［約一四万円］ですから。元国連職員としてもらう年金がなければ、このあたりに住むことはできなかったでしょうね。

**筆者**　政府の退職年金額は比較的低いものなのですね。

**ブリックス**　はい。私が公務員としてのキャリアを終えたのは一九九一年で、退職年金額はそのころの給与をベースとして計算されています。でも、不満はありませんよ。必要なものはありますから。車もありますし、二〇年待ち続けた甲斐があって、やっとこの建物内の駐車スペースも手に入ったのです。もちろん、その分の料金は払わねばなりませんが。

**筆者**　外務大臣のときに運転手付きの公用車がありましたか?

**ブリックス**　公用車あるいは運転手を雇ってもらって通勤したことはありません。住んでいる建物の前の歩道で、車のタイヤを換えたときのことを覚えています。スウェーデンでは、毎年冬になるとタイヤを交換しなければなりません。夏用のタイヤと、雪や氷の上を走る冬用タイヤがありますからね。車庫から冬用タイヤを出して歩道まで転がしていたときです。通りにいた人が「自分でするのですか?」と私に声を掛けてきました。「ほかにすべき人がいますか?」と答えましたよ。大臣でも運転手付きの公用車はありません。スウェーデンの警護サービスが公人用の車を所有

左から、トニー・ブレア英首相、ハンス・ブリック氏、ジョージ・W・ブッシュ大統領
©NEWSBISCUIT

しています。大使館などでの会合に出掛けるときは、警護サービスの運転手が運転する車で行くことができます。しかし、家との往来にこのサービスを使うことはありません。

**筆者**　スウェーデンの外相になったとき、何が変わりましたか？

**ブリックス**　あまり変わったことはありません。家に持ち帰る仕事の量が増えただけでしょうか。スウェーデンでは、家事も担わなければなりません。当時は子どもがいて、今日のように保育園がたくさんありませんでしたし、妻も働いていましたから、オペア(8)を雇わねばなりませんでした。今でも料理はよくしますが、洗濯は苦手なので妻がしてくれます。掃除機をかけるのも私ですが、時々清掃業者にお願いして掃除をしてもらっています。

**筆者**　経費に関してはきちんと管理されていましたか？

**ブリックス**　私は一九四八年に自由党の青年部の活動に参加しましたから、早くから公人として注意深く行動しなければならないこと、また税金の使途については慎重に管理しなければならないことを学んでいました。閣僚になれば、政治的なディナーにいくら経費を使ってもよいか、どのレストランを使えばよいかなどが分かります。その額は覚えていませんが、上限額があり、無駄遣いと思える金額ではなく、シャンパンは禁止でした。また大臣は、自分の部下たちにも、誠実

(8)（au pair）外国にホームステイして、現地の子どもの保育や家事をする見返りに滞在先の家族から報酬をもらって生活する留学制度のこと。

さに欠ける行動をしないように注意をしなければなりませんでした。

**筆者**　スウェーデンにおける制度の欠点は何ですか？

**ブリックス**　すべてが完璧というわけではありません。地方レベルでは小さなスキャンダルが起こりました。また、時として国会議員も制度を悪用します。最近もメディアが、ある国会議員（社会民主党のペーテル・ペーション氏）がストックホルムから自分の地元へ飛行機で飛び、空港から七〇キロ離れたサマーハウスへ行くのにタクシーを使ったと報道しました。バスに乗らないでタクシーに乗ったばかりでなく、そのタクシー代を議会に請求したのです。これは受け入れられません。

**筆者**　スウェーデンの政界で、汚職はどれくらいあると思いますか？

**ブリックス**　一八世紀には、ある程度の汚職があったと思いますが、徐々に減ってきました。汚職はある意味「奇形」です。そして、事実上の「窃盗」です。納税者からの窃盗なのです。スウェーデンでは、納税者は世界最高水準の所得税を払っています。ですから、そのお金を盗まれたのではたまりません。そのため、幅広い政府の透明性、効力のある汚職防止制度、機敏に反応する報道機関が必要となります。なかでも重要なのが、自由な報道をする権利です。報道が自由であれば、いかなる汚職も暴露されます。

国民は、権力のある人が自分たちからお金を盗むところを見たいとは思っていません。たとえば、国の機関が職員のディナーやワークショップに特定額の公費をつぎ込んだ場合、メディアは

「あなたの収めた税金が公務員のディナーに使われている」という見出しで取り上げることでしょう。そして、非難されます。

**筆者**　ブラジルのような国の将来についてどのように思いますか？

**ブリックス**　私の意見では、このプロセスにおいてブラジルが一番しなければならないことは、学校制度を改善し、国民により多くの機会を与えるほか、一般的に生活の質を向上させて大衆を貧困から救うことです。スウェーデンと同様、人々が質の高い教育を受け、生活の質が向上すれば自分たちの状況が理解できるようになり、政治家に対する要求も厳しくなるでしょう。

## ストックホルム市庁舎と市議会の本会議場で

スウェーデンでは、市長も公邸で公務をする権利は与えられていない。市議会のメンバーは給与さえなく、執務室も与えられずに自宅で仕事をしている。

リッダーフィヨルド湾の岸に佇むストックホルム市庁舎（Stadshuset）の壮麗な内部は見事なものだ。しかし、そこが利用されるのは一年に一度だけである。毎年、スウェーデンの化学者であり、実業家であるアルフレッド・ノーベル（Alfred Bernhard Nobel, 1833～1896）の命日である一二月一〇日、ファンファーレとトランペットがノーベル賞受賞者を迎え、スウェーデンの王室が主宰する豪華な晩餐会がここで開かれている。

ノーベルは一八六七年にダイナマイトを発明したが、その数年後、彼は大きな罪悪感に苛まれた。この祝賀の宴は、その罪悪感に匹敵するほどの規模となっている。一八八八年、兄のルドヴィックが死去したとき、フランスの新聞が間違えてアルフレッド・ノーベルの死亡記事を載せた。その見出しは「死の商人、死す」というものだった。ノーベルは、自分の死亡記事を読むという奇異な機会に恵まれたことになる。

その記事の本文には、「アルフレッド・ノーベル博士：可能なかぎりの最短時間で最大数の人間を殺害する方法を発見し、富を築いた人物が昨日、死亡した」とあった。この記事について、ノーベル財団のアンニカ・ポンティキス氏は次のように言っている。

「アルフレッド・ノーベルの死を間違えて発表した新聞の話は酷いものですが、真実なんです」

この死亡記事の記述は、ダイナマイトの爆発のごとくノーベルに衝撃を与えた。まだ生きていたノーベルは、

青の間。壮麗なこの大広間は、年に一度のノーベル賞の晩餐会にのみ使われる
©MATT DUNHAM/SCANPIX

自分が築いた財産を科学研究のため寄付しようと思っていたが、「ダイナマイトの父」として歴史に残るべきではないと思うようになった。そして、家族や友人を失望させることになるのだが、自身の遺言書に、「莫大な財産のほとんどすべてを使い、人類の発展のために貢献した各知識分野の人を称え、年次授与する賞を創設するように」と書き残した。これにより、一九〇一年にノーベル賞が創設された。そして、一九三〇年から、ストックホルム市庁舎がこの盛大なノーベル賞の祝賀晩餐会の会場となった。

祝賀晩餐会は印象的な「青の間（Blå Hallen）」で開催されるが、妙なことに、この大広間は青色ではない。壁を青く塗る予定だったが、建築家のラグナール・オストベリ（Ragnar Östberg, 1866～1945）が、直前に赤レンガをそのまま残したほうがいいと思ったという。

ここでのドレスコードはブラックタイ（正装）となっている。白い手袋をはめた給仕係が、一三〇〇人の招待客用に、六七三〇枚の磁器と、五三八四個のグラス、九四二二個のカトラリー（ナイフ、フォーク、スプーン）をテーブルに並べる。そして、ノーベルが一八九六年に亡くなるまで最後の日々を過ごしたイタリア・リヴィエラの町サンレモから、毎年、この大広間を飾るための花が二万本送られてくる。

王室のメンバーが「青の間」に入る行進に合わせて、すべてが完璧に運ばれる。広間に続く階段から、二〇〇名以上の給仕係が巨大な大皿と大量の料理を手に持ち、テーブルに向かってすーっと入っていく。あるときのメニューでは、二六九二枚の鳩の胸肉、四七五尾のロブスター、手の込んだ燻製のサーモン四五ポンドが運ばれた。

晩餐会の終わりは、きらめくような「黄色の間」での舞踏会となる。スウェーデン王室、政治家、ノーベル賞受賞者、賓客が、ゴールドとガラスでつくられた一八〇〇万個のモザイクで埋め尽くされた壁に囲まれて舞うのだ。そして、晩餐会が終わり、政治家たちが市庁舎に戻ってくると、まったく違った雰囲気になる。

ある土曜日の朝、カメラマンのカシミール・ルーテルショルド氏と私は、社会民主党の市議会議員であるカーリン・ハンクヴィスト（Karin Hanqvist）氏の住所をカーナビに入力した。インタビューをするためだ。その住所はストックホルムの高級住宅街に隣接しており、ブロンマ空港に近い場所にあった。

私たちは質素な2LDKのマンションに入っていった。オープンキッチンのテーブルにはコンピューターがあった。ハンクヴィスト氏が自宅で仕事をするために、市議会から借りているものだ。市町村議員として仕事をするため、彼女は月額一五三三クローナ［約一・七万円］の俸給を受け取っている。生活するための給与は、保育園で保育士として働いて得ている。ほかの議員も同じく「普通の仕事」をもっている。

「私たちは、普通の市民を代表するために選ばれた普通の市民なんです。そして、普通の市民は普通の仕事をするのです」と、ハンクヴィスト氏はカメラに向かって話した。ストックホルムの市議会には一〇一名の議員がいる。四年に一度、国政と県議会（Landstingsfullmäktige）選挙と並行して、比例代表制の選挙で選ばれている。

議会は、ほとんどの国と同じように散発的にもたれている。市町村議会の議員の仕事はフルタイムではないので、議員に通常の給与を払うのは合理的でない、とスウェーデン人は画期的な判断をした。

「スウェーデンでは、市町村議会の議員の仕事はボランティアであると見なされています」

このように話すのは、ストックホルム市のコミュニケーション部長であるハンナ・ブログレン氏である。国全体の市町村議会で、九七パーセントの政治家が給与をもらっていない。

「市議会議員は必要に応じて政治活動に時間を割くため、法律において、本業の仕事を数時間抜けてもよいと決められています。そして、その場合、抜けたことによって減額された給与を埋め合わせるために議会が議員に補償をしています」と、ブログレン氏は説明する。

退職者や学生で当選した議員の場合は別だが、カーリン・ハンクヴィスト議員のように、通常の議員はスウェーデンの市議会での政治活動と並行してフルタイムの仕事をもっている。市議会の補欠議員は、その仕事の対価として月額八六七クローナ［約一万円］を受け取る。一方、正議

ストックホルム市庁舎と議会。この壁の向こうにいる議会のメンバーには特権や特別待遇が一切ない　©YANAN LI

員は、一五三三クローナ［約一・七万円］の月額報酬に加え、市庁舎で開かれる議会への参加費として、一回ごとに九八〇クローナ［約一・一万円］を受け取っている。

「議員がセッションに途中参加する場合は、この追加支給額の半分を支払います」と話すのは、ストックホルム市管理部のイーダ・ストリッド氏だ。しかし、「それはいいけれど、さらによくなる余地がある」という言葉どおり、スウェーデン人は支出にはまだ無駄があり、さらに切り詰める余地があると感じている。現在では、「任期の終わりに返すから」と言って、市議会議員はコンピューターさえ借りることができなくなっている。

「今では大抵の人が自分のコンピューターや携帯電話を持っていますし、市議会議員のなかには、議会でiPadを使う人もいます。ですから、時代に即した方法として、月額二〇〇クローナ［約二二〇〇円］を自前のコンピューターの技術アシスタント代として補助しています」と、ストリッド氏が述べていた。さらに、市議会議員には携帯電話が支給されることはなく、またその使用料が払われることもないと言う。

「市議会議員は携帯電話をもらうことはありませんし、携帯電話の使用料を還付してもらうこともありません。市が料金を負担する携帯電話を持っているのは市長と副市長のみです」

私は、「市議会議員には出張旅費などの手当もないのか」と尋ねてみた。

「ええ、ありません。ただ、市議会が夜の一〇時以降まで延長されることがあれば、タクシーで帰宅することができます。また、市議会が開催されている夜は無料で駐車ができることになっています」

「ほかに特典はないのですか？」

「ありますよ。市議会議員は、国会の機関紙〈Riksdag & Departement〉と県雇用者連合の〈Dagenssamhälle〉を無料で購読できるようになっています」

市議会議員のうち、フルタイムで働き、報酬を受け取っている人はほんの一握りでしかない。市議会議長と二人の副議長は、それぞれ月額六万九〇三〇クローナ［約七六万円］と三万四五一五クローナ［約三八万円］の給与を受け取っている。ちなみに、ストックホルム市議会の議長は女性（マルガレータ・ビヨルク氏）であり、市議の多くも女性となっている。

市議会で報酬をもらっている議員には、市長と一一名の副市長も含まれている。ストックホルム市長の月額報酬は一一万六八〇〇クローナ［約一二八万円］で、副市長は、在任期間が四年以下であれば九万四四〇〇クローナ［約一〇四万円］、それ以上であれば一〇万六四〇〇クローナ［約一一七万円］となっている。市長と副市長の報酬は、中央政府の閣僚の報酬引き上げにリンクしている。そのほか、各政党に所属する議員のうち、小人数（の有力議員）が市議会の出席など、パートタイムまたはフルタイムの議員活動費として特別報酬を受け取っている。

「謝礼としての報酬を受け取る市議会のメンバーに加えて二三名の政治家が、市役所およびストックホルム市議会でのパートタイムまたはフルタイムの仕事に対して報酬を受け取ります」と、ストリッド氏は言う。

実は、スウェーデンには市長という肩書きの職務はない。対外的なことを考えて市の代表者は、市の財務コミッショナー(9)の役職にある政治家となっている。市議会の議員が、市長、副市長、そして市の意思決定機関である「執行委員会（Kommunstyrelse）(10)」の委員を選ぶことになっている。ちなみに、「執行委員会」は与党と野党の一三名の委員（議員）からなっている。

前述したように、ほとんどの市議会議員がほかに生業をもっているため、市の執行部の意思決定に関して、すべての観点からリサーチを行うには支援が必要となる。「執行委員会」は、特定の問題に関してすべての事実と提案のまとめを市議会議員に提供しており、詳細な情報を得たうえで意思決定ができるようにしている。

一一名の副市長のうち七名は、市議会において過半数を占める与党のメンバーである。市長と与党七名の副市長は、市の活動の各分野（教育、都市計画、環境、文化など）に関する具体的な役割を負う「部門」の責任者（コミッショナー）となる。

市長と一一名の副市長で「市長部門」を形成し、執行委員会が審議する内容を準備する。執行委員会は、すべての政策決定が実行され、監督され、評価されるように責任をもっている。ちなみに、市長は「市長部門」と「執行委員会」の長を務めている。

完全な透明性が基本として求められ、条例、文書、動議、市議会と執行委員会の決定はインターネット上に投稿されている。ストックホルムの市民は、インターネットのサイトから登録すれば、自動的に電子メールで委員会の議事録や活動内容を受け取ることができる。また、これらの委員会は、市全体の財政と運営を監督する監査役を雇っている。もちろん、監査役の報告もインターネット上に投稿されている。

八六万人の人口を抱えるストックホルム市は、全国に二九〇ある市町村のなかで最大である。周辺も入れると、ストックホルム圏には二〇〇万人近くが住んでいるのだ。(11)

## 市議会議員クリスチーナ・エルフォーシュ＝ショーディン氏との会話

「市議会の議員というのはボランティアの仕事で、余暇の時間にできることです」（クリスチーナ・エルフォーシュ＝ショーディン［Christina Elffors-Sjödin］）

ストックホルム市庁舎の内装は、趣の違いを前面に出した面白い造りとなっている。議場の貴族的な広間には三つの巨大なシャンデリアが堂々とした存在感を示し、床には深紅の絨毯が敷かれ、同じ色使いのカーテンが窓を飾っている。同色で統一された木製のギャラリーと議長の演壇の上には、赤い布が襞《ひだ》をつくって垂れかかっており、宮殿のような雰囲気を醸し出している。しかし、豪勢な広間の天井を見上げると、ヴァイキング時代のシンボルに目を奪われてしまう。

(9)　財務委員会の長で、スウェーデン語では「finansborgarråd」と呼ばれている。
(10)　日本の国政における内閣の位置づけに相当する。
(11)　二〇一八年一二月現在、九六万人を超えている。

議場の天井は、ヴァイキング船を逆さにしたかのような造りになっている。その昔、未知の海岸に辿り着いたスウェーデン人の祖先は、敵から攻撃されないように船をひっくり返してその中に隠れ、そこでじっくりと略奪方法を練ったと言われている。その意図は必ずしも褒められたものでないが、ヴァイキングというのは、良かれ悪しかれ、常にみんなで意思決定を行っていた人々だと歴史に刻まれている。

ヴァイキング船の船体を突き抜けるように、青空が描かれているのが見える。これは、議会での議決はすべて透明性があるもので、人々のもとに飛んでいかねばならないということを意味している。つまり、議会のセッションはすべて公開でなければならないということだ。

市庁舎内の天井（訳者撮影）

議場を抜け、市議会議員のクリスチーナ・エルフォーシュ＝ショーディン氏が私を会議室に案内してくれた。自分の執務室がないことやコーヒーを出せないことを詫びたあと、エルフォーシュ＝ショーディン氏は保育園の園長と議員という仕事を掛け持ちしていることについて語ってくれた。ちなみに、彼女は穏健党の議員である。

**筆者**　二〇〇六年から市議会議員として無報酬で働いていますが、それについてはどのように思っていますか？

**エルフォーシュ＝ショーディン**　満足しています。報酬をもらうべきだとは思っていませんから。

**筆者**　どうしてですか？

**エルフォーシュ＝ショーディン**　私たちは、単にフルタイムのコミットメントを必要としない活動で市民権を行使しているだけですから、そのために報酬をもらうべきではありません。もし、市議が報酬をもらっていたら、市のサービスをより良くするためというより、金儲けのためや、自分の出世のために多くの市議が仕事をすることになるでしょう。市議というのは、職業政治家であるべきではないと私は思っています。

**筆者**　スウェーデンの市議は、なぜ国会議員のようにフルタイムで働いて報酬をもらわないのですか？

**エルフォーシュ＝ショーディン**　国会議員は、私よりはるかに多くの仕事をこなしています。彼らは国全体を代表しているのです。私が代表しているのはストックホルム市だけですし、仕事の量も、フルタイムの有給の仕事には値しません。

**筆者**　市議のあなたには執務室もなければ助手もいない。仕事は家でするということですが、市議としての仕事に何らかの支援はないのですか？

**エルフォーシュ＝ショーディン**　所属している党の職員二人から支援はあります。その二人は、全員で三八名いる党の議員の支援をしています。

**筆者**　どのような支援をその二人はしてくれるのですか？

**エルフォーシュ＝ショーディン**　主に、メディアや報道関係に関する仕事です。また、具体的な情報が欲しいときや、重要な案件で市長と相談しなければならないときにこの二人が手伝ってくれますし、基本情報の資料を用意してくれています。

**筆者**　出張手当などもありませんね。市議として議会に通勤する費用はどうしているのですか？

**エルフォーシュ＝ショーディン**　それについては、市議会から少額の補助があります。月額一五三三クローナ（約一・七万円）が支給されます。ただ、私はいつも保育園で働いていますから、自分のお金で公共交通に乗れるカードを買っています。

**筆者**　どのような交通手段で議会の庁舎に行くのですか？

**エルフォーシュ＝ショーディン**　電車です。私は郊外に住んでいますから、ストックホルム中央駅まで電車で行き、そこから市庁舎まで歩きます。約一〇分です。市議は、議会のセッションが夜一〇時以降に終わったときはタクシーに乗ることができますが、一〇分でも前に終わればタクシ

この議場に議席をもつ市議会議員に給与は出ない
©YANAN LI

ーに乗ることはできません。

**筆者**　携帯電話も支給されていませんが、仕事での電話代は自分で払うのですか？

**エルフォーシュ＝ショーディン**　私は自分の携帯電話を使っています。スウェーデンでは誰もが携帯電話をもっていますし、多少電話を使ってもそんなに高くありません。

**筆者**　一週間のうち、市議としての仕事に何時間くらいを充てていますか？

**エルフォーシュ＝ショーディン**　動議や提案を読んだりするのに一番時間はかかりますね。また、有権者から送られてくる多くのメールに返事をするのにも時間がかかります。いろいろな問題に関する質問や依頼が送られてきます。

**筆者**　市議の仕事を説明していただけますか？

**エルフォーシュ＝ショーディン**　議会でのセッションは三週間ごとに行われます。午後四時から一〇時までの間に議会が開かれます。自分のスピーチは自分で書きますし、いろいろな協会を訪問したり、有権者と会ったり、かなりの量の文書や提案を読み込みます。

私の党は与党ですので、野党の市議だけが動議を発議します。与党の提案は、社会のさまざまなグループの人たちと審議したあとで選挙運動の間に提示されており、市長部門［一〇六ページ参照］によって直接草稿されます。たとえば、選挙前に、私たちはストックホルムに毎年一〇〇〇戸の家を建てることを約束しました。選挙で議席を得たあと、市長と副市長はコミュニティーの当該セクターと相談し、どこに住宅を建てるべきかを決めます。そして市議は、この議題やその他の議題など具体的な問題について投票によって決議します。

**筆者**　結局のところ、市議はフルタイムで働かなくてよいと思いますか？

**エルフォーシュ＝ショーディン**　まったく必要ありません。週に五時間で十分です。

**筆者**　あなたには家族があり、保育園の園長としてフルタイムで働き、市議としても働いています。どのようにして両立をさせているのですか？

**エルフォーシュ＝ショーディン**　私の夫はとても理解があります。政治にはかかわっていませんけどね（笑い）。娘が小さかったころ、自治体の地区委員をしていたときは二五～三〇パーセントの時間を取られましたからもっと大変でした。今は娘も大きくなりましたし、市議の仕事は地区委員よりも楽です。

**筆者**　家事はヘルパーさんなどに頼っていますか？

**エルフォーシュ＝ショーディン**　はい、掃除を月に一度お願いしています。

**筆者**　誰があなたを政治の世界に導いたのですか？

**エルフォーシュ＝ショーディン**　私は、娘をモンテッソーリ学校[12]に行かせたかったんです。でも、当時、モンテッソーリ学校はありませんでした。それでほかの親の協力を得て、自分で学校をはじめようと決めたんです。学校を設立するにあたり、政府の補助金を得ようと何人かの市議に連絡したのです。そこから、このアイディアが大きくなり、結局、私も市議になりました。

インタビューが終わると、私たちは市庁舎を後にし、三月の容赦ない寒さのなか、にぎやかなヴァーサガータン通りを一緒に歩いた。ストックホルム中央駅に着くと、エルフォーシュ゠ショーディン氏が別れの挨拶をし、郊外の自宅に帰るため電車に乗り込んだ。

市議としての政治の仕事と本業、家族の世話、家事を簡単にこなすエルフォーシュ゠ショーディン氏の経験とは対照的に、両立に悩んでいる市議もいる。二〇一三年二月の「スウェーデンラジオ（Sveriges Radio）」のレポートでは、地方レベルの政治家を辞めてしまう傾向がもっとも強いのは女性と若者であるということだった。

このレポートのなかでインタビューされていたのは、二七歳になる看護師のルイーズ・ヴィベリ（Louise Wiberg）氏で、小さな子どもがおり、南西部の町ワーラ（Vara）で中央党の議員になったときには子どもが二人になっていた。

「日中は介護施設で働いており、月曜の夜と火曜日に政治の会合に出ていました。私にとっては、政治活動に参加し、私たちの社会を形づくる決定に関与することが重要でした。しかし、政治活動と仕事、家庭、育児を両立させることができない限界点に達してしまったんです」と、ヴィベリ氏はスウェーデンラジオに語っている。

(12)　二〇世紀初頭にマリア・モンテッソーリによって考案された教育法を実践する学校で、子どもの自主性を重んじ、子どもに「自由な環境」を与えることを重視している。

## 県議会でも九四パーセントの政治家が無給である

スウェーデンでは、広域自治体レベル（県）でも市民を代表する政治家としての活動は、本業と並行して行うべき兼業的な仕事だと見なされている。スウェーデンは、二九〇の市町村（コミューン）と二〇の県（ランスティング）に分かれている。すべての市議会と県議会において、例外なく議員は無給で、事務所や秘書、助手および運転手付きの公用車はない。

市議会と同じように、県議会（Landstingsfullmäktige）の議長と委員会のみがパートタイムとフルタイムの政治家として報酬を受け取ることになっている。県の議員は少額の謝礼をもらうのみである。「県議会では九四パーセントの政治家は無給です」と話すのは、スウェーデン地方自治体連合（Sveriges Kommuner och Landsting：SKL）の理事であるボー＝ペール・ラーション氏だ。

「通常、市や県レベルの政治家は、学生や退職者でないかぎり、本業の仕事が別にあります」と、ラーション氏は続けた。

スウェーデンの倹約的な基準の規則には例外がある。歴史上の理由から存在し、儀式的な意味合いの強い役職である「県知事（landshövdingar）」である。県知事は公邸に住み、給与をもらい、公的行事に参加するときのみとはいえ、自らの裁量で使える運転手付きの公用車がある。実は、県知事は政治職ではない。県知事は国の中央政府によって指名され、県で執行機関を代表する公務員であり、スウェーデン社会のさまざまな分野で活躍している人、あるいは元政治家が就任することが多い。

「これは、四〇〇年の歴史がある伝統なのです」と話すのは、南東スウェーデンのオステルヨートランド県（Östergötland）の元知事、スウェーデン警察の元長官、現在はスポーツ関連の犯罪を取り締まるための「まとめ役」をしているビヨーン・エリクソン（Björn Eriksson）氏だ。

「一八六〇年までは、県知事は県における国王の代理でした。そして、今日に至るまで、カール一六世グスタフ国王（Carl XVI Gustaf）が地方を旅されるときは知事の公邸に泊まることになっています」

県知事の職位は、スウェーデンが県に分かれていた一六三四年に創設された。一九五八年まで、いわゆる県知事は「国王陛下の正式な代理」という大げさな役職名だった。そして、オステルヨートランド県のように、知事の公邸が本物の城であるという県もある。

元知事のビヨーン・エリクソン氏は、スウェーデンでもっとも物議を醸し出している人物の一人であるが、二〇〇九年までリンショーピン城に住んでいた。一九〇〇平方メートルという広大な敷地をもち、一二世紀に建てられた城である。エリクソン氏はオ

**知事公邸はリンショーピン城**（撮影：Lars Aronsson）
出典：森元誠二著『スウェーデンが見えてくる』179ページ。

ステルヨートランド県の数知れない公的イベントにこの城を使ったほか、演劇など非公的イベントにもこの城を使って、時には俳優として参加したり、観客にコーヒーを出すというサービスを行っていた。

「職員が城のメンテナンスをし、掃除をします。城の中には、一般に公開されている中世の博物館もあります。私が知事だったときにはシェフもいましたが、公的イベントのときのみ、料理をしてもらいました。通常、食事は自分でつくっていました」と、エリクソン氏は言う。

「この知事職はいつか廃止されると思うかって？　それはないでしょう。ここでは、伝統が大切な役割を果たしています。ただ、知事が自分の地位を私欲のために利用するようなことがあれば、たとえば運転手付きの公用車をプライベートで使う頻度が高まれば、この制度は終わりを迎えるかもしれませんね」と付け加えた。

スウェーデン地方自治体連合（ＳＫＬ）のアンダーシュ・クナッペ会長は、伝統は生き残ると固く信じている。

「知事職は、国のシンボルだというのが伝統なのです。地元の市民からも、公邸の伝統とこの格式に対しては根強い支持があります。もし、知事が自分の家に住むと言ったら、みんなが反対をするでしょうね。とはいえ、どの県にも城があるわけではありません」と、クナッペ会長は言う。

県知事は、国の事務を地方レベルで遂行する「レーン府」と呼ばれる執行委員会（*Länsstyrelsen*）の委員長も兼任しており、これを統括している。レーン府の役割は、地方の市民が中央政府の決定によって恩恵を受けられるようにすることと、地方のニーズを政府に伝えることである。しかし、国の権力は制限されている。保健医療サービスを管理することが主な役割である県（ランスティング）の最高意思決定機関は県議会なのだ。

「歴史的な経緯で、県知事はさまざまな背景のある儀式的なイベントに参加しています。ですから、この役職は、動物保護や欧州連合のリソースを地域の農家に配分するといった行政権力はもっていても、ほとんど象徴的な側面が強いのです。しかし、スウェーデンの県知事は他国でいうところの知事とは違います。政治家ではなく、公務員なのです」と、クナッペ会長は力説した。

スウェーデン統計局によると、県知事の平均給与は月額六万二六〇〇クローナ［約七六・五万円］で、医師の平均給与より五〇〇〇クローナ［約六・一万円］多い。通常、知事の任期は六年であるが、退職年齢に至っていない場合は延長の可能性がある。

## いいえ、あるわけなどないじゃないですか！

地元自治体の地区委員長に会うため、スウェーデンの政治家がするように、シャーホルメンの郊外まで電車で行くことにした。県や市町村を管理するため、他の北欧諸国と同じくスウェーデンでは地方分権が進んでいる。ストックホルム市は一四の地理的単位に分けられており、各地区において市のサービスを遂行している。市の予算の最大部分である七五パーセントが、これらの地区に直接配分されている。各地区には、与野党の政治家からなる「地区委員会」がある。この地区委員会の委員は、ストックホルム市議会が指名している。

ヨン・ヨンソン氏は、シャーホルメン地区の地区委員会の委員長を務めている。インタビューは木曜の午後遅くに予定されていた。このような時間になったのは、彼が小学校の校長としての勤務を終える時間に設定したからだ。そして、木曜日に決められたのは、地区行政の建物の部屋が使える唯一の日であるからだ。通常は役人でいっぱいなのだ。

電車に乗っているとき、携帯電話のテキストメッセージを受信した。委員長からだ。バスに乗っているが、ラッシュアワーの交通渋滞に巻き込まれたので一〇分ほど約束の時間に遅れる、というお詫びのメールだった。私はその時間を利用して、移民が多く住むシャーホルメンの界隈を散策してみた。公共スポーツ施設の中で泳いでいる人、ほかのスポーツを楽しむ人、清潔で充実した設備を利用して運動を行っている人々もいた。シャーホルメンは人口三万四〇〇〇人で、羨ましいほどの予算配分がある。毎年、市議会はこの地区に九億八六〇〇万クローナ［約一〇八億円］の予算を配分している。しかし、地区委員会の委員長には贅沢が許されていない。

ヤン・ヨンソン委員長が借りた部屋は一〇平方メートルほどの大きさだった。ドアを開けると、委員長が水道水をコップに入れて出してくれた。スウェーデンでは水道水が安心して飲めるので問題ない。一九八一年、スウェーデン企業「エリクソン」で働いていた父親がブラジルのリオデジャネイロとカンピーナスに赴任することになったので、彼もブラジルで暮らしたことがあると教えてくれた。

「一週間に一度、ヘルパーさんが来て掃除をしてくれました。でも、私の母親は、そのヘルパーが来る前日にいつも家中を掃除していたんです。私たちが散らかした家を、ほかの人に掃除してもらうのが嫌だったんです」と言うヨンソン委員長の話に、思わず大笑いをしてしまった。彼は、地区委員会の委員長として給与があるのか、秘書や助手、運転手付きの公用車はあるのかという私の質問に答えてくれた。

「いいえ、あるわけないじゃないですか！」

二〇〇六年からこの役職にあるヨンソン氏がこのように答えた。そして、仕事には毎日バスで行き、校長としての給与から公共交通が利用できる通年のカードを買い、食事代も自費で払っていると説明したあと、次のように語った。

「スウェーデンの有権者がもっとも嫌うことは、政治家が自分の地位を利用して私腹を肥やそうとすることです。こういっては何ですが、政治家に一定の便益を与えるような制度は危険だと思います。というのも、そういう制度のもとでは、ある意味政治家が上流階級に属する人になってしまい、すぐに庶民感覚を失ってしまうからです。政治家が自分の選挙区の市民と同じ生活をしなくなれば、どこを改善しなければならないのかについて分からなくなってしまいますからね。もし、自分がお城に住んで、運転手付きの車に慣れてしまえば、すぐに何が正しいことで、社会のどういう部分に変革が必要なのかについて考えることを忘れてしまうでしょう。それに、私はほかの人よりよい生活をしようなんて思っていませんから」

ヨンソン委員長は、シャーホルメン地区に所属する二六人の委員（議員）の活動を監督している。委員会（地区の議会）は一か月に二度開催され、会議は常に仕事のあと、午後六時～八時に開かれている。その月の最初の会議で、委員会は小学校への予算配分など、さまざまな議事について決議をする。会議は、シャーホルメン区の役所の講堂で開かれ、一般にも公開されている。

「議事に関心のある市民は、誰でも傍聴することができます。また、会議の冒頭部分は常に一般市民に充てられており、意見を言ったり、質問することもできるのです」

二回目の会議は、議決された内容を実行する地区の役人たちが出席する。

「もちろん、私はさまざまな地元のグループの会合や討論に招待されますが、通常、そのような会議は夜に開かれています。一週間にこのような会合が二、三回ありますね。いろいろな問題に関して情報を希望する人からの電話やメールに答えるための時間もかなり取っています」

市議と同じく地区の委員も、政治活動をした時間に対してのみ手当を受け取っている。二六人いる委員のうち、一一名が代理委員として働いており、一か月一五〇ユーロ［約一・八万円］相当の手当に加えて、会議出席に関する経費の補填として四五ユーロ［約五三〇〇円］を受け取っている。一三名のアドバイザーはより多くの政治活動にかかわっているが、月額三五〇ユーロ［約四・一万円］の手当を受け、毎月の会議に参加したり、保育施設をはじめとする公共施設の視察を行っている。(13)

一か月に二度、委員会の委員長は政治活動のために本業を休まなければならない。これに関しては、一か月七二〇〇クローナ相当（約八万円）の所得補填がある。委員長としてヨンソン氏は、一週間に一度はフルタイムで委員会の仕事をするほか、視察訪問や会合にも参加している。地区委員会からの手当とこの所得補填で、ヨンソン氏は総額一万クローナ［約一一万円］を受け取っている。校長としての給与は、月額三万七〇〇〇クローナ［約四一万円］ということだ。

「もちろん、なかには政治を職業にしようとして政治の世界に入る人もいます。この国には、いくつもの権威ある政治的なポジションがあります。大臣や国会議員になれば、それなりの報酬が得られます。しかし、四万人いる地方議員のほとんどは給与をもらっていません。これは、昔からの伝統なのです。庶民を代表する政治家は庶民であるべきだ、という理念があるのです」

このように話すヨンソン氏は、次のようにも言っている。

「この仕事のおかげで、多くのことを学ぶ機会に恵まれました。宗教指導者に会って、彼らの信仰する宗教について学びましたし、家をどうやって建てるのかも教えてもらいました。また、さまざまな社会問題の解決方法も学びました。でも私は、政治を職業にすることに興味をもっていません。教師としての仕事はやりがいがありますし、自分の生活費を払えるだけの給料を稼いでいますので満足しています」

ヨンソン委員長も賃貸マンションに住んでおり、洗濯は建物の中にある共用の洗濯機で行っているという。

---

(13) 原書がユーロ表記であった。一ユーロ＝一一八円（二〇一九年九月二一日現在）で換算した。

「この建物に住んでいる人たちは、ほとんどが移民で低所得者層です。失業している人もたくさんいます。スウェーデンにやって来た移民の人たちが、一つだけ理解に苦しむことがあります。それは、政治家は便益を要求したり、行政に口出ししたりすることが禁じられているということです。特定の手当を受ける権利のない移民は、私が行政に命じて『この人に、この手当を支給してれ』と言うことができると思っているのです。もし、私がそういうことをしてしまったら、政府の行政業務に介入したと議会に訴えられるでしょう。私の仕事は、社会サービスの支出に関してどれくらいのリソースを配分するかを決め、その配分のルールを決めることです。各個別のケースをどのように扱うのかは、行政が決めることなんです」

ヨンソン委員長は、スウェーデンの制度に関する基本原則を語った。つまり、政治は一般の予算を定め、公共政策の実施についての指針を決めるが、その公共政策を実施するという積極的かつ自律的な役割を果たすのは行政の役目なのだ。

毎年、市議会はヨンソン氏の地区委員会に予算配分をし、市議会で決められた議決内容に基づいて、どのようにそのリソースを配分するかに関する指針を示している。これに対して地区委員会が、具体的にリソースの配分方法を決めている。要するに、学校やその他の公的機関にどれくらいリソースを配分するかを具体的に決めるということだ。

「私は、学校長にこれこれの生徒を入学させろとか、学校の運営方法に関して意見を述べるという立場ではありません。地区委員会には、区内に住む学生の達成目標であるとか、学校で中国語を教えるべきかどうかなどを決める権利はあります。しかし、学校がその目標を達成するためにどのような方法をとるかについては、私たちでは決められないのです。各公的機関がどのように目標を達成するかは、その機関が自律的に決めることなのです。ですから、スウェーデンの政治家は、『私に投票してくれれば、あなたに義足をあげましょう』などという約束はできないんです」

このように強調するヨンソン委員長は、「それゆえ、贈賄がらみの犯罪が少ない」とも述べている。

「最近、私はこの地域に教会を建てる許可申請を受け取りました。ルーマニア正教会からです。『極上のワインを一緒に』と言われましたが、それを受け取ってしまうと犯罪になります」

## ストックホルム市長との会話

「私には豪華な公邸に住む権利もありませんし、運転手付きの車で移動することもありません。ここでは、政治家はリムジンに乗ったりしないのです」（ステン・ノルディン［Sten Nordin］）

「寒気団がスウェーデン全土を覆っている」という言葉が、三月の朝、「スウェーデンラジオ」から流れてきた。窓に雪が吹き付けている。ステン・ノルディン市長とのインタビューに出掛けようとしていた私は、いつもの冬の天候のことを思い、「これって、ニュースなのかしら?」と首をかしげた。

外の通りが凍った雪で何層にも固まっていたので、靴に滑り止めを装着しようかと思ったほどだ。スウェーデン人は、虚栄心や恥ずかしさから、この滑り止めを高齢者のアクセサリーだと思っている。私の常識も、私のプライドには勝てなかった。

ノルディン市長は、おそらく市庁舎近くのハントヴェルカーガータン通りにある三番のバス停に現れるだろう。かつて、私はそこで彼を見かけたことがある。市長はスウェーデン人らしく時間に正確であるようで、あと何分でバスが到着するかを知らせてくれる電子パネルを何気なく見ていた。カメラマンのカシミール・ルーテルショルド氏がクングスホルメン近郊に住んでおり、「市長が、仕事帰りに同じバス停の列で待っているのを見た」と言っている。よく、コープ（Konsum）の買い物袋を持っているらしい。

毎日、ステン・ノルディン市長はバスか歩いて通勤している　©MAGNUS HALLGREN

メーラレン湖に近づくと、ストックホルム市庁舎［一〇三ページの写真参照］の金色のドームが見えてきた。スウェーデンの昔ながらのシンボルである三つの王冠がドームを飾っている。私は、一週間前に警察の車が滑って事故を起こし、警察官一人が亡くなった湾岸をチラッと見わたした。

二〇世紀初頭に建てられたこの巨大な市庁舎は、八〇〇〇万個以上のレンガを使い、イタリアのルネッサンス様式を取り入れて造られている。私は市長とのインタビュー場所に行くため、「議会の廊下」と呼ばれる場所を通った。その廊下に並ぶ各政治家の部屋の入り口の上部に、この建物を建設した労働者たちの大理石像があった。大工のオスカー・アスカー、石工のＥ・トーンブラッド、木こりのヨハン・ルドウィク＝マルムストローム、その他四名の労働者たちだ。

私の傍らを歩きながら、報道官のアーロン・コレワ氏が廊下の突き当りの部屋に案内し、インタビューを市長の執務室でできないことを詫びた。その理由を尋ねると、「執務室は小さすぎるんです」という答えが返ってきた。数分後、ステン・ノルディン市長（穏健党）が廊下から私たちに向かって歩いてきた。

**筆者**　一般市民である労働者の胸像が飾ってありますが、どういう意味があるのですか？

**市長**　これは、私たちにとって重要なシンボルとなっています。市庁舎が建設された八〇年ほど前のことですが、ここで働く政治家と一般市民が一緒に肩を並べている様子を示すという意図で造られました。スウェーデンの、強固な理念の表れです。つまり、政治家も一般市民も平等であるということで、政治家と市民で生活の状況が著しく異なってはならないということです。

**筆者**　仕事帰りに食料品の買い物をして、バス停の列に並んでいるあなたを見かけた人がいますが？

**市長**　もちろん、私です。

**筆者**　運転手付きの公用車はないのですか？

**市長**　公的イベントや警備上のリスクがある場合には車を使うことができます。しかし、通勤はバスを使うか、時には徒歩で来ることもあります。ストックホルムの市民と同じです。

**筆者**　市長として公邸に住むこともありませんね。通勤や食事の手当といったものはないのですか？

**市長**　給与があるだけです。一週間に一度、副市長と私はランチミーティングを行っています。この建物の中にあるレストランから注文していますが、市がこのランチにかかった経費を還付してくれます。私たちはこのランチの経費を国税庁（Skatteverket）に報告し、この経費に関しては税金を払わなければなりません。もちろん、外国からの賓客を迎えるときなどは特別な手当が支給されます。

**筆者**　あなたは市民の平均以上の給与をもらっていますが、市長を引退するときは終身恩給をもらうことができますか？

**市長**　はい。

**筆者**　それは特権ですか？

ノルディン市長のキャンペーン広告。ノルディン市長は、終身恩給は特権であり、廃止するべきだと言う　©COURTESY

**市長**　はい。でも、現在議論されている特権ですので、規則が変わることになるでしょう。私も、この規則は変えるべきだと思っています。現在の決まりでは、市長が引退するとき、五〇歳未満であれば恩給は最大二年間支払われます。そして、五〇歳以上の場合は終身恩給がもらえるのです。私たちは、五〇歳という年齢は引退するには若すぎると思っています。

**筆者**　地方議員はなぜ無給で働くべきなのでしょうか？

**市長**　地方レベルでは、フルタイムの政治家が多すぎないようにすることが重要です。地方議員というのは、一般市民としっかりつながっていますし、一般市民によって政治が行われるべきだと強く信じているからです。これが、私たちの地方民主主義です。地方議員は本業をもっており、一週間のうち数時間を政治活動に充てるべきだと思います。これが、うまく民主主義が機能する秘訣だと思います。ですから、給与をもらう政治家はそんなに多くなくてもいいのです。

**筆者**　どういう制度になっているのですか？

**市長**　市議会が、自治体で実施されるべき事務の目標を決めます。議員によって選ばれた執行委員会がさまざまな提案を行います。これらの提案が議員に提示され、議員が投票によってどの提案を承認するかを決めます。

議員が投票によって議決する前に、議案はいくつかの委員会で審議されます。議案によっては、委員会の審議を経ないで直接議会に掛けられるものもあります。市議会をストックホルムの国会にたとえるなら、市長が監督する執行委員会は市の「政府」にあたるということです。政治的な決定が可決されると、市議会によって指名された委員会が運営する市の事業者と行政部門がその事務を実行します。

**筆者**　市長室に助手は何人いるのですか？

**市長**　一五名います。政務アドバイザー数人と、報道官が二人、そして秘書が一人います。私のチームのほとんどは政務アドバイザーです。市議会に対して政策提案を草稿する責任を負っています。

**筆者**　市長には公邸があり、すべての地方議員がフルタイムの給与をもらい、複数のアドバイザーや秘書、個人付きの運転手がいるような制度の国をどのように思いますか？

**市長**　我々が地方自治をする方法とはあまりにもかけ離れていますね。そういう制度は、政治家と一般市民の間に大きなギャップを生み出すことになるでしょう。「市長は普通の生活をしているので、一般市民の置かれている状況を理解している」と市民が信じている必要がありますし、具体的に信じられるだけの理由が必要です。もちろん、私は平均以上の給与をもらっていますが、豪華な公邸に住む権利もありませんし、運転手付きの公用車で移動したりもしません。ここでは、政治家はリムジンに乗ったりしないのです。もし、政治家がそのような恩恵にあずかれば、市民との間に距離ができてしまうことになりますからね。私は、ほかの市民と同じく一人の市民なのです。

## 贅沢のない司法制度

「納税者のお金でランチを食べることはありません」（スウェーデン最高裁判所判事のヨーラン・ランベルツ［Göran Lambertz］）

毎日、ヨーラン・ランベルツ氏はスーツを着てネクタイを締め、一五分ほど自転車に乗って電車の駅に向かっている。駅にある大きな駐輪場に自転車を停めて電車に乗り、四〇分ほどかけて仕事場に向かう。彼は、スウェーデンの最高レベルとなる司法、最高裁判所に勤める一六人の判事の一人である。

四月のある朝、私はストックホルムから七〇キロ離れた大学の街で、田園風景が広がるウプサラにある彼の家を訪ねた。その家は、驚くほど質素な佇まいだった。小さな庭には二台の自転車が置いてある。玄関の戸を開けると、リビングルームにつながっていて、一九七〇年代風のシンプルな家具が置かれていた。ソファの上部には、カラフルでモダンな絵が掛けられているが、全体的には地味な部屋のなかでそれだけが目立っていた。

部屋の一方には大きな書棚がある。その部屋の後ろには、二階に続く木の階段がある。各階は六〇平方メートルほどの広さだ。階段の横には小さな廊下があり、これまた小さなキッチンに続いている。そこで、判事がコーヒーを淹れてくれている。

ほかの裁判官や判事と同じく、ランベルツ氏には運転手付きの公用車も個人秘書もいない。住宅手当もないので、住宅にかかる経費はすべて自分で支払っている。この国の政治家と同じく、裁判官には特別な免責もなければ、特権が行使できる環境もなく、一般市民と同じように裁判にかけられ、懲罰を受けることになる。

裁判官の給与は五万クローナから一〇万〔約五五万円〜約一一〇万円〕の幅があるが、それ以外の手当はない。クリスマスボーナスやその他のボーナス、賞与、謝礼、五つ星の健康保険、代理人ファンド、保育手当、出張手当、食事手当など、一切ないのだ。

「納税者のお金でランチを食べることはありません」

そう言いながら、ランベルツ氏はキッチンでコーヒーをすすった。最高裁へ出勤する姿をビデオに収めたいという私のお願いに興味を示したランベルツ氏は、ビデオに撮られてもいいように準備をした。食器洗い機に食器を入れ、妻に挨拶をし、自転車を取り出した。彼がペダルを漕ぐと、ベージュのオーバーコートが風になびき、それはまるで判事の法服のようだった。

ウプサラの中心部から遠く離れたところにある家から駅までの近道は、森を抜けるルートだ。小雨が降りはじめたのでカメラマンが指示を出したが、判事はまったくお構いなしだ。

「もう一度坂を上って、上から下りて来てください」

カメラマンが、森の中にある丘の上からランベルツ氏に大声で言った。判事が森の中を漕ぎ抜けていく様子は四回繰り返され、判事が頑強であることがうかがえた。ランベルツ氏が駅の駐輪場に着いたとき、息が上がるどころか、さっさとプラットフォームに歩いていった。

「今、出発する電車に乗り遅れたら困るのでね」と、ランベルツ氏は言う。

以前はウプサラ大学で法学教授をしており、元内閣オンブズマン（英：Chancellor of Justice）のランベルツ氏が最高裁判事になったのは二〇〇九年である。その前は、司法省のある部署のトップを務めていた。物議を醸し出す人物であり、非常に雄弁であることでも知られる彼は、スウェーデンにおいてもっとも有名な判事の一人である。

ストックホルム王宮の近くにある最高裁判所は古い豪邸のなかにある。ランベルツ氏は、中央にある見事な大理石の階段に私たちを導いた。建物の壁に掛かる大きな油絵には、遠い昔の高貴な法廷代理人が描かれている。召使や特権があった時代だ。ランベルツ氏の小さな執務室には、秘書もいなければ個人付きの助手もいない。贅沢はご法度なのだ。「納税者のお金で買われる贅沢は非道徳的で、倫理にも反しています」と言って、執務室でのインタビューがはじまった。

**筆者**　特別手当も入れて、判事の給与はどれくらいなのですか？

**判事**　判事の報酬は五万クローナ［約五五万円］からで、最高となる最高裁判事の給与は一〇万クローナ［約一一〇万円］です。これは高給ですし、充分にいい暮らしができる金額です。もちろん、特別な手当はありません。

**筆者**　判事には、ボーナスや謝礼、代理人ファンド、出張手当、食事手当など、個別医療などといった特典がありますか？

**判事**　いいえ、私は納税者のお金でランチを食べたりしません。すべての判事が自分でランチの支払いをしています。誰にも運転手付きの公用車がありませんし、個別の健康保険もありません。一般の市民と同じように、公的健康保険サービスを利用しています。

**筆者**　個人秘書もいないようですね。ほかに、個人付きの助手などはいますか？

**判事**　個人秘書はいませんが、一六人いる判事全員で共有する助手グループがあります。司法案件に関するすべての側面で判事を支援してくれる、三〇名以上の若い法律の専門家です。また、全員で共用する事務アシスタントも一五名ほどいます。ですから、判事の誰一人として個人秘書や助手はいません。その代わり、この専門家グループは、裁判所で争われている具体的な案件に全員で取り組むことになります。

スウェーデン最高裁の判事ランベルツ氏。スウェーデンの裁判官は、クルーズやリゾートでの休暇といった贈り物は受け取らない
©GÖRAN JOHNSON

**筆者**　政治家や判事が特別なボーナスをもらったり、自分たちの裁量で使える専用機などの特権が付与されている国の制度をどのように思いますか？

**判事**　どうしてそんな特権を欲しがる人がいるのか、私には理解できません。私たちは、一度しか生きられないのです。その一度しかない人生を、私は高い倫理基準で生き抜きたいと思っています。公的資金から便益を得ようなどという考えをもつ人の気が知れませんね。納税者のお金でする贅沢は非道徳的で、倫理にも反しています。なぜなら、それは私腹を増やすために公金を使っていることになるからです。

**筆者**　スウェーデンでは、判事はクルーズやリゾートでの休暇などといった贈り物を受け取ることができますか?

**判事**　そういうことは起こりません。昨日、実は法学部の学生グループから贈り物をもらいました。最高裁判所の視察に来たのです。帰り際、ビスケットを一箱と瓶詰めのジャムをくれました。これが、一年で一度だけもらった贈り物です。ですが、通常、誰も判事に金銭やアルコールなどの贈答品は贈りません。そういうことは起こらないのです。クリスマスのシーズン、たとえば銀行などは公共機関に対して贈り物をしたりするでしょう。でも、裁判所の場合はないのです。時には、銀行とか法律事務所がチョコレートの詰め合わせなどをクリスマスギフトとして裁判所に送ってきますが、特定の判事に贈り物が贈られることはありません。

**筆者**　スウェーデンで、判事が贈収賄にかかわったり、不正な判決にかかわったことはありますか?

**判事**　今まで、スウェーデンの判事が汚職事件にかかわったということを聞いたことがありません。清廉潔白な司法制度は必要不可欠なものです。司法制度そのものが疑いを超越したものでなければ、正義はありません。判事は、政治家全員、社会全体に対して正直さの模範を示すべきでしょう。もし、判事が咎められるようなことをしたりすれば、社会全体が混乱します。判事が汚職にまみれていれば、社会の人すべてが腐敗している可能性があります。司法制度が人々の尊敬を失えば、社会全体を混沌とした状態に陥れることになるでしょう。

**筆者**　スウェーデンでは、司法制度の汚職防止策として何をしていますか？

**判事**　特段そういう防止策はありません。スウェーデンの人は、昔から汚職に縁がないのです。もし、誰かが判事に贈賄しようとしたり、判事が賄賂を要求したりすれば、国を揺るがす大スキャンダルになるでしょうね。でも、そういうことは起こりません。

**筆者**　どうしてですか？

**判事**　スウェーデン社会は、何よりも誠実さを重視するということでしょうか。そして、不正があるときには「それを暴く」ということですね。スウェーデンは開かれた社会で、メディアは常に腐敗行為を非難します。不正直な行為は決して見過ごされません。これが、この制度のエッセンスです。不適切な行為が見つかれば非難されるということを誰もが知っていますし、警察やメディアがすぐに嗅ぎつけます。ですから、裁判官も決して不正な行為をしないのです。

　スウェーデンの判事は、決して収賄をすることはないと思います。あまりにも忌み嫌われる行いなので、考えられないのでしょう。スウェーデンの伝統にこのような行為はありません。もし、違法な行為があれば警察に通報されるでしょう。ですから、違法な行為をしてしまいそうな判事がいたとしても、思い留まるはずです。警察に突き出されるのは嫌ですからね。

**筆者**　スウェーデンの司法制度の透明性というのはどの程度ですか？　裁判官の経費の支出を調べたり、裁判所の公文書を入手したりできますか？

**判事**　はい。誰でもここに来て、裁判所の支出や判事の給与をチェックすることができます。継続中の訴訟や裁判については公開されています。判事の支出もチェックできます。まあ、あまりチェックする内容はありませんがね。

　判事が公金を使うことはほとんどありません。経費勘定などがないからです。スウェーデンでは、国が裁判官に払っているのは給与だけですよ。例外となるのは、めったにない会議に出るための旅費でしょう。交通費と宿泊費が経費として認められています。裁判官個人の銀行口座は、その裁判官に犯罪の疑いがあるときのみ調べられます。そのほかは、強姦の被害者など、裁判所が個人情報を保護する必要がある場合を除いてすべてオープンです。

**筆者**　誰でも最高裁に行って、裁判に関する文書をチェックできるのですか？

**判事**　ええ、そういうことです。誰でも最高裁判所に来て、訴訟に関する文書の閲覧を求めることができます。裁判所の職員が要求された文書のファイルを提供し、専用の部屋で読むことができます。また、ファイルのコピーも要求できます。何も隠すものがないのです。裁判所で決まったことはすべて国民に公開する、というのが根本的な考え方となっています。スウェーデンの司法制度は完璧ではありませんが、アクセスできないということはありません。

**筆者**　誰が裁判官や裁判所を監査するのですか？

**判事**　この役目をする政府機関はとくに定められていませんが、国会オンブズマンや内閣オンブズマンが、裁判所のさまざまな訴訟の取り扱い方について、支出状況や効率よく運営されているかなどについて調査する権限をもっています。オンブズマンは裁判そのものに介入することはできませんが、裁判所の支出や効率をコントロールすることはできます。ジャーナリストも、裁判官の給与やほかからの収入源などを調べています。たとえば、私たちが法制委員会や懲罰委員会など、裁判官が必要とされる場合に問い合わせを受け、それに答えて得た収入などです。裁判官は収入が多すぎると思っている人が多く、批判に曝されやすいのです。

**筆者**　ほかの国が汚職を減らすにはどうすればいいと思いますか?

**判事**　政治家が社会に対する責任を取り、模範となる義務を果たすことです。そうすれば、市民は政治家を信頼します。政治家が率先して公正な社会をつくるために貢献するのです。もし、あなたが裁判官であるなら、自分の仕事や活動が常に詮索されてもいいようにしておき、ごまかしのない行動をし、誠実さを推進する義務が生じます。

　多くの国が、誠実さを推進し、よい模範となるリーダーを必要としています。自分が裕福になろうとするのではなく、賄賂を受け取ることなく、不名誉な行為を表立って非難するリーダーが必要なのです。たとえ少しであったとしても汚職は許さないという反汚職運動が本格的に組織されなければなりません。誰もが一《いち》からはじめなければなりませんし、不正行為は断固として許してはいけないのです。そして、権力の座にある人は、誰しもが模範となる行動をしなければなりません。

# 第2章 透明性――見張りを見張るのは誰か？

「殺菌するには、日の光にさらすのが一番と言われている」（ルイス・ブランダイス）[1]

「権力者を監視する」という発想の原点は、ローマの通りを人々がトーガ（一枚布の上着）を着て歩いていたころまで遡る。当時は権力を握るエリート層のなかからペテン師やならず者が次々と現れていたころで、ローマの元老院議員による悪行や贅沢によって国庫は枯渇していた。端的に言えば、このころというのは鶏小屋の見張りとしてキツネを置いていたような時代である。

大衆が飢えと絶望を紛らわすには、円形競技場でサーカスや剣闘士の闘いが繰り広げられるときに

---

（1）（Louis Dembitz Brandeis, 1856～1941）アメリカ・ハーバード大学のロー・スクール教授。合衆国最高裁判所の判事。

権力者から無償で与えられるパンに頼るしかなかった。古代ローマでは、「パンとサーカス（panem et circenses）」という抜け目のない政治で、反発する無産階級を抑えつけていた。風刺詩人のユウェナリスが「見張りを見張るのは誰か？（Quis custodiet ipsos custodes?）」と問うたのもこの時代である。(2)

スウェーデンでは、権力の監督者を監視しはじめたのは二〇〇年前のことである。一七六六年、スウェーデンは世界に先駆けて透明性にかかわる（情報開示の）法律をつくった。不正に目を光らせる国民と報道の自由をもって、権力の座にある者とその追随者を監視するというものだ。政府の公文書へのアクセスは「スウェーデン出版自由法」（憲法に相当する四つの基本法の一つ）の特別条項に規定され、憲法で保障される権利となった。この法律は、フランス革命によって出版の自由が布告される四半世紀も前に成立している。

スウェーデンの情報公開法を支持する一人であるアンダーシュ・ノルデンクランツ氏は、政府の管轄事項に関する秘密扱い（検閲）廃止に関して、次のような言葉で後押しをした。

「私がここで懸念するのは、国の要人が何をしたのか、あるいはしたいのかということではない。懸念するのは、もしその要人が望むなら、合法的にどのような悪行を行うことができるのかということだ。そして、自由な人々の法律は、そのようなことをさせてはならないということだ」

スウェーデンの憲法には、「すべての人は公文書に自由にアクセスする権利を有する」と書いてある。スウェーデンの情報公開法は、権力のすべての階層に適用されており、公的機関から国民に代わって意思決定をする個人に関する情報まで、市民が広く情報にアクセスできるように担保するものである。公文書の一般公開原則（Offentlighetsprincipen）として知られるこの法律は、政府の指導者と、指導者が統治する人民のギャップを埋めるもので、汚職の防止にもなっている。言葉を換えれば、簡単に窃盗ができないようにする、ということだ。

スウェーデンでは、大臣や議員、判事の支出を確認したり、首相の公的メールや通信を読んだり、あるいは警察庁長官や軍の司令官の支出をチェックしたりすることができる。それによって、政府当局者の所得税のデータを検証したり、公的機関の税金の使い道を即時に知り、国の当局が下す公的な決定や措置、動議などをモニターすることができるのだ。

スウェーデンの憲法では、情報公開法の基本原理は開かれていることが原則となっており、機密は例外であるということだ。公文書のほぼすべてが一般公開されなければならない。例外となる文書は、いわゆる「秘密保護法」に列挙されており、国家安全保障ないし国際関係、税制、犯罪の捜査、個人の医療記録などといった個人情報にかかわるものだけが「秘密扱い」とされている。このような秘密文書は、そのレベルによって、二年から七〇年間非公開となっている。

政府の役人やその他の当局者が公文書へのアクセスを拒否した場合、裁判にかけられることがある。

（2）（Decimus Junius Juvenalis, 60～128）古代ローマ時代の風刺詩人、弁護士。代表作は、一六篇からなる『風刺詩集（Satvrae）』。

その文書が秘密文書扱いとされている場合でも同じである。二〇〇四年、スウェーデン政府は、東南アジア（スマトラ島沖）で発生した津波において亡くなった二三万人（不明者も含む）というスウェーデン人の名簿を秘密扱いにすると決めた。その理由は、不明となったスウェーデン人の自宅が特定できないようにし、空き巣などの強盗を防ぐためではないかと憶測された。しかし、高等裁判所は政府の決定を覆し、結局、名簿は公表されることになった。

文書公開にかかわる裁判が起きた場合、法律で「そのような情報へアクセスする権利を証明する義務は、情報を要求する側にはない」と明確に定義されている。この法律では、情報へのアクセスを拒否している政府の役人のほうが、文書を公開しない理由を正当化しなければならない。

「公文書へのアクセスは重要な市民の権利です。そして、それこそが汚職を防ぎ、税金の無駄遣いをやめさせる制度の主たるメカニズムなのです」と、一六人の最高裁判事の一人であるヨーラン・ランベルツ氏［一二九ページ参照］は言う。ただ、特定の境界線を越えることができないのは事実だ。

「たとえば、スウェーデンの国防大臣が、サーブ社が製造しているグリペン戦闘機のブラジルへの売却について、ブラジル当局に書簡を送ったとしましょう。その情報自体は公開されますが、文書の内容によっては秘密扱いになることも考えられます」とも、ランベルツ氏は言っている。

私はスウェーデン国税庁に電話をして、フレドリック・ラインフェルト首相に関してどれほど秘密があるのか調べてみた。国税庁は、首相の所得税確定申告を取得することが可能だと確認してくれた。五日後、ラインフェルト首相の所得税確定申告の写しがメールボックスに入っていた。メールには、

「このメールに添付してある文書は、誰でも国税庁に閲覧申請ができるものです」というメッセージがあり、ラインフェルト首相の所得税確定申告が表示されていた。

公文書を取得したいが、発話障碍や記憶障碍が理由でスムーズに取得できない人に対して、政府は特別なサービスを提供している。このサービスは「テレタル（Teletal）」と呼ばれており、訓練を受けた職員が、障碍のある市民と公的機関の仲介をしてくれる。たとえば、発話障碍のある申請者が「テレタル」に電話をし、支援を要請した場合、職員が政府の機関に電話をし、申請者が話をしたがっていることを伝え、三者でのコミュニケーションをサポートする。もし、申請者が書くことができない場合は、代わりに受け取った情報を書き記しておくこともある。

情報公開法は、スウェーデンの閣僚に対して、個人で行っている株式投資の内容を公開することも義務づけている。利益相反を防ぐためである。政治家の持ち株の一覧も公表されており、定期的に更新されている。

スウェーデンにおける文書公開の論理では、当局は決定を公開し、アクセスできるようにしなければならない。市民がメディアに頼らず、取得する情報を容易に選べるようにするためだ。また、社会における意見の多様性を担保するため、スウェーデン政府は一九七〇年代から規模を問わず、すべての新聞社に高額の補助金を提供している。

透明性遵守の見張り役は、国会オンブズマンと内閣オンブズマンである。何世紀も前からあるこの二つの機関が、公的機関が有する情報へのアクセスに関する法律の遵守を監督している。二つのオンブズマンは、一般市民からの苦情を受理し、文書公開の規則を破った政府の役人を告訴したり、懲戒したりする。この制度には、税金によって運営されているすべての公営企業の会計に関して、第三者による監査も含まれている。その報告はインターネットで公開され、誰でもアクセスが可能である。各政党の年次会計報告も、「プライス・ウォーターハウス・クーパース（Price Waterhouse Coopers）」といった民間のグローバルな監査法人によって監査され、その結果が党の公式ホームページで発表されている。

このような仕組みは、秘密に閉ざされた政府の情報を公開することで、万人にとって開かれた社会を約束するためのものである。この世界に先駆けたスウェーデンの透明性に関するモデルは、他の民主主義国の手本となり、「世界で一番透明性の高いシステムである」と多くの人が称賛している。しかし、それでも完璧ではない。これまで、完璧なシステムなど存在したことがないのだ。

「マックス・ウェーバー(3)が言うように、官僚制というものは性質上秘密性が高いものです」

ストックホルム大学の小さな部屋でコーヒーをすすりながらこのように話したのは、政治学者のルネ・プレムフォース氏である。スウェーデンにおいても、情報公開法に違反する者がいる。長く続く平和の時代であっても、スウェーデン政府の特定部署では、「戦時には、真実が非常に貴重であるので、それは常に嘘の護衛によって随伴されなければならない」と言う元イギリス首相のウィンストン・チャーチル（Sir Winston Leonard Spencer- Churchill, 1874～1965）の古い格言を崇めているかのようだ。

二〇一二年、サウジアラビアにおける武器製造所の建設計画にスウェーデン軍の機関が関与していることについて、政府が承知していることをある役人が否定した。この秘密の合意は、「スウェーデンラジオ」がすっぱ抜いた。そして、政府が承知していることを証明している電子メールが正式な記録から削除されていたことを突き止めた。

最終的にその電子メールは、スウェーデン軍の当機関の正式な記録から発見された。スウェーデンからサウジアラビアへの武器の輸出は正式に禁止されているわけではない。しかし、一般人がアクセスできないようにこの交渉が秘密裡に行われたことで批判が強まり、ステン・トルグフォース（Sten Tolgfors）国防大臣は辞任に追い込まれることになった。

トルグフォース大臣の悲惨な例を見れば分かるように、政府が透明性において過ちを犯すことは、スウェーデンのジャーナリストの正気を失わせることになる。政府の役人に対する非難叱責の声の大きさには幅こそあれ、非難をする記者も学者も、多くの国で秘密のベールを剥ぐことにひと役を買った古きスウェーデンの情報公開法のおかげで、今でもスウェーデン

ルネ・プレムフォース氏に言わせると、政府はいつでも自分たちの行動が公になることを避けようとする
©UNIVERSITY OF STOCKHOLM

（3）（Max Weber, 1864～1920）ドイツの政治学者・社会学者・経済学者。

は世界でもっとも開かれた国の一つであることを認識している。

それでも見張り役を見張る必要がある、とスウェーデン人は言う。そして、それは日々の闘いとなる。ルネ・プレムフォース氏［五四ページ参照］が、次のように言っていた。

「情報公開法があっても、国民が目を光らせていないかぎり法律に価値はありません」

## 政府の透明性

一八一四年から戦争をしていないこの国に、「平和通り」という名称の通りがあっても不思議ではないだろう。取り立てて目立たない「フレッズガータン通り」は、ストックホルムにある政府の中枢部を通っている。一方には外務省があり、通りの真ん中からはアーチ型の国会議事堂が目に入る。静かな美しさを放つメーラレン湖に続く通りの終点には、内閣府がある「ローセンバード」［一二三ページの写真参照］の上でスウェーデン国旗がはためいている。通りの反対側には、いわゆる政府の「中央レジストリ」があり、一般人も出入りができるようになっている。

中央ロビーでは、政府の役人が日々の通信や首相の公的電子メールのリストを見せてくれ、誰でも閲覧可能となっている。身分証明書は不要で、情報請求の理由は問われない。すべての情報が一般公開されているわけではないが、法律によると、公開できるものはできるだけ迅速に開示されなければならないとされている。

「私たちは、なるべく早く請求にこたえるように、と言われています」と話してくれたのは職員のパトリック・ヤコブソン氏だ。公文書のアーカイブは途方もなく大きい。「Regeringskansliets Arkivsupport och forskarsal（内閣府公文書サポートおよび調査ホール）」という明確とは言い難い名前をもつこの中央レジストリは、政府の閣僚、首相、政府の行動についての情報を保持している。保管文書は常に更新され、政府文書やさまざまな省庁によってなされた決定へのアクセスの場となっている。作成された文書を迅速に入手するために、当該省庁に連絡することもできる。

国会の動き、政府の提案、公的資金への申請、政府の歳出詳細、各省の報告、会計や財務報告、政府予算の指針、その他政府が作成した文書は、秘密保護法に規定されている秘密扱いの文書以外は中央レジストリのコンピュータールームで閲覧することができる。

「首相と外国の元首との間で交わされた交信など、機密性の高いものは通常アクセスできません」と、役人は例外のあることを述べた。私は、ラインフェルト首相の直近の支出について閲覧請求をしてみた。そのうちの一つは、首相とスウェーデン中央銀行総裁が食べたランチのレシートだった。政治家全員に適用されるのだが、文書には参加者の名前、場所、イベントの理由、食べたものの内容を記載しなければならない。この場合は、二人分のエグゼクティブランチ、プティ・フール二人分、「ラムローサ（Ramlösa）」のミネラルウォーター二本で、合計七七〇クローナ［約八五〇〇円］であった。

もう一つ添付されていたのは、内閣府にあるレストランのレシートで、ラインフェルト首相が欧州連合加盟国の大使および企業の幹部との会合で出したコーヒーとケーキのレシートであった。一四名

Sabis RESTAURANGER

Sidnr 1

**FAKTURA**

| Fakturadatum | Kundfakturanr |
|---|---|
| 09-09-18 | 42001 / 369764 |
| Vårt Orderdatum | Ordernr |
| 09-09-16 | 0001604801-2 |

| Köpare | Leveransadress |
|---|---|
| REGERINGSKANSLIET | REGERINGSKANSLIET |
| FÖRVALTNINGSAVDELNINGEN | FÖRVALTNINGSAVDELNINGEN |
| RK EKONOMI | RK EKONOMI |
| 103 33 STOCKHOLM | 103 33 STOCKHOLM |

REGERINGSKANSLIET
Förvaltningsavdelningen
Ink 2009 -09- 21
RK Ekonomi

Lev.den: 09-09-16
Rekv/Best. avt
Res/Kst: 11040
Namn: Heidi Kumlin
Tjst:

| Ert Orgnr | Ert reg.nr moms |
|---|---|
| Betalningsvillkor | Betalas senast |
| 30 DAGAR NETTO | 09-10-18 |

Reg. nr moms  Innehar F-skattebevis  Efter förfallodagen debiteras dröjsmålsränta och lagstadgad påminnelseavgift

| Specifikation | Antal | À-pris ink.moms | Belopp ink.moms | Moms % | Belopp exkl.moms |
|---|---|---|---|---|---|
| Rest.Rosenbad Tel 4054527 | | | | | |
| Ref: | | | | | |
| Enl bif nota (avd420) Rest. Rosenbad | 1 | 770,00 | 770,00 | 25,00 | 616,00 |
| | | SUMMA INKÖP | 770,00 | | 616,00 |
| | | MOMS | 25,00% | | 154,00 |
| | SUMMA ATT BETALA | SEK | | | 770,00 |

Sabis AB  Telefon  Telefax  Org. nr  Swift code  Bank account  Bank name NORDEA  City Stockholm

ラインフェルト首相と中央銀行総裁のランチの報告書。提出したのは、ラインフェルト首相の秘書であるヘイディ・クムリン氏であるの政府関係者と三一名の外国からのゲストで、三四四〇クローナ［約三・八万円］がコーヒーと水、そしてケーキ代として計上されていた。

私は備え付けのコンピューターを使って、年に二回更新される首相と他の閣僚の投資記録を探してみた。すると、直近のものだけで六ページにわたる目録をのちに受け取ることができた。首相の投資先のなかには、スウェーデンのＳＥＢ銀行（Skandinaviska Enskilda Banken）の南米にある投資ファンド「SEB Choice Latinamerikafond」からの証書があった。

首相のその日の通信記録を見ていると、数々の手紙のなかから、バラク・オバマアメリカ大統領が主催するレセプションへの招待状があることも分かった。その日のメールは、いろいろな機関から送られたものや、一般市民からのメールが主だった。たとえば、スウェーデンでは年金にも課税されているわけだが、そのような給付への課税に不満をもつ男性からのメールには、「退職者たちが次の選挙で、あんたを首相の座から引きずり下ろすぞ」と警告するものがあった。

ラインフェルト首相と閣僚との間で交わされる、職務にかかわるメールは一般には公開されていない。「しかし、ほとんどの部分、つまり承認された正式な決定を含むメッセージは公文書と見なされ、公開文書になります」ということだった。また、「首相が出張でい

政府の中央レジストリでは、様々な文書にアクセスすることができる
©COURTESY BANDEIRANTES TV

なければ、首相が読む前に市民が通信を読むこともできます」とヤコブソン氏は言っていた。

このサービスは無料で、どの政府機関でも、情報開示の要求は電話、メール、ファックス、あるいは郵便での請求が可能となっている。また、具体的なテーマについてのビデオ、CD、録音記録にもアクセスすることができる。ちなみに、公文書のコピーは九ページまでは無料で、それ以上になると料金が発生するが、一ページにつき二クローナ［約二二円］となっている。

中央レジストリには、一九九七年以降の行政機関の公文書のすべてが保管されている。それより古い文書は国立公文書館で保管されている。行政機関からの具体的な情報を求めている人は当該の省に直接行ってもよいし、各政府の分野で、公文書について市民からの情報開示請求にこたえるための特別なサービス部門が設置されている。

私は、首相の電子メールの写しを持って中央レジストリを後にした。フレッズガータン通りを数ブロック行くと、政府の支出を監視する機関がある。

## 国会議員の支出に目を光らせる

「ここには、いつもジャーナリストが出入りしているんですよ」と、礼儀正しく笑顔で私に挨拶してくれた事務員が言う。この建物の小さなロビーは、制服を着た警護官に守られている。私たちは一緒に、国会議員全員の支出と経費を管理している機関である「議員サービス（Ledamotsservice）」

の館内を歩いた。

廊下の突き当りには長い書棚のある部屋があり、ここに、議員の支出報告と実際の請求書などが保管されている。それぞれが大きなファイルに仕分けされており、全員、つまり三四九名の名前が書かれている。国会議長のペール・ヴェステルベリ氏のフォルダーもある。議長は、この国においてもっとも高位となる公職だ。スウェーデンの序列では、議長は首相より上に位置しており、議長の上にいるのは国王だけである。国王は正式なプロトコールでは国の元首であり、首相を任命したり解任したりする。

市民は誰でも、ここに来てフォルダーを閲覧することができる。情報開示は、電話、インターネット、ファックス、メールでも請求できる。

「私たちがこういう仕事をしている主な目的は、税金が国会議員によって浪費されないようにすることです。国会議員は税金を効果的に使うために議員をしているのであって、私たちは、そのためのルールに従ってほしいと願っています」

このように話したのは、部署のトップであるアンナ・アスペグレン氏である。議長やその他の国会議員が提出した支出報告は、「詳細にわたってこの部署に所属している一〇名の職員が審査している」とアスペグレン氏が説明してくれた。

「国会議員が不完全な報告や特定の請求書について不正確な情報を提出した場合は、電話をして説明を求めます」と職員の一人が言ったが、報告に不正確な部分があることは稀だという。

「議会のメンバーは、正しいことをしようと努めています。不正を働こうとは思っていないというのが私たちの印象です。ですから、口論になることはありません。整合性がなかったり、不正確だと思われる部分があればその議員に連絡をしますが、ほとんどの場合、『間違いを指摘してくれてありがとう』と言われます。とくに間違えを見つけるのは、ここに出入りしているジャーナリストですからね」と、アスペグレン氏が話してくれた。

実際、議員サービスは、当時の社会民主党の党首ホーカン・ユーホルト氏［三九ページ参照］に警告しようとした。彼が本当にマンションでパートナーと一緒に住んでいたのなら、ユーホルト氏は賃料の全額を還付請求することはできなかった。ガールフレンドが一緒に住むなら、賃料の半分を払わなければならない。

「ユーホルト氏の側近の一人に連絡したんですが、彼は全額還付請求を続けました。ジャーナリストがここに来て、嗅ぎつけました。そして、ユーホルト氏はスキャンダルにさらされたんです」と、アスペグレン氏が当時を振り返った。

どうやら、「窃盗」の機会はほとんどないようだ。スウェーデンの国会議員は、集会を催したり、高級レストランでの食事を経費で落としたりすることができないようだ。

「まったくあり得ませんよ」と、アスペグレン氏が椅子に座ったまま言った。ただ、議長になると別で、外国からの賓客や大使との夕食会など、裁量で使える年次経費がある。二〇一三年のこの経費の予算は一一二万クローナ［約一二三二万円］だった。

外国へ出張する際、航空券やホテルの請求書が議会の「旅行サービス」から直接「議員サービス」に送られる。支払いをする前に「議員サービス」の職員が受け取ったデータを厳密にチェックし、議員が提出した出張報告と照らし合わせる形で確認をしている。

「高額の請求書はあまりありませんね。議員がお金を使えるものはそんなに多くはありませんから。また、出張の場合、請求書を偽造することはできません。航空券やホテルは議会の旅行会社が予約しますから」と、アスペグレン氏は言う。

スウェーデン国内の出張をする場合、「目的地に移動するためのもっとも経済的な方法」を選ばなければならないことを議員は知っている。出張マニュアルのガイドラインでは、議員は目的地へのルートや移動手段を計画する際、環境への負荷も考慮しなければならないことになっている。[4] しかし、誰もそのルールをどのように適用しているかについては問われない。

「原則的に議員は、自分で自由に決めることができます。議員に三等席を取れとは言いません。しかし、議員は有権者に、なぜ飛行機に乗ることにしたのかなどについて説明をする責任があります。そして、有権者は、その行為で議員を判断するのです。最近、ある議員が、他の議員が鉄道で行ったところに飛行機で行った理由を説明しなければならないという状況に追い込まれました。議員がお金を

（4）　スウェーデン議会のホームページに、給与や移動手段についての注意などが明記されている。七六ページを参照。https://www.riksdagen.se/en/how-the-riksdag-works/the-work-of-the-riksdag/the-members/

浪費し、環境保護を軽視すると、スウェーデン人は憤慨するのです」

このように話したアスペグレン氏は、一般市民はよく「議員サービス」を訪れたり、連絡をしてきて、議員の支出について情報を求めてくると付け加えた。

自由党のエヴァ・フリボリ議員［四四ページ参照］も、メディアからの圧力を次のように認めている。

「一度、会合に行くためにタクシーに乗ったことがあります。書類がいっぱいあり、時間も遅くなっていたからです。そうしたら記者が、『ほかの人はバスで来たのに、なぜタクシーで来たのですか？』と尋ねました。メディアは常に政治家を見張っていますから、私たちは税金を不必要に使うべきではないと自覚しています」

アスペグレン氏によると、「議員サービス」の仕事は議員との摩擦や争いもなく、円滑に行われているという。そこで私は、次のような質問をしてみた。

「厳しい監視があるからこそシステムは不正がないのか、それとも、大抵の政治家が不正や公金で私腹を肥やすことを断固として拒絶する高い倫理基準を保っているから欺瞞《ぎまん》がないのか？」

「両方でしょうね。それでも、私たちはすべてをチェックするんですよ。そして、議員はすべての経費の証拠を提出しなければなりません。確認された、事業者からの請求書を付けてです。ですから、欺瞞《ぎまん》が入り込む余地があまりないのです」

## 完璧までもう一歩

「スウェーデンの透明性に関するシステムは、もう一歩でパラダイスになります」と話すのは、〈スヴェンスカ・ダーグブラーデット新聞〉のビヨルン・ヒグステット（Björn Hygstedt）氏だ。ヒグステット氏は、透明性と情報公開法を利用して、何人もの政府役人を辞任に追い込んだ人物である。犠牲者の一人は、「税金を使ってパーティーをしたり、贅沢な車を借りたり」した罪で職を追われたスウェーデン軍の上級司令官だった。とはいえ、情報へのアクセスは常に迅速にできると確約されているわけではない。

「邪魔もあります。スウェーデンの情報公開法は、その範囲とオープンさにおいて独特のものがありますが、不必要な秘密主義に傾倒している当局もあります」とヒグステット氏は言う。最高裁判事のヨーラン・ランベルツ氏〔一二九ページ参照〕も同様の批判をしている。ランベルツ氏は、二〇〇一年から二〇〇九年にかけて、透明性における規則の遵守を推進するための監視役である内閣オンブズマンを務めている。

「時として役所の官僚は、特定の情報を秘密として開示しないでいいと考えるようです。ですから、このシステムもいつも効果的に機能するとはかぎらないのです。しかし、透明性の要は、大抵の場合、そうあるべき機能を果たしているシステムです」

さまざまなジャーナリズムの賞を受賞し、スウェーデンの情報公開法の権威の一人とされるジャーナリストのニルス・フンクケ（Nils Funcke）氏がこの発言に同意している。

「これは、スウェーデンで二〇〇年以上にわたって運用されてきた比類のないシステムで、市民が公的機関を調査する機会を存分に与えてくれます。しかし、我々はさらによいシステムを求めます。完璧になってほしいのです」

彼の見解では、スウェーデンの透明性にかかわる法律を適用するとき、開かれていることが原則で、機密は例外であるということだ。

「大抵の当局は、司法も含めて市民の公文書へのアクセスの原則を真剣に受け止めています」とも、このジャーナリストは言っている。私はフンクケ氏に、「スウェーデンの司法制度は完全にクリーンであるか？」と尋ねたが、今まで何度も聞いてきた答えと同じ言葉が返ってきた。

「スウェーデンで、腐敗した判事というのは聞いたことがない」

しかし、透明性に関するシステムには欠陥もあるとフンクケ氏は言う。

「問題の一つに、多くの役人が情報を公開するとき、自分たちの間違いが発覚することを恐れるということがあります。そのため、彼らは過剰に警戒するのです。さらに、なかにはあまり迅速に情報開示の手続きをしない当局もありますし、『機密』というスタンプを使いすぎるところもあります。また、公的機関のトップが、たとえば警察などですが、あまり情報を出しすぎないようにとアドバイスすることがあります。これは法律に違反しています」

フンクケ氏は、常ににらみを利かしている。二〇〇六年、彼は情報公開法を使って、ライラ・フレイヴァルス（Laila Freivalds）外務大臣を辞任に追い込んでいる。

## 大臣と預言者

ライラ・フレイヴァルス氏［二〇〇五年に来日］は、あの日のあの時間に観劇に行くという不幸な判断をして以来、政治的には「息絶え絶えだった」と言っていいだろう。二〇〇四年の一二月二六日のことである。朝から恐ろしいニュースがスウェーデンにも届き、東南アジアを襲った津波の様子が伝えられていた。タイの病院で、ひどい怪我をしたスウェーデン人が次々と亡くなっていた。そして、何千人もの人が行方不明になった［一四〇ページ参照］。

この悲劇的とも言えるニュースでパニックになった人がスウェーデン外務省に電話をかけ、連絡のつかない家族の行方を探ろうとしていた。当日は休日であったため、出勤している職員はほんのわずかで、しかも提供できる情報がないに等しい状態だった。外務大臣が観劇をしている間、世界はまるで地獄のような悲劇をショック状態になって見守っていたのだ。

この津波で二三万人が亡くなっている。そのうち、五四三人がスウェーデン人だった。多数の犠牲者を出した自然災害に対して無能さをさらけ出してしまったフレイヴァルス外務大臣の辞任を要求する手紙が内閣府に殺到した。フレイヴァルス外務大臣は、その日の午後、劇場に行ったことを公の場で謝罪したが、犠牲になった五〇〇名以上のスウェーデン人とは違って、彼女はこの致命的な不祥事では「政治的死」を免れることになった。しかし、それもつかの間、一年ほどするとそのときがついに訪れた。フレイヴァルス外務大臣は津波の巨大な波で溺れることはなかったが、まるで予言するかのように、大臣を溺れさせるという役目を果たしたのは預言者ムハンマドであった。

二〇〇五年九月、デンマークの新聞〈ユランズ・ポステン（Jyllands-Posten）〉がイスラム教の預言者ムハンマドに関する一二の風刺画を掲載したことで、アラブ世界から抗議の波が押し寄せた。今度ばかりは、フレイヴァルス外務大臣もニュースを注視した。デンマーク大使館には火がつけられ、イスラム教徒の多い国では何百万人もがデモを行い、「国際イスラム教学者連合（ＩＵＭＳ）」はデンマーク製品のボイコットを呼び掛けた。しかし、ヨーロッパの新聞各社が言論の自由を掲げ、預言者ムハンマドの風刺画を転載したことでさらに抗議運動が広まった。ヨーロッパ諸国の国旗が焼かれ、怒り狂った民衆が在外公館を攻撃したりもした。

スウェーデンでは、フレイヴァルス外務大臣がまたも不幸な判断をしてしまった。二〇〇六年、電子版の〈エスデー・クリーレン（SD Kuriren）紙〉が預言者ムハンマドの風刺画を掲載したとき、大臣はそれを検閲することにした。〈エスデー・クリーレン紙〉はスウェーデン民主党として知られる極右政党の新聞で、このころからスウェーデン民主党は徐々に勢力を伸ばしていたのだ。(5)

風刺画が掲載されるや否や、大臣の側近の一人であるステファン・アメール氏が〈エスデー・クリーレン紙〉のホームページを管理しているサーバー会社「レーヴォンライン（Levonline）」に連絡を取った。スウェーデンの公安警察「サポ」［七一ページ参照］も同社に連絡を取った。次の日、「レーヴォンライン」は〈エスデー・クリーレン紙〉を削除し、スウェーデン民主党のウェブサイトを閉鎖した。この行為は憲法で保障されている報道の自由の侵害であり、外務省は批判を浴びることになった。フレイヴァルス外務大臣は、「自分は関与していない」と主張した。「アドバイザーが同意を得ずに勝手にやったことだ」と。

「部下がすることのすべてを把握しているわけではありません」とフレイヴァルス外務大臣は言ったが、彼女は嘘をついていたのだ。

「大臣は真実を語っていないと思いました。問題は、それをどのように証明するかでした」と、大臣の失脚につながった記事を書いたニルス・フンクケ氏は言う。フンクケ氏は、オンブズマンに連絡を取り、政府がすでに外務省と公安警察か

(5)　スウェーデン議会で議席を獲得するには、全国規模で最低でも四パーセントを得票することが要件となっている。スウェーデン民主党は、二〇一〇年の国政選挙で初議席を得て以来、二〇一四年の選挙で四九議席を獲得して第三党に躍進し、二〇一八年には六三席を得て第三党の座を維持している。

フレイヴァルス元外相は津波後の公文書公開の原則でつまずいた　©AFTONBLADET

らウェブサイトの閉鎖について説明を要求していることを突き止めた。

「情報公開法によると、国の機関同士の公的通信は公開されなければなりません。私は、外務省からの返信があるまで毎日オンブズマンに連絡しました。通信には『大臣に相談したあと』という言葉があり、これで大臣の側近がフレイヴァルス大臣の承諾を得て行動を起こしていたことが確認されました」と、フンクケ氏は言う。

フレイヴァルス大臣が嘘をついていたことを、このジャーナリストが議会の官報である「Riksdag & Departement」に書き、国全体に激震が走った。

フレイヴァルス外務大臣は、国会の憲法委員会（ＫＵ）に通報された。そして数日後、大臣の辞任が発表された。スウェーデン民主党の公式ウェブサイトは六日間閉鎖されていたが、再びオンライン上に戻ってきた。二〇一〇年の選挙で歴史上初めて議席を獲得したこの極右政党は、中道右派の四党《アリアンセン》連合［二三ページ参照］が絶対過半数を得ることを妨げている。

「私は透明性の原則を使い、司法省の公的コミュニケーションにアクセスを得ました。そして、その通信がなされてすぐに情報を得ることができました」と、スウェーデンにおけるジャーナリズム大賞を二〇〇六年に受賞したフンクケ氏が言う。

特定のケースでは、正義の剣を抜かなければ情報を得ることができない。これが二〇〇五年に起こったことだ。当局は、当時のヨーラン・ペーション首相の新築住宅の計画を国家機密として隠すことができると思っていたのだ。

## 首相の豪邸の秘密

二〇〇五年の土曜日の朝、スウェーデンの国営放送「SVT」のニュースルームの電話が鳴ったとき、週末のシフトがはじまったばかりであった。電話は社会民主党のヨーラン・ペーション首相からだった。

「私の家は豪邸ではないぞ！」と、彼は単刀直入に言った。

私は、SVTの政治評論家であるマッツ・クヌートソン氏にスウェーデン議会のロビーで会った。

「SVTの文字情報サービスが、首相が豪邸を買ったと報道したんだ」と、彼はこの成り行きについて説明してくれた。

ペーション首相にとって、このニュースは大打撃となった。スウェーデンの政治家が豪邸を購入したりすればメディアと有権者の反発を買い、墓穴を掘ることになる。社会民主党の政治家であればなおさらとなる。ペーション首相はもっとよく考えるべきだった。二〇〇二年の選挙キャンペーンにおいて、ペーション氏自身も穏健党のボー・ルンドグレン（Bo Lundgren）党首が平均的な市民が買えないような高価な家を買ったことを非難していた。「六〇〇万クローナ［約六六〇〇万円］もする家を買っておきながら、どうして一般市民の暮らしが分かるというんだ？」と、ペーション氏は攻撃をしていた。

ペーション氏は選挙には勝ったが、今度は自分自身が攻撃される羽目に陥ってしまった。もし、買った家が本当に豪邸ならば、首相はスウェーデンにおける政治の伝統、とりわけ社会民主党の伝統を破ってしまったことになる。質素な暮らしをし、普通の市民と同じような暮らしをするのがよいという伝統である。これが、ペーション首相の前任者であるオロフ・パルメ首相［一四ページ参照］などが受け継いできた思想なのだ。イングヴァール・カールソン元首相［一五ページ参照］は、今でもストックホルム南部に位置するティレソー（Tyresö）市の簡素なマンションに住んでいる。

ペーション氏の新たな不動産が豪邸なのか、ただの住宅であるかについて、メディアで活発な議論が繰り広げられた。ストックホルムから一六〇キロほど離れたセーデルマンランド（Södermanland）地方にあるこの家の航空写真やスケッチ、そして絵が新聞や雑誌に出回った。これらのイラストを見るかぎり、これ見よがしな豪華さはなく、スウェーデンの地方によくある伝統的な赤いペンキの農園の家といった感じである。だが、土地の広さがスウェーデン人の癇に障《さわ》ったようだ。〈アフトンブラーデット紙〉によると五〇〇〇平方メートルとなっていた。さらに許せないのは、その館の値段が一二五〇万クローナ［約一億三八〇〇万円］もするということだった。

加えて怒りを買ったのが、ペーション首相がこの館を改装しようと計画しており、地元当局がこの館の青写真を「秘密文書」にしていたことだった。公安警察の「サポ」は、「このプロジェクトは秘密にするべきだ」と主張した。しかし、情報公開法が適用され、行政裁判所は当局に文書を公開するよう命じた。

「裁判所が建設計画から秘密扱いのスタンプを消してくれたので、開示できるようになりました」と、〈アフトンブラーデット紙〉が詳細を示した。二階建ての各フロアはそれぞれ一七八平方メートルあり、寝室が三部屋にバスルームは二つ造られている。暖炉が四か所と書斎も計画されているという。

「ヨーラン・ペーション氏と彼の妻は、書斎の暖炉の前にある心地のよいアームチェアに座り、本を読むことができる。大きなダイニングルームで、食事とワインを客に振る舞うこともできる」

そして記事は、この家の説明を詳細に行った。「外壁は木でできており、屋根の瓦には特別なコーティングが施される」と。

裁定は下された。「この家は豪邸である」と。

ペーション首相は薄氷を踏むことになった。

「ペーション首相への支持は、彼の夢であった豪邸によって地に落ちようとしている」と〈アフトンブラーデット紙〉は書いた。同紙は、ウェブサイトで世論調査も行っている。「首相は豪華な家を建てて、同時に労働運動を代表できるか？」という質問に対して、回答者の四分の三が「できない」と答えていた。

ペーション夫婦と新しい家。豪邸を買って労働党の代表はできない
©SCANPIX

後日、メディアは、首相がこの不動産にさらに建て増しを計画していることを突き止めた。そこで、「ペーション氏の豪邸はもっと大きくなる」と〈アフトンブラーデット紙〉がまた噛みつき、次のように報道している。

「すでに存在しているこの家では、首相は物足りないらしい。もう一軒の家を建てる申請を計画中で、こちらのほうは五四平方メートルの別館で、客用と車庫に使うということだ」

改装の費用は七〇〇万クローナ［約七七〇〇万円］だ。首相と妻は疑いもなく、この家を手に入れる収入源があった。ペーション首相は前妻と別れ、新しい妻のアニトラ・ステン氏と一緒にこの家を買った。新しい妻は、スウェーデンでアルコールの独占販売を行っている「システムボラゲート（Systembolaget）」という国営会社のトップを務めていた。この家があるトープ（Torp）は、ペーション氏とステン氏の新たな「愛の巣」だったのだ。

しかし、問題は家の費用や大きさだけではなかった。政治評論家のレーナ・メリン氏によると、問題はペーション首相の選択にあった。首相が、昔のエリートのような生活を選んだということである。「都会でいい仕事をもち、田舎の豪邸住まいをすれば、週末には賓客を私邸に招くことがでる。まさに、スウェーデンの貴族がかつて行っていた暮らしである。今でもそういう暮らしをしている人はいる。イギリス人のように」と、コラムニストのメリン氏は書いている。

選挙戦が展開されているのときのことであり、公共放送の「ＳＶＴ」では、討論会のモデレーターであるマッツ・クヌートソン氏がこの問題で首相に質問を投げかけた。ペーション首相はスウェーデン社会で経済格差が拡大しているというクヌートソン氏の統計を否定し、数百万クローナの不動産を買ったことで庶民感覚がなくなることはない、と反論した。

「今でも、以前と同じように普通の市民のことは知っている」とペーション首相は言う。しかし、なかには、このトープの豪邸の一件がペーション氏の敗北の要因だったと言う人もいる。二〇〇六年の選挙で、彼は中道右派の四党連合《アリアンセン》に敗れたのだ。

選挙で敗れたうえに、ペーション氏は髪の毛が抜けるような思いをすることになる。この新しい家の件で警察に呼び出され、取り調べを受けることになったのだ。というのも、スウェーデンではどのような建設作業でも必ず提出する必要があることになっている作業員の健康と安全性の「リスク評価計画書」を、ペーション氏が提出していないことが分かったのだ。

## 捕えられた者への罰——政治生命に終止符

ヨーラン・ペーション首相の豪邸に関するエピソードのように、当局によっては秘密扱いのスタンプを押すのが好きな機関もあるが、スウェーデンのジャーナリストはほぼ全員が口を揃えて、「スウェーデンの透明性にかかわる法律のメリットは、その欠陥よりもはるかに大きい」と言う。政治ジャーナリストのマッツ・クヌートソン氏は、「この法律は政府を監視し、スウェーデンでの汚職を防ぐ革新的なツールだ」と言い、〈アフトンブラーデット紙〉のレーナ・メリン氏も、「通常、情報公開法の妨害はほとんどありません」と言ってこれに同意している。

クヌートソン氏によれば、政府の役人が一般人の情報へのアクセスを操作しようとしたり、遅らせたりすることは可能だとしている。

「ある文書が、当局の中央レジストリでまだ準備段階の文書であると分類されれば、その文書を読むことはできません。しかし、正式に決定されれば、秘密保護法で規定されている文書以外は公表されなければなりません」と話すクヌートソン氏、彼は「ＳＶＴ」の政治評論家で、この国でもっとも尊敬されているジャーナリストの一人である。

法律では、公式な情報は、即時に各政府当局の一般レジストリから開示されることになっている。文書は、当局が作成を完了したときから公式な文書と見なされる。また、文書が政府機関の間で送付または受領された場合、そのときから自動的に公的文書となる。

「これがシステム全体の鍵なのです。ある文書が公的機関から公的機関に送られたり、受領されるや否やその文書は公文書となり、一般市民の調査対象になるのです。各当局の行動をモニターするためには、その公的機関の一般レジストリをチェックしなければならないのです」と話すのは、政治学者のルネ・プレムフォース氏［一四三ページの写真参照］だ。

原稿段階のものや正式な決定がされる前の「案」などは、公的文書とは分類されない。しかし、一旦了承されると、その案は公的文書になるのだ。

「通常、正式な決定が含まれるファイルには、その準備段階の膨大な文書が含まれています。それを見れば、決定に至った過程がおおよそ分かります。誰が提案をしたのか、誰が何を決めたのかなどです。そして、政府の提案は議会に送られる前に一般公開となります」と、プレムフォース氏は付け加えた。

クヌートソン氏は、「文書は海のごとくあるので、何を探すべきか、どこを調査するべきかが分からなければならない」と言ったあと、次のように付け加えている。

「記者であれば、通常、誰かが手掛かりをくれます。そして、調査をはじめます。公的機関の監督をする第三者の監査報告によって政府の役人をモニターすることも可能です」

開示情報の広大な海を泳いでいくためにスウェーデンのジャーナリストがよく使うツールが、「インフォトルゲット（Infotorget）」と呼ばれる、ありとあらゆるモノや人についての情報を提供するコンテンツプロバイダーである。これらのプロバイダーはパワフルなデータベースをもっており、国税庁や交通局、国の登記所、その他の行政機関情報の検索が可能となっている。これを使えばすぐに、ある人が国税庁に滞納があるかどうか、所得はどれくらいか、借金はあるのか、交通違反の罰金の支払いが滞っていない

「何を探すべきか、どこを調査するべきかが分からなければなりません」と話すクヌートソン氏
©WKIPEDIA

か、どのような不動産をもっているのか、企業の取締役になっているのかどうかなどが分かるのだ。
「クリックするだけで、誰に犯罪歴があるのかも分かります」と、〈スヴェンスカ・ダーグブラーデット紙〉の情報ディレクターは言っている。「新しく閣僚が発表されたときは、まずこの方法で調べますね」

つまり、「インフォトルゲット」のようなプロバイダーがあれば、誰に関しても基本的な情報は確認できるということだ。

「ただ、スウェーデンの法律では、検索に個人についての財務データなどといった詳細情報が含まれている場合は、調べられる人に対して、情報を取得しようとしている人と、どのような情報を入手しようとしているのかについて知らせなければなりません」と、「インフォトルゲット」の公報担当であるクリスチャン・オルソン氏は言う。

「見張りを見張る方法は、大学のクラスルームで教えられる」

この言葉は、スウェーデンの調査記者協会（Grävande Journalister）に所属するリーダーの一人、ミカエル・グリル氏が発したものだ。彼は、ある当局を厳しく追及《グリル》したことで過去に表彰されている。

私は、彼が働くＳＶＴ本社で会うことにした。

「大学のジャーナリズム科では、情報公開法について特別なコースがあるんです。そのなかに、ジャーナリストに財務報告や会計報告の分析の仕方を教えるコースもあるんです」と、グリル氏は言う。

グリル氏は、大学を卒業したあと、すぐにこのシステムを試してみた。

「スウェーデン北部にあるスンズバル（Sundsvall）の市役所に行って、政治家のメールを読みたいと言ってみました。私の要請には合意してくれたものの、コンピューターのところでは横に職員が立ち、読んではいけない個人的なメールを見ないかと見張っていました。しかし、スウェーデンでは、さまざまな件名の付いた、政府役人の公的メールのリストを見ることができます」

政治学者のルネ・プレムフォース氏が、「これよりオープンなシステムは知りません」と言うほど、スウェーデンの公文書公開システムは世界の模範となっている。また、国の活動や決定について一般市民に知らせないというのは、他の欧州連合加盟国にはあってもスウェーデンではあり得ない、とプレムフォース氏は言っている。

「私はフランスやドイツの制度も研究しましたが、透明性に関する規則に関しては大きな違いがありました。欧州連合は、基本的にフランスの行政制度を採用しています。このモデルでは、透明性という概念が、政治家からは奇妙なものだと思われているのです。政府で秘密裡に行われている活動は、一般市民には知る余地がないのです」

情報公開法によって不名誉な行為が明らかになった政治家には、大抵の場合、かなり厳しい罰が下されることになる。「普通、政治生命は絶たれるでしょうね」とクヌートソン氏は言う。

二〇〇六年、二人の大臣があっという間に失脚し、政治の舞台から姿を消した。新内閣が発表されたほんの数日後のことだった。この二人の大臣は、こっそりとベビーシッターを雇っておきながら、それに関連する税金を払っていなかったことがメディアによって突き止められたのだ。

## ナニーゲート事件

一〇年にわたる政治的な敗北を経て、ついに中道右派政権の時代が訪れた。再編成された政治要綱で刷新された保守自由主義政党である穏健党は、「新たな労働党」として再出発することになった。二〇〇六年の総選挙で、中道右派の四党連合《アリアンセン》［一二三ページ参照］が歴史的な勝利を収めた。この事実は、「高福祉高負担」と言われるスウェーデンの福祉国家は失墜することがないと確信した有権者の支持によってもたらされた。すべてが刷新され、前途洋々としているかのように思えた。ラインフェルト首相も四一歳と、この国の首相としては最年少の部類に入る。

その首相が、一〇月六日、大胆な人選による組閣を発表した。三八歳で財務大臣となったアンダーシュ・ボリ氏［一八ページ参照］は、イヤリングを付け、髪はポニーテールだ。統合およびジェンダー平等大臣に指名されたのはニャムコ・サブニ（Nyamko Sabuni）(6)氏で、ブルンジ生まれの、スウェーデン初の黒人女性大臣である。

また、二人の大臣がホモセクシュアルだった。一人は移民大臣のトビアス・ビルストロム氏、もう一人は環境大臣のアンドレアス・カールグレン氏(7)だ。カールグレン氏は、パートナーと法的に結婚もしている。そして、誰もが驚いたのが、スウェーデンの政治舞台に外務大臣として戻ってきた元首相のカール・ビルト氏(8)だった。

高揚感は人を酔わせることになるが、「二日酔い」は大惨事となる。まったくの新人が政府閣僚の一部に抜擢されたのだが、清廉潔白な経歴が生き残りを決めるというスウェーデンの政治鉄則を知るには経験が浅すぎた。スウェーデンのメディアは、閣僚が発表されるとすぐに二人の大臣が内緒でベビーシッターを雇い、納めるべき税金や社会への還元をしていなかったことを報道した。そして、イギリスの〈フィナンシャルタイムズ紙〉が「ナニーゲート」と名付けたスキャンダルに発展した。

さらに、スウェーデンの公文書を調べると、三人の大臣が支払い義務のある公共放送の受信料を支払っていなかったことも発覚した。発足から一〇日ばかりで、ラインフェルト内閣は二人の脱落者を出してしまったのだ。最初にクビになったのは通商大臣のマリア・ボレリウス（Maria Borelius）氏だ。執拗なメディアの追及を受けた彼女は、一九九〇年代に雇用税を納めず、内緒でベビーシッターを雇っていたと認めた。

「私は、四人の子どもの母親です。そのときは会社も経営していました」と、ベビーシッターの手助けなしには家庭と仕事の両立ができなかったとボレリウス氏は弁明した。そして、その後、命とりとなる発言をしてしまったのだ。

「ベビーシッターを雇うのに必要な税金を納め、さらに料金を払うことはできなかったんです」

---

（6）二〇一九年、ニャムコ・サブニ氏は自由党の党首となった。
（7）カールグレン大臣は、二〇〇八年、二〇〇九、二〇一〇年と三回来日している。
（8）ビルト氏は、外務大臣として二〇〇七年と二〇一四年の二回来日している。

この発言を聞いて怪訝《けげん》に思った社会民主党の報道官であるマグヌス・リュングクヴィスト氏は、確認してみようと思い立った。情報公開法は国税局の文書へのアクセスも保障しているので、ボレリウス大臣と夫の所得税の確定申告を調べてみた。一九九〇年代、ボレリウス家は合計一七〇〇万クローナ［約一・九億円］という、スウェーデンの平均的な家庭よりもはるかに多い所得を得ていたことが分かった。さらに、ボレリウス大臣が一九九六年に父親から四〇〇〇万クローナ［約四四〇〇万円］もする家を相続していることも突き止めた。

「ボレリウス大臣、大失敗」という見出しで〈アフトンブラーデット紙〉に記事を書いたのはジャーナリストのレーナ・メリン氏である。「一九九〇年代、ボレリウス大臣は内緒でベビーシッターを雇っていました。これは愚かなことです。しかし、もっと愚かだったことは、払うお金がなかったなどと言ったことです」と、メリン氏は批判している。

在任わずか８日で辞任に追い込まれたマリア・ボレリウス大臣。彼女は内緒でベビーシッターを雇い、払うべき税金を払っていなかった
©GUNNAR SEIJBOLD

その数日後、さらにボレリウス大臣は窮地に追い込まれた。調査が進むことで、大臣の夫がスウェーデン南部にあるサマーハウスを、イギリス王室領のジャージー島にある会社を通じて買ったことが発覚したのだ。ジャージー島は、世界に名高いタックスヘブン〈租税回避地〉である。同じ手を使ってフランスのカンヌにもマンションを買い、税金の支払いを逃れていた。そのうえボレリウス大臣は、

テレビを所有している世帯に支払いが義務づけられている受信料を過去二か月支払っていなかったことも発覚した。首相が大臣を呼んで、最後の話をした。

「彼女も、大臣の座に居続けることができないと分かったようです。彼女の辞任を認めます」と、ラインフェルト首相が「スウェーデンラジオ」に語っている。

さて、ボレリウス氏だが、大臣を辞任し、ラインフェルト首相の最大与党である穏健党の議員としての職も辞職した。彼女の在職期間はわずか八日で、その後、政界に戻ることはなかった。

ボレリウス大臣の辞任から二日後、ラインフェルト首相は二人目の脱落者を出すことになった。文化大臣のセシリア・ステーゲ＝シロー（Cecilia Stegö Chilò）氏もまた、税務署に申告せずに現金でベビーシッターを雇っていたことが発覚したのだ。ステーゲ＝シロー氏の辞任は、メディアがテレビの受信料を一六年間も払っていなかったことを暴いたことでさらに不名誉なものとなった。

年間一八〇〇クローナ［約二万円］ほどの受信料は公共放送の主な財源となっており、その支払い義務の遵守を監督するのは文化大臣が管轄する文化省の仕事である。

けなげにもステーゲ＝シロー氏の夫は、彼女が恥をさらすのを防ごうと、（まるで飛べない豚に羽をつけて飛ばせようとす

文化大臣セシリア・ステーゲ＝シロー氏の失脚は、公共テレビ放送の受信料未払いが発覚したためである
©INGVAR KARMHED

るような）馬鹿げた行為に出た。彼女が文化大臣に指名される五日前、受信料を徴収する組織に対して家族のテレビ所有を登録したのだ。しかし、大臣の辞任は避けられなかった。

「大臣を拝命する前に、許されない違反を犯しました。テレビの受信料を支払わず、また雇用税を納めずにベビーシッターを雇っていたのです。しかし、その間違いを正すためにできることはすべてしました」

政府の公式ウェブサイトに、彼女はこのような声明を出している。滞納金を払い、借金を返そうとしたものの、遅きに逸したのだ。この声明のあと、次のような文章が続いていた。

「合理的な時間内にこの状況を打開する解決策はなく、能力があり、仕事にコミットしているものの、私が政府に与えたダメージを回復できる可能性はないと判断しました」

ステーゲ＝シロー氏の在任期間は一〇日であり、彼女もまた政界から姿を消している。それでも、ラインフェルト首相の悪夢は終わらない。今度は、メディアがトビアス・ビルストロム（Tobias Billström）移民大臣を攻撃しはじめたのだ。実は、一〇年間もテレビの受信料を払っていなかったのだ。メディアからの攻撃に対して、ビルストロム大臣は下手な声明を出し、弁明をしている。

「私は、あえて払わなかったんです。というのも、私はＳＶＴ（スウェーデンの公共放送）がよい番組をつくっていないと思ったからです。しかし、人は年が経てば賢くなります。国会で成立した法律は、誰もが守らなければならないと思います」

これらの批判は次第に熱を帯び、ついに沸騰点に達した。憤慨した市民が、トビアス・ビルストロム氏、マリア・ボレリウス氏、セシリア・ステーゲ＝シロー氏を、受信料を支払うことを定める法律を破ったかどで警察に訴えたのだ。そして、受信料を徴収する「ラディオシャーンスト（Radiotjänst）」という組織[9]が三人に対して刑事訴訟を起こしている。首相がその組織の決定に疑問を呈したとき、議会からお咎めがあった。

「政府の執行機関に対して、自分の間違いを認め、滞納している料金を払おうとしている人を警察に訴えることとは、本当にラディオシャーンストの見解なのでしょうか？」と、ラインフェルト首相は「スウェーデンラジオ」のインタビューで問うたわけだが、首相は口をつぐむべきだった[10]。スウェーデン政府には、一種の行動規範とも言える「ミニステルスティィレ（Ministerstire）」という原則がある。これは、所轄の大臣や首相が政府の執行機能を担う機関[11]の決定に介入することを禁じるものである。この規範に従い、ラインフェルト首相は議会の憲法委員会（KU）に通報された。

「ラインフェルト首相下の三人の大臣を刑事告発しようというラディオシャーンストの決定に関する調査で本委員会は、一般市民と同じく、首相にも自分の見解を表現する自由があると認めます。ただ、首相は、特定の状況においては特段の注意も必要であると認めます。たとえば、憲法によって担保さ

(9)　スウェーデンでは、二〇一九年一月から受信料は「Radiotjänst」が徴収するのではなく、税金方式になった。
(10)　大臣や省の行動規範のようなもの。
(11)　エージェンシー。一般的に「庁」と訳されていることが多いが、日本の庁と違って、伝統的にも法的にも独立性が強い。

れている裁判所や行政の執行機能を担う機関の独立性を損なう可能性がある声明などです」と、憲法委員会は結論づけている。

その後、舞台に上がったのは、正式に登録されることもなくアンダーシュ・ボリ財務大臣の家で働いたことがあると〈イクスプレッセン紙〉に語った元ベビーシッターである。大臣は、「その女性はたまにベビーシッターをしただけだ」と言ったが、雇用税を納めずに清掃人を雇ったことがあることは認めた。

この件は、法務長官の判断に委ねられることになった。記者たちによると、ボリ財務大臣がベビーシッターと清掃人に払った額は、雇用者が人を雇ったときに支払い義務が発生する社会保険料の最低額に達していなかったようだ。証拠不十分として、二か月後に告訴は取り下げられている。

移民大臣もポストに留まり、辞任の嵐はついに通りすぎた。そして、辞任した二人の大臣の後任を決める際、首相は石橋を叩いて渡るような慎重さで候補者選びを行った。「私は、常にテレビの受信料は払ってきましたし、現金で清掃人を雇ったこともありません」と新任のステン・トルグフォース（Sten Tolgfors）通商大臣は、ラインフェルト首相からメディアに紹介された際に宣言している。

スウェーデン人は、高福祉と言われる社会保障制度を支えるために世界でもっとも高率となる税金を納めている。それだけに、管理規則を守らない政治家に対しては手厳しい態度を取る。スウェーデンのジャーナリストは、監査人が精査した情報への一般市民のアクセスを使い、公費に関する罪を犯した政治家に攻撃を加える。そう、グドルン・シュィーマン（Gudrun Schyman）氏のときのように。

## グドルンの罪

### 「脱税が取沙汰されたことと党からの支持を失ったことが、グドルン・シュィーマンの辞任の決定打となった」

スウェーデンの政界において、「大罪」と言われるのは脱税である。しかし、左党（前共産党）の党首を一〇年間務めたグドルン・シュィーマン氏は、納税が死よりも避けることが難しいことを忘れてしまったようだ。二〇〇三年、所得税の確定申告に不備があることが発覚して辞任に追い込まれ、未納金を国庫に支払っている。

新聞では、この左党党首の確定申告が、まるでカエルの解剖をするかように分析された。不正の一つがブラジルへの出張だった。彼女は、税控除を正当化するだけの十分な文書を提示していなかった。また、国会議員はストックホルムから空港を結ぶ列車の無料券を持っているはずなのに、彼女がアーランダ空港までのタクシー代を請求していたという事実を

「私のしたことに私は言い訳をしません」と語るグドルン・シュィーマン氏
©MAJA SUSLIN/SCANPIX

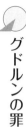

ジャーナリストが発見した。これは許されることではない！

国税庁は、二〇〇一年の確定申告において、シュィーマン氏が計上していた七万七八七クローナ［約七八万円］の税控除を拒否した。「なんてことを、グドルン」とは、〈イクスプレッセン紙〉が付けた見出しである。

「したことに私は言い訳をしません。時間がなかったのです。騙そうなんて思っていたわけではありません」と、シュィーマン氏はメディアに語っている。この件では批判的な論説も書かれ、スウェーデンの経済犯罪特捜部（Ekobrottsmyndigheten）の出番となった。〈イクスプレッセン紙〉は、「グドルン・シュィーマン逮捕の可能性」と報じた。

党首であるシュィーマン氏は警察のお世話になるという羽目に陥り、尋問を受けている。警察の取り調べに対して、彼女は脱税を否定し続けた。そして、レシートや確定申告に対して注意が足りなかった、と主張した。しかし、結局のところ、シュィーマン氏には二つの選択肢しかなかった。確定申告においてまったく怠慢であったという罪を認めるか、告発されて裁判所で争うかの二つである。

「私も普通の人間です。完全な過失であったと認めることにします」と言って、シュィーマン氏は前者を選んだ。後日、彼女は国庫に対して未納金の全額を支払い、さらに五〇日分の罰金として、二万一七五〇クローナ［約二四万円］の支払い命令を受けている。

「このような事件は、我々のシステムに対する信頼に影響します。影響とは、国民がもし国会議員が従わないのなら、なぜ自分たちがシステムの規則に従う必要があるのかと疑問をもちはじめることです。これは非常に危険なことです！」と、この件の検察官であるスベン＝エリック・アルヘム氏は言っている。

シュィーマン氏の二つ目の罰はさらに厳しいものとなった。自分自身が党首を務める左党から「三行半」を突き付けられたのだ。ある日曜日の朝、急きょ開催された記者会見の席上でシュィーマン氏はそれを認めた。

「左党の支持者の信頼は取り戻せると信じていました。しかし、そのためには党のメンバーから一〇〇パーセントのサポートが必要です。そのサポートを得ることができませんでした」と彼女は言い、党首を辞任すると表明した。今まで左党に票を投じてきた有権者にとって彼女は、すでに党が言うところの「税金を納める道義的義務（skattemoral）」を代表していなかった。

その後、女性が活躍する場は「台所ではなく議会である」と確信していたシュィーマン氏は左党を離れ、「フェミニスト党（Feministiskt Initiativet）」の共同創設者となっている。そして、数年後、フェミニスト活動家として生まれ変わったシュィーマン氏は、その果敢なアクティビスト活動で大見出し（ヘッドライン）に返り咲いた。あるとき、彼女は男性全員に課税し、「その税収で女性に対する家庭内暴力対策をする」という提案を発表した。二〇一〇年の総選挙では、男女の賃金格差に抗議するパフォーマンスとして、バーベキューグリルで実際に一〇万クローナ［約一一〇万円］を焼いている。

「男性が女性より一〇～二〇パーセント多く稼ぐのは、男性だというだけでボーナスをもらっているからです」[12]とシュィーマン氏はアピールしたが、このメッセージは有権者に届かなかったのか、フェミニスト党はわずか〇・四パーセントの得票率で終わった。この結果、シュィーマン氏が単に有権者の信頼を失っただけなのだろうか？

「セレブ」と言われる有名人でさえ、この抜かりのない税務署のレーダーから逃れることはできない。一九七〇年代、スウェーデンの伝説と言われる映画監督イングマール・ベルイマンの舞台に警察が踏み込んだことがあった。

## ベルイマンの劇場へ警察が踏み込んだ場面より

青いボルボがやって来て、ストックホルムの王立劇場の前で停まった。一九七六年一月三〇日の午後のことである。二人の警察官がボルボから降りてきて、急ぎ足で劇場の階段を上がっていく。脱税の容疑が緊急な問題であれば、容疑者はすぐに逮捕されなければならない。すぐにだ！　舞台で演じられている演劇が終わるのを待つことはできない。

その後、まるで映画の台本に書いてあるかのような場面が繰り広げられた。警察は、突然リハーサルを中断させ、ベルイマン（一九一八～二〇〇七）を逮捕し、パスポートを押収した。映画監督兼脚本家であるベルイマンが国外逃亡しないようにしたのだ。ベルイマンは、その後裁判所に連行された。驚いた役者たちの何人かが、舞台を離れてベルイマンの取り調べに同行した。

警察の大捕り物劇のあと検察は、ベルイマンが国際映画製作会社である「ペルソナフィルムズ社（Persona Films AG）」をスイスで創設し、スウェーデンの高額な税金を逃れようとしたことで告発された、と説明した。有罪になれば、一九六九年から一九七四年までの税金を納めなければならない。この詐欺容疑をめぐってさらなる証拠を集めるために警察は、ベルイマンと彼の弁護士の自宅を捜索し、文書を押収した。そして、二月初頭、ベルイマンは脱税で起訴された。

「ペルソナフィルムズ社」は、一九六〇年代末にスイスで登記されている。つまり、ベルイマンはスイスに国際映画製作センターをつくろうと計画していたということだ。その計画はのちにとん挫し、この会社は、ベルイマンの映画が外国で上映されたときに生じる収益を集める役割をした。「ペルソナフィルムズ社」が映画製作に使われていないとスウェーデン中央銀行（Riksbank）が指摘したとき、この会社は閉鎖されており、資産（五五〇〇万クローナ相当）はスウ

（12）　男性は、能力に関係なく性別によって下駄をはかされているという意味。

脱税容疑で逮捕されたあと、監督ベルイマンはノイローゼになった
©GETTY IMAGES

王立劇場（撮影：ヨハンソン弘美）

ェーデンに送金されていた。しかし、税金の監査役の目には、この会社はスウェーデンでの税金を回避するためにつくられたものと映り、ベルイマンは遡って税金を納めるべきだと言ったのだ。

この件はのちに根拠のないものと証明され、結局、告訴は取り下げられている。しかし、この一件は、『叫びとささやき』（一九七二年）、『ある結婚の風景』（一九七三年）、『仮面／ペルソナ』（一九六六年）、『野いちご』（一九五七年）などで世界的な名声を築いてきた映画監督を不安に陥れた。

警察が劇場に踏み込んでから数日後、ベルイマンはノイローゼになり、深刻な鬱状態で入院することになった。この重圧は、自分自身の孤独感や複雑な人間の絶望感などを描いてきた映画監督にとっては耐えられないものだった。また、ルター派牧師の反逆的な息子であったベルイマンは、よく不幸な子ども時代について語っており、「暗い押し入れに閉じ込められる」といった父親の厳しい罰に言及もしていた。

スウェーデン映画協会（Svenska filminstitutet）の理事長であるハリー・シェイン氏は、ベルイマンが逮捕されたちょうどそのとき、「辱《はずかし》め」がいくつかの映画で繰り返しテーマになっていたと言う。ベルイマンは実存主義的なテーマに関する巨匠であり、不安を抱える芸術家の苦悩を描くことが多かった。『夜の儀式』（一九六九年）では、ある判事がワイセツな劇を演じたとして三人の役者を取り調べている。『第七の封印』（一九五七年）では、死神が主人公とチェスをする。チェスで負けた主人公は、常に勝つことになっている死神に向かって、最後に必死の嘆願をする。「この役者にも例外はないのか？」と。

舞台演劇は、ベルイマンにとって特別なものであり続けた。ベルイマンは演劇でキャリアをはじめ、死ぬまで情熱をもち続けていた。「演劇は、はじまりであり、終わりであり、事実すべてである。一方、映画は、売春宿や屠畜場のようなものである」と、かつて語っている。

王立劇場でのベルイマンの逮捕というエピソードは、スウェーデン内外でさまざまな抗議を引き起こすことになった。税務当局を擁護したのは、当時、ブルーカラーの労働組合「ＬＯ」に所属していた〈アフトンブラーデット紙〉のみだった。

「ベルイマンの苦難を嘆くのは偽善というものだろう。他の脱税の容疑者も同じ扱いを受けているのに、市民は抗議しなかった。すべての市民は、名声や地位にかかわらず、平等に扱われるべきである」と同紙は書いている。

一九七六年三月二三日、検察側はベルイマンに対するすべての起訴を取り下げた。しかし、間違えを認めたのが遅すぎた。検察の発表から間もなく、ベルイマンは「自主的国外追放だ」としてスウェーデンを去ることを発表した。彼は、税務当局からさらに追い詰められないように逃げるのだと思われないために、すべての資産や持ち物を国内に置いたままとした。

オロフ・パルメ首相はこの件の扱いを批判したが、ベルイマンは二度とスウェーデンでは働かないと誓った。彼は、スウェーデンの南東部のフォーロ島にあったスタジオを閉鎖し、ドイツのミュンヘンに移り住んだ。しかし一九八四年、ベルイマンはスウェーデンに戻ってきて、二〇〇七年、睡眠中に息を引き取った。享年八九歳であった。

## 『長くつ下のピッピ』の作者と一〇二パーセントの税率

スウェーデンの税にまつわる、悪名高い伝説がもう一つある。『長くつ下のピッピ』のキャラクターで児童文学に革命をもたらした、作家のアストリッド・リンドグレン（Astrid Lindgren, 1907〜2002）に関連する話だ。イングマール・ベルイマンの一件後、スウェーデンの税務当局の手にかかったリンドグレンは、スウェーデンの税制に対してもっとも強力な攻撃を仕掛けた。

リンドグレンは、みなさまの想像通り「闘い」がうまい。彼女が描いた「長くつ下のピッピ」は、牛を角で捕まえて振り回し、男の子たちを打ち負かし、泥棒も尻尾を巻いて逃げていくようなおてんばの女の子だ。リンドグレンは一九四五年にピッピのキャラクターを創作したが、その当時、女の子はリボンを髪に結び、かぎ針で編み物をし、白馬にまたがった王子様が来るのを待っているものだというのが通説となっていた。しかし、力が強く、自由意思をもったピッピは、一人で生活している一九四〇年代の正真正銘のフェミニストだった。自分の馬を持っていただけでなく、その馬を頭の上まで

102％の課税をされたリンドグレンは、スウェーデンの税制を揶揄する
©BJÖRN LARSSON ASK/SCANPIX

持ち上げることもできたのだ。

スウェーデンの出版社「ボンニエール（Bonnier）」は、当初の出版依頼を断ったことをひどく後悔した。当時、「幼稚園がめちゃくちゃになったり、床に砂糖がばらまかれるような事態になるのが怖かったんです」と、編集者のゲルハルド・ボンニエール氏が言っていた。ほかの出版社が出版を引き受け、社会的な批判が渦巻くなか、『長くつ下のピッピ』は書店に並ぶことになった。キャラクターを中傷する人々は、公衆道徳の崩壊を警告したぐらいである。

しかし、この本は爆発的な売れ行きをすぐに示しはじめた。ピッピの物語は、七〇冊以上に及ぶリンドグレンの最初の本で、七〇か国語以上に翻訳されている。何年もあとになって、リンドグレン自身がピッピの誕生秘話を語っている。

「一九四一年、当時七歳だった娘カーリンが肺炎にかかったんです。毎晩、娘のベッドの枕元に座ると、娘は私に物語を聞かせてくれと頼んだんです。ある晩、もう話すことが尽きてしまって、娘にどんな話が聞きたいか尋ねてみたんです。そうしたら、『長くつ下のピッピ』の話をして、と言われたんです。娘は、一瞬にしてその名前を思い浮かべたんですね。私は、『長くつ下のピッピ』が誰かは聞きませんでした。ピッピの話をはじめました。主人公は名前も変わっていましたが、彼女自身、ずいぶん変わった女の子だったんです。ピッピは、娘にも、娘の友達にも大うけでした。何度も話をさせられました」

リンドグレンによると、この物語が本になったのは氷の上で滑ったからだ、という。

「一九四四年三月のある雪の降る夜、私はストックホルムの中心部を歩いていました。雪が降っていて、私は凍結したところで滑って転び、足をひねったんです。怪我をしたので、長い間休養が必要になりました。その時間を潰すため、ピッピの物語を書きはじめることにしたんです」

リンドグレンは一躍有名になり、お金を稼ぐようになった。スウェーデンで定められている税率で税金を納めることに問題はなかった。「私は喜んで税金を払います」と、リンドグレンは一度ならず言っている。しかし、のちに彼女と税務当局が絡んだ問題は、物語の主人公と同じように超現実的なものだった。

一九七六年、リンドグレンは、スウェーデンにおける税制の新たな要件を適用すると、作家として所得の一〇二パーセントを納税しなければならないことを発見した。そのときリンドグレンは、ピッピと同じような毒舌で、この国を四〇年以上にわたって支配してきた社会民主党が決めた新たな税負担を批判する風刺を書くことにした。

一九七六年、『モニスマニエン国のポンペリポッサ』（別名「お金の世界のポンペリポッサ」）という物語が〈イクスプレッセン紙〉に発表された。この物語は、外国にいる児童文学作家ポンペリポッサを自分の寓喩《ぐうゆ》として描いたもので、高額の納税に苦しんでいる主人公の作家が、その国の賢明な指導者たちは頭がおかしくなったのだろうかと疑念をもちはじめるというものだ。リンドグレンは次のように書いている。

「ポンペリポッサは、自分の国が本当に好きでした。森も、山も、湖も林も。でも、それだけではなく、そこに住んでいる人も大好きで、賢明な国を治める指導者たちも好きでした。ポンペリポッサは彼らが賢明であると信じていたので、モニスマニエン国を収める指導者たちを選ぶ選挙では、いつも彼らに投票していました。四〇年にわたり、彼らは誰もが羨む国をつくってきました。誰もが貧乏にならずに済み、誰もが社会福祉というお菓子をもっていました。ポンペリポッサは、そのお菓子をつくるために、手を貸すことができることをうれしく思っていました」

充実した生活を送っていたポンペリポッサだが、今年は所得の一〇二パーセントの税金を払わねばならないことが分かって愕然とする。そして彼女は、この馬鹿げた状況にどのように対処すべきかと考えはじめる。その結果、「もし、私が賢明な指導者のところに行ってドアを叩けば、私を哀れに思って、時折スープをごちそうしてくれるかもしれません」と架空の作家に言わせ、悲喜劇調の皮肉を並べはじめた。

ポンペリポッサの話はスウェーデン議会にも届き、政府に激震が走った。当初、財務大臣はリンドグレンの主張に反論していたが、彼女が修正するべき過失を指摘してくれたと認めざるを得なくなった。そして、実際、税法は改正されている。しかし、ポンペリポッサによって加熱した論議は続き、その年の総選挙で社会民主党の敗北を決定づけた要因の一つだと断定した人もいる。

リンドグレンは、生涯を通して社会民主党を支持していた。彼女は、ストックホルムのダラガータンにある自宅で二〇〇二年一月に死去している。葬儀が三月八日に執り行われたが、その日は「国際女性デー」でもあった。

## 文書開示マニュアル

文書開示の原則のもと、各公的機関は公文書の記録を保持し、スウェーデン国民の開示請求にこたえられるように準備をしておかねばならない。司法省のマニュアルでは、初心者に向けて文書開示のレッスンを行っている。

新聞で、地方議会の議決に関する報告があったとしましょう。アンダション夫人がその詳細を知りたいと思い、当局に出掛けます。アンダション夫人は、コンピューターが設置してある特別な部屋で、すべての文書のリストを検索します。リストには、各文書の内容について端的な説明があります。

アンダション夫人は、自分が読みたい文書を見つけます。アンダション夫人の身元を聞くこともなく、市の職員は夫人の請求を検討し、ファイルに入っている文書を探して夫人のもとに持ってきます。四ページのこの文書を読み終わったアンダション夫人は、文書のコピーを要求し、無料でコピーを受け取ります。

この開示請求された文書に秘密情報が含まれると職員が判断した場合、その職員は上司と相談することになります。秘密情報が含まれると確認された場合、アンダション夫人は文書を受け取ることができるのですが、秘密の部分は除かれます。

文書にある情報がすべて秘密扱いである場合、アクセスは拒否されます。職員はアンダション夫人に対して、請求が拒否された旨が書かれた文書が必要かどうかと尋ねます。アンダション夫人は、その決定を行政裁判所に訴えることができます。

マニュアルにあるもう一つの例では、ジャーナリストのリンドベリ氏が、最近の司法省の決定に関心を寄せている。

司法省の庁舎で、リンドベリ氏は正式な決定のコピーを入手します。彼はさらに、この件に関して、警察庁から司法省へ送られた文書のコピーを要求して入手します。さらにジャーナリストは、この決定につながった閣議において司法大臣が記した個人の記録を要求します。職員がこのジャーナリストに、個人の記録にはアクセスできないと伝えます。リンドベリ氏はこれを不服として、司法省の判断を訴えることにしました。しかし、最終的に彼の要求は却下されました。

リンドベリ氏の事案のように、市民が請求する文書へのアクセスを政府職員が拒否する場合、市民は控訴裁判所に訴えることができるほか、スウェーデン行政高等裁判所へもち込むこともできる。また、文書開示法の守護者である国会オンブズマンないし内閣オンブズマンに申し立てをすることもできる。

## システムの見張り番

一八〇九年、スウェーデン人は尋常ではない苛立ちによって頭を悩ませていた。権力を濫用する当局の傲慢さから、一刻も早く市民を守る措置を導入しなければならないと考えていたのだ。この精神的な興奮から、ある独特の解決策が生まれた。そして、世界に新たな言葉が登場した。それが「人々の代理人」という意味をもつ「オンブズマン」である。オンブズマン制度というのはスウェーデンがつくり出したものであるが、この国の当局や名誉ある閣下たちによる権力の濫用に対して、無力な個人を助けるというものである。

このアイディアは、劇的な死を遂げた国王グスタフ三世（Gustav III, 1746～1792）の治世のあとに生まれている。一七九二年、国王自身が建てたストックホルムのオペラ座で行われた仮面舞踏会において、不満分子である貴族に背後から拳銃で撃たれて国王は亡くなった。一八〇九年に承認された新たな憲法に、国会オンブズマンが公的機関の行動を監視し、市民の権利を守る権限のある独立した調停者として盛り込まれることになった。

法律上オンブズマンは、「法律の知識があり、誰の眼にも分かる高潔さ」をもった人物がなるべきだ、と規定されている。つまり、オンブズマンの使命は、権力の濫用から市民の権利を守ることとなる。オンブズマンの仕事は、人々の苦情や要求に耳を傾け、判事や公務員による法の適用を監督するほか、公的機関の監察を行うというものである。最初の国会オンブズマンは一八一〇年に指名され、当時と同じく現在においてもこの原則が貫かれている。

オンブズマン制度が創設されてから二〇〇年が経っているにもかかわらず、この制度はスウェーデンの当局による権力濫用から市民を守り、独立したリンク組織として運営が継続されている。公的機関と裁判所の監視構造の目となり、耳となるのは、「ＪＯ」と言われる「国会オンブズマン（Justitieombudsman）」と、「ＪＫ」と言われる「内閣オンブズマン（Justitiekansler）」であり、後者は、国の名のもとに補償請求に関する審議を行っている。

国民は誰でも、公的機関に対して苦情や申し立てを提示する権利がある。そして、この権利は、「国会オンブズマン」によって発行された正式なハンドブックによると、子どもや受刑中の服役囚にも適用されることになっている。申し立ての内容に制限はない。それを象徴する例として、教室内での規律を保つためにレーザーポインターを教師に取り上げられた生徒の父親が、学校に対して苦情の申し立てをしたというものがある。

この申し立てが発生したのは、教師がペンを生徒に返すのを忘れ、名札も付けずに学校の事務室で鍵をかけて保管していたからである。オンブズマンは行動を起こし、学校側はレーザーポインターを返すことになった。「誰もが、当局からは丁寧に、または公正に扱われる権利がある」と、ハンドブックに書かれている。

スウェーデンのこの発明は、他の民主主義国にも波及した。オンブズマンという概念は、現在すべての大陸、約一四〇か国に存在している。スウェーデンでは、組織が大きくなってほかの活動もするようになった。今日では、子どもの権利と利益を守る「子どもオンブズマン」、メディアの倫理を監視する「報道オンブズマン」をはじめとして、「平等オンブズマン」、「差別オンブズマン」、「消費者の権利オンブズマン」、「障碍者の権利オンブズマン」が置かれている。

情報公開法の見張りをするのは議会直属の「国会オンブズマン」と、政府のオンブズマンとして機能する「内閣オンブズマン」である。政府機関が公式情報の開示を拒否した場合は、これら二つの組織によって調査が行われることになる。これらの組織は独立した法律専門家で構成されており、自らの意志によって、あるいは市民からの苦情申し立てによって行動を起こすことになる。これらのオンブズマンが情報公開法の実施状況をモニターし、政府の行動がすべて市民に見えるように努力を続けているのだ。

## 国会オンブズマンとの会話

「私たちは、注意深く監視しなければなりません。透明性の欠如は国家を腐敗させ、腐敗した国家は民主主義への脅威となります」（エリサベト・フーラ［Elisabet Fura］）

ハムンガータン通りを歩いていると、偶然、「ハレー・クリシュナ」[13]のグループと一緒になった。

彼らはニットの手袋をしたまま楽器を弾き、ブーツを履き、セーターを着て通りを歩いていた。「国会オンブズマン」を訪ねようと向かっていると、ベビーカーを押しながら抗議デモをしている大きなグループが道を塞いでいた。

「出産で亡くなる女性をゼロに」と、看板の一つに書いてある。「自分の子どもをもつ女性の権利」と、ベビーカーに貼られてあるポスターに書かれていた。怪訝《けげん》に思った私は、抗議活動をしている人に尋ねてみた。

「こんな問題がスウェーデンにあるのですか？」

「いいえ、そうじゃないんです」と、私の質問に困惑した男性が答えた。私も、彼が持っているポスターに同じく困惑していた。「私たちは、このような容認できない問題が今でも起こっている国の女性との連帯を示すためにここにいる」と書いてあるのだ。いつもの、スウェーデンの「連帯」だ。

私はベビーカーの合間をぬって、ヴェストラ・トラドガーズガータン通りに出た。そこにオンブズマンの事務所があるのだ。建物の番号を探していると、フィンランド大使館の興味深い正面玄関が目に入った。「大使館」という言葉は、呼び鈴の隣にある小さな表示に印刷されていたのだが、二つ目の表示には、フィンランドでもっとも聖なる名物「サウナ」への行き方が書いてあった。表

（13）　クリシュナを愛するガウディーヤ・ヴァイシュナヴァ（Gaudiya Vaishnavism）のインド人宗教家Ａ・Ｃ・バクティヴェーダンタ・スワミ・プラブパーダが、世界布教のために立ち上げた歴史の新しい宗教団体。

示どおりに理解すると、ユーカリの枝を手に持って、湯気の立つ部屋にいる大使に直接会えるということなのか。

サウナの反対側に「JO国会オンブズマン」の事務所がある。そこでは六五名の職員が働いている。法律家のエリサベト・フーラ氏が、そのほか三名のオンブズマンが働く事務所を統括している。スウェーデン弁護士協会の理事長だったフーラ氏は、フランスのストラスブールにある欧州人権裁判所にも勤務したという経験がある。

オンブズマンとしてフーラ氏は、情報公開法の執行に加え、定期的に公的機関、自治体、警察、裁判所の視察を行っている。毎年、秋にJOは年次報告書を議会に提出するが、これもオンブズマンの公式ウェブサイトで閲覧することができる。

二〇一一年から二〇一二年にかけてオンブズマンは、表現の自由および公文書へのアクセスの妨害に関して三二六件の苦情申し立てを受けた。そのうちの一〇〇件が公に非難されることになった。

二〇一三年、JOが受理した主な苦情の一つはアニー・レーフ産業大臣［三八ページ参照］に向けられたもので、あるジャーナリストが請求した情報開示を遅らせたというものだった。

エリサベト・フーラ氏
©OFFICIAL WEBSITE/RIKSDAGENS OMBUDSMÄN

この件は、国会の憲法委員会（ＫＵ）に送られた。憲法委員会は、政府のメンバーの行動を精査する機関である。すべての国会議員は、大臣のことを憲法委員会に報告する権利をもっている。この委員会は、国会に議席をもつ各党の議員で構成されている。憲法委員会に召喚されたレーフ産業大臣は、さんざん耳の痛いことを聞かされ、その後、公に罪を償った。

レーフ産業大臣の件は、オンブズマンが取り扱う何百もの申し立ての一つにすぎない。フーラ氏は、このオンブズマンの事務所で私を迎えてくれた。

---

**筆者**　透明性を担保する情報公開は、民主主義にとってどういう重要性がありますか？

**フーラ**　「権力者を監視する」というのは、民主主義の前提条件です。権力を行使する人は一人残らず精査されるべきで、自らの行動に説明責任をもつべきです。そして、透明性がなければ権力者を精査することはできません。とはいえ、法律があればいいというものではありません。市民も公務員も、開かれた民主的な社会が確立されるよう、自分たちの考え方を変える必要がありま す。一夜で起こることはありません。これは徐々に積み上がってできるプロセスなのです。

欧州連合の加盟国は、政府の行動に関する透明性ということでは正しい方向に向かって変革を進めています。しかし、人々の態度を変えるには時間がかかります。文化全般を変革するのは難しいですからね。たとえばフランスでは、役人は本能的に「いいえ、この文書をお見せすることはできません」と言うことでしょう。スウェーデンでは、「はい、この文書はお見せできますが、まずこの文書のなかに保護する必要のある情報が含まれていないかどうかチェックしなければなりません」と言うでしょう。また、このような機関に対する信頼を醸成することも大事です。

**筆者**　このプロセスでのオンブズマンの役割は何ですか？

**フーラ**　国会オンブズマンは、スウェーデンの公的機関に対して特別な監視機能をもっていると言っていいでしょう。それに対して裁判所は、通常のシステムにおける監督を扱います。もちろん、どのような活動の分野であれ、人が間違いを犯すことはあり得ます。国会オンブズマンは、過誤《かご》を見つけ、罰することを目的とした組織ではありません。私たちの仕事は、システム上の過失を見つけ、市民にサービスを提供する政府役人や政府機関の仕事ぶりを向上させることです。つまり、政府の役人や機関が、その仕事ぶりを改善する必要があるかどうかを見極め、どうすれば改善されるかについて判断をするということです。

**筆者**　実際には、どういうことをするのですか？

**フーラ**　たとえば、警察がゲイの人の人権を尊重していないという記事が新聞に載ったとします。私の役目は、それについて調査をして、問題の原因を突き止めることです。法律の欠陥が浮き彫りになるかもしれませんし、警察官が人権問題の扱いについて充分な教育を受けていない場合もあります。このようなとき、私たちの使命は、当局が請け負う義務遂行の仕方を改善し、役人が法律を遵守するように支援することになります。公的機関がすべての市民を公正かつ客観的に扱い、公文書へのアクセスに関する法律を遵守するようにすることが私たちの責務となっています。

**筆者**　情報公開法を執行するにあたり、注意すべき抜け穴はありますか？

**フーラ**　世界中、民主主義が確立している国でも、政府は透明性は重要だと言いつつも、今進行中のこの件は極めて深刻で重要な内容なので、本来なら開示するべきだが今はできないと言い、しばらくの間目をつぶるしかないということがよくあります。たとえば、現在のような経済危機の真っただ中にある場合ですね。しかし、この意見はまったくもって誤りです。政府の決定を監視する権利がなければ、国民は政府への信頼を失います。政府が苦渋の経済政策を発表すれば、対策を打つのに充分なお金がなかったからだとしても、この決定がなされた過程を国民は知りませんから、この経済政策を尊重することはないでしょう。

透明性は太陽が燦燦と照っていて、物事がうまく進んでいるときにのみ必要なものだ、という態度は不健全だと言えます。このような考え方は、政府の役人に間違った安心感を与えてしまうことになります。

**筆者**　国会オンブズマンの決定には法的拘束力がありません。したがって、公的機関はその命令に従う義務はありませんよね。あなたの仕事における本当のインパクトはどのようなものですか？

**フーラ**　重要な面が二つあります。まず、メディアの役割が極めて重要になります。ですから、私たちはジャーナリストに対して質の高いサービスが提供できるように努力しています。ジャーナリストは、すべてのものに即時アクセスすることができます。誰かが苦情を申し立てれば、すぐに私たちの日誌や記録でその行方を確認することができます。事実、ジャーナリストはすべてを見張っています。ここでは、送信したり受信したりするすべてのメールを見せることにしています。

**筆者**　ジャーナリストは、あなたが大臣や公的機関とやり取りするメールも見られるのですか?

**フーラ**　そうです。基本的にジャーナリストは、秘密保護法で規定されているわずかなものを除いて、すべてにアクセスできます。ですからメディアは、オンブズマンの決定のインパクトに関して大きな役割を担っています。また、これらの決定には説得力があります。私たちは、常に充分な裏付けのある決定を下すために質の高い調査をするように努めています。それゆえ、調査が完了し、特定の役人を懲戒するという決定をした場合、その役人は、決定に従って必要な変更をしたり、修正をするようになるのです。

**筆者**　公的機関は、法的拘束力がなくてもオンブズマンの決定に従うということですか?

**フーラ**　そうです。文化的な問題です。公的機関では、よくオンブズマンの報告をもとにして内部の規則や手続きを改めます。オンブズマンの制度は、この国では二〇〇年の歴史がありますし、役人も民主主義を重要視しています。最近も、私たちは産業大臣を厳しく批判しました。私たちの調べでは、産業省の職員は憲法を軽んじているという結果でした。要求された情報をわたすのにジャーナリストを何週間も待たせて、公正に扱っていなかったのです。所管の大臣と首相までもが、議会の憲法委員会で弁明をしなければなりませんでした。

**筆者**　最近の報告では、外務省の職員をはじめとして何人もの役人を、情報公開法を遵守していないという理由で批判していますね。スウェーデンは、以前に比べて透明性が欠けてきているのでしょうか？

**フーラ**　はい、私たちが批判するには理由があります。しかし、逆に考えれば、日々政府の役人や自治体、政府機関でなされる決定の数を見れば、スウェーデンの制度はそんなに悪くないとも言えます。理想はと言えば、国会オンブズマンにいる私や私の同僚が何もすることがなくなり、解任されることでしょうね。

**筆者**　では、どうすればその理想に近づくことができますか？

**フーラ**　やはり、注意深く監視することでしょうね。透明性の欠如は国家を腐敗させ、腐敗した国家は民主主義の脅威となります。国際空港とストックホルム中央部を結ぶ特急ができたとき、警察は汚職対策部隊（Riksenheten mot Korruption）をプロジェクトのなかに立ち上げました。スウェーデンで大きなインフラ事業が実施されるときも、警察は汚職対策部隊を立ち上げて建設作業を監督します。巨額のお金が動きますからね。多くの業者や契約業者、そして役所の役人が絡んでくると汚職が起こる可能性が高まるのです。

**筆者**　スウェーデンのオンブズマン制度を取り入れた国もあります。スウェーデンでの経験として、何か教訓となるものはありますか？

**フーラ**　重要な点があります。スウェーデンでは、オンブズマンは三四九議席の議員全員の承認を得て選ばれています。議員は審査をして、一人だけに投票します。普通は法律家がなりますが、全会一致でなければならないのです。この仕組みは、オンブズマンに正当性をもたせるという意味においてとても重要です。例を挙げましょう。

最近、私はロシア・サンクトペテルベルグにいるオンブズマンの訪問を受けました。このオンブズマンは、信頼性という面で問題に直面していました。ロシア議会で選ばれたのですが、全会一致ではなかったのです。また彼は、元国会議員でした。この場合、彼の選任は妥当ではなかったということになります。政治的に異なる見解をもつ人がこの元議員を受け入れることはないでしょう。つまり、一部の議員にしか受け入れられないオンブズマンでは効果がないということです。

このような問題を抱えた各国のオンブズマンの訪問が後を絶ちません。最近も、中国、南アフリカ、トルコから訪問がありました。最初のオンブズマンを任命したばかりだそうです。誰もがそれぞれ問題を抱えていて、ここに来て、私たちがそのような問題に対してどのように対処しているかについて視察を行っているのです。

オンブズマンの信頼性という問題は、私の意見では非常に重要なことになります。また、この制度を支えるのに充分な財源があることも重要です。というのも、オンブズマンが使える素晴しい法律があったとしても、それに充てることのできるリソースがなければ、充分に調査したうえでのよい決定ができないからです。

**筆者**　予算はどのくらいあるのですか？

**フーラ**　昨年の予算は八〇〇〇万クローナでしたから九七八万ドル［約九億七八〇〇万円］ほどですね。二五〇ある政府の執行機関やすべての自治体など、税金で支えられているすべてのものを監視するかどうかは私たち次第です。そして、警察と刑務所制度の監視も私たちの役割となっています。私たちは、毎年一〇〇〇件ほど、刑務所での取り扱いや家族にかける電話の制限に関する苦情を囚人から受けています。刑務所制度そのものに対しても、法律部門の資格をもっているスタッフが苦情処理をするというサービスがあります。ですから、私たちが苦情を受理し、より綿密な調査をしようとするときは、刑務所に報告書を送って反応を待つことになります。

**筆者**　文書開示法に違反があった場合、内閣オンブズマンにも申し立てを送付されるのですか？二つのオンブズマンは、並行して取り組むことができるのですか？

**フーラ**　同じケースを同時に調査することは避けています。できることはできるのですが、なるべく避けるようにしています。その理由は、税金の使い方として決してよくありません。また、同じ事案対象に関して違う結論が出るというのもよくありません。

**筆者**　国会オンブズマンを調査するのは誰になるんですか？

**フーラ**　ジャーナリストが私の事務所に来て、私たちの経費を調べます。そのことを、ここで働くほかの法律家も含めてよく承知しています。内部監査や外部監査もありますし、スウェーデン会計検査院（Riksrevisionen）の監督下にも置かれています。

## 政府の行政機関を監視

スウェーデン軍の本部に電話をし、私は最高司令官であるスベルケル・ヨーランソン（Sverker Göranson）氏［二〇一五年に来日］の支出報告を請求した。情報公開法で規定されており、ほかのスウェーデン人と同じく私にもこの請求権がある。事務員は、私が身元を明かさなくてもよいことを確認した。

「スウェーデン市民あるいはスウェーデンのジャーナリストは、軍本部に連絡し、匿名で文書、通信、あるいはスウェーデン軍によって送受された記録を請求することができます。それについては、情報公開法に書いてあります。請求によっては、情報の処理に数日を要することがあります。特定のケースでは、機微な情報が漏れないようにする必要があるからです」と、軍の事務員が言う。

私は、スウェーデン軍最高司令官の支出報告をメールで送ってほしいと要求し、三日後にその文書を受け取った。報告書には、司令官の国内、国外出張での支出および公的な接待（エンターテインメント）費が記載されている。また報告書には、司令官が外国の防衛当局に提供したディナーの経費、合計一万九二六八クローナ［約二三・五万円］のレシートも含まれていた。請求書は、一人当たり四一四クローナ［約五〇〇〇円］の三品コースを二〇名のゲストに提供したこと、当局の警護とドライバーの食事が一人一一五クローナ［約一四〇〇円］であったことを示している。報告書には、テーブルの飾り、三種類のワイン（一人当たり一五〇クローナ）の経費、そしてシェフとウェイターの経費が計上されていた。

スウェーデン人は、政治家が「隠し事」をすることを嫌う。スウェーデンの行政機関の経費も公開され、一般市民の精査を受けるべきだ、となっている。

インターネットでは、さまざまな国の機関が、市民から徴収した高額の税金に支えられた支出や活動の詳細報告を表示している。スウェーデン軍のウェブサイトには、各年すべての業務について、支出の割合や詳細な説明が表示されている。ある表には、幹部の名前と給与が表示されていた。スウェーデン軍の最高司令官の給与も記載されている。公式のウェブサイトには、軍の情報機関「ＭＵＳＴ（Militära underrättelse och säkerhetstjänsten）」の年次報告も掲載されている。

徴収された税金の使途は、第三者監査グループによって監視されている。監査人は、政府役人の賃借対照表という嵐の海において、納税者の灯台としての役割を担っている。もちろん、各政府機関の仕事に対する監査人の評価も定期的にインターネットで発表されている。

スウェーデン会計検査院の第三者監査人は、スウェーデンの権力構造、すなわち内閣、国会、警察や軍隊を含むすべての公的機関における財務と業務を監督する責任を担っている。監査人の使命は、税金が適正に使われているかどうかを監督することとなる。

「巨額の支出が不適切なところにあるなど、不正行為が見つかれば監査人は警察に報告します」と、会計検査院の報道官であるペニラ・エルドブロム氏は言う。それに加えて会計検査院は、政府と公的機関が議会で決められた法律や指令を正しくかつ効率よく実行しているかどうかを監督している。そのため、公的機関の財務報告だけでなく効率性に関する報告も出している。

「監査人が最初に問うのは、この役人は議会の決定に従って決定を実行しているのかどうか、ということです。言葉を換えれば、スウェーデン会計検査院は政府と公的機関が義務を果たしているかどうかを審査するということです。不正確な部分が見つかれば、監査人はその公的機関の効率が上がるように勧告をします」と、エルドブロク氏は強調した。

報告は議会に提出され、議会はその結果にコメントをする義務がある。報告において方向性を変えるような勧告があった場合、その機関は、四か月以内に業務の効率を上げるためにどのような措置をすでに取っているのか、あるいは取るのかについて報告をしなければならない。議会の適当な委員会が報告された措置について確認をし、議会はそれぞれのケースについて決定を下していく。

会計検査院は、国が五〇パーセント以上の株式をもっている会社も監督している。一方、会計検査院そのものは民間の国際監査法人が監査を行っている。事実、会計検査院の内部監査は「プライス・ウォーターハウス・クーパース」［一四二ページ参照］が行っており、世界最大の監査企業である「BDO」が財務監査を行っている。

「目的は、公的機関に対して社会が完全に信頼を置くようにすることです」と話すのはスウェーデン会計検査院のクラエス・ノールグレン長官だ。しかし、スウェーデン人記者のフレドリック・ローリン氏は、常に疑いの眼をもって監視を続けている。

## 調査報道記者フレドリック・ローリンとの会話

「開示したくない情報があるとき、スウェーデン政府は透明ではないのです。まったく透明性がありません」（フレドリック・ローリン［Fredrik Laurin］）

　ローリン氏の顔つきは真剣で、知識欲に溢れ、厳しさを醸し出している。彼は、自分が世界でもっとも透明性のある社会に住んでいることを承知している。しかし、彼の力強いジェスチャーと猛々しい語り口からは、スウェーデンの組織内の一部に見られる、自分たちの行動をコソコソと隠そうとすることに対する嫌悪感が伝わってくる。

　スウェーデンでもっとも尊敬されている調査報道記者の一人であるローリン氏は、スウェーデンのジャーナリズムの最高峰である「ストラ・ジャーナリズム賞」をはじめとして数々の賞を受賞してきた。ローリン氏のチームが調査したスキャンダルのなかで特筆すべきものは、スウェーデン政府と公安警察が、テロにかかわった疑いのある二人のエジプト人を引き渡したという事実を突き止めたことだ。二〇〇一年、二人はスウェーデン国内でアメリカのＣＩＡによって捕らえられた。

　二〇〇六年からは、スウェーデンの公共放送「ＳＶＴ」の調査番組「ウップドラッグ・グランスクニング（Uppdrag granskning）」のフリージャーナリストとして活躍している。初めてローリン氏と会うときは緊張感でいっぱいだった。会う場所は、ストックホルムの繁華街であるセーデルマルム島の目立たないカフェにした。型どおりの挨拶のあと、ローリン氏が私の身元を尋ねた。

「というのも、現在かかわっている調査が非常に機微なものだから……」と、やや恥じながらも断固とした態度でローリン氏が説明した。

私は彼に記者バッジを見せた。途端に安心して、和んだ様子のローリン氏が私をテーブルに案内し、向かい合って座った。彼の注意深い視線は、すでに半分口が開いている私のバッグに入っている未開封のタバコに注がれていた。そして、「一本もらえないか」と言った。

一時間ほど会話をしたあと、ローリン氏は挨拶をして、次のスキャンダルを探して街中に消えていった。このときの会話の内容は以下のとおりである。

フレドリック・ローリン氏
©COURTESY

**筆者**　スウェーデンの情報公開法は、その評価に値するものでしょうか?

**ローリン**　民主主義にとって極めて重要な法律であり、スウェーデンの体制における柱の一つとなっています。この法律のもとでは、完全な透明性が必要不可欠となります。

**筆者**　スウェーデンは、世界でももっとも透明な体制であると言えるでしょうか?

**ローリン**　行間を読む必要があるようですね。論理的には、世界でもっとも透明性の高い体制の一つと言えます。この法律は、個人の医療記録など、秘密保護法で保護される情報以外のすべての公的情報は開示されなければならない、と規定しています。問題は、政府の役人のなかに、創造性を駆使して情報を秘密扱いにすることに長《た》けている人たちがいることです。

**筆者**　例を挙げていただけますか？

**ローリン**　たとえば国税庁です。国税庁は、税に関する情報には「税務秘密法」という特別な法律が適用される制度をつくりました。そして、この法律は独立した法規になりました。この法律は、個人の所得税の確定申告について、個人の名前、住所、社会保障番号と同じく公式情報であるとしていますが、それ以外の情報は秘密扱いだと規定しています。ですから、国税庁長官の靴のサイズを尋ねたりすれば、「悪いけどそれは秘密です」と言われるのです。ほかのスウェーデン政府の機関であれば、原則的に「長官の靴のサイズについて情報を探してみます。そして、その情報へのアクセスに関して制限があるかどうかを審査します。制限はありませんでした。こちらが靴のサイズです」となるんです。

すべての情報は開示されなければならないという、スウェーデンの法律の基本原則は非常に重要です。しかし、なかには秘密主義的になっている政府機関もあるということです。

**筆者**　スウェーデン外務省も、最近オンブズマンによって情報開示をしなかったことについて批判されましたね。

**ローリン**　そうです。外務省も公文書開示の原則を無視していたのです。

**筆者**　スウェーデンの情報開示体制を他国と比較するとどうなりますか？

**ローリン**　スウェーデンの体制と他の欧州連合の加盟国を比べると、スウェーデンのほうがかなり透明性は高いと言えます。それらの国でも仕事をしたことがありますが、取るに足らない情報を入手するのさえ、馬鹿らしいほど難しいことがありました。数年前、イギリスでもやっと国の制度を現代的にするべきだという決定がなされ、スウェーデンの制度に類似した透明性の原則を憲法に取り入れたということです。しかし、アメリカの制度と比較すると、必ずしもスウェーデンのほうが勝っているとは言えません。場合によっては、アメリカの機関の情報開示はスウェーデンよりも進んだものとなっています。

**筆者**　どういう場合ですか？

**ローリン**　同僚と一緒にスウェーデンの当局からアメリカのＣＩＡに引き渡された二人のエジプト人のことを調査したとき、スウェーデンの運輸庁は二人を乗せた飛行機の情報すべてをブロックしました。どの便なのか、どの空港から発つのか、どの飛行機なのかといった情報は、スウェーデンでは一切得られませんでした。空港の担当者の名前さえ開示されなかったのです。私たちはストックホルムにあるブロンマ空港に行き、職員専用の駐車場に停めてある車のナンバープレートを書き留めて、連絡できる人を探しました。

**筆者**　情報開示法を使って、車のナンバープレートから職員を探したのですか？

**ローリン**　そうです。情報開示法がこの件で役立った例です。アメリカでは、航空当局に連絡して、調査している航空機に関する情報を請求しました。五ドルの小切手を送る必要がありましたが、その手数料は送付額の一〇倍もかかりました。その代わり、飛行機に関するすべての情報が記録されたCDを受け取ることができました。

私の意見では、透明性が非常に大事な役割をする部分では、たとえばビジネスとロビー活動などですが、アメリカのほうが開かれていますね。スウェーデンでは、議会でのロビー活動を規制する法律さえありません。

**筆者**　それでは、情報開示法が調査に役立った例を挙げていただけますか？

**ローリン**　数年前に最高裁判所の判事について調査をしたことがありましたが、そのときは情報開示の原則を大いに利用しました。司法当局に連絡して、判事についてできるかぎりの情報を得ました。どれくらいの給与をもらっているのか、どれくらい資産をもっているのか、どんな車に乗っているのか、などです。基本的には判事の経済状況ですね。

それによって、判事の多くが並行して行っている活動（副業）から収入を得ていることが分かりました。これは違法ではありませんが、規制がありません。その結果、ルールが変更され、現在では、判事はそういった活動に関しては事前に申し出をしなければならないことになっています。

**筆者**　スウェーデンの司法制度はクリーンだと思いますか？

**ローリン**　私の見解ではクリーンだと思います。一般的に、スウェーデンの判事は誠実だと言えます。

**筆者**　スウェーデンの裁判には透明性がありますか？

**ローリン**　はい、少数の例外を除いて、ですが。たとえば、性犯罪の被害者のアイデンティティーを保護するために秘密保護法が使われています。また、性犯罪の情報は秘密扱いになっています。

**筆者**　政府においては、首相のメールにさえ頻繁にアクセスできるというのは本当でしょうか？

**ローリン**　そうです。原則として、秘密保護法で保護される情報を含んでいないかぎり、すべてのメールは公開対象となっています。大原則として、正式な決定はすべて開示され、透明でなければならないということです。政府の役人に送られた文書は、秘密保護法に規定された制限のかかる場合を除いて、すべて一般市民がアクセスできるようにするべきです。ですから、答えは「イエス」となります。首相に送られたメールや通信は政府の役人に送られた文書に当てはまりますから、一般市民に開示されています。

**筆者**　情報開示法の遵守状況はどうですか？

**ローリン**　一九八〇年代に私がジャーナリストになったころは今より機能していたと思います。すべてが、より開かれたものとなっていました。しかし今は、イギリスのジャーナリストのように振る舞う必要があります。どこに行けば公式情報が得られるかということを知っているのでなく、よい情報源を探さなければならないということです。スウェーデン政府は秘密扱いを増やす傾向にあり、開示したくない情報があるときは決して透明とは言えません。まったくもって透明性がありません。

――・――・

## 政党と選挙活動の資金

「あれは異常でした」と、政治学者のダニエル・タースチス（Daniel Tarschys）氏は言う。世界でもっとも早く情報開示法がつくられたこの国で、政党に対する個人献金元が誰なのかを知ることがつい最近までできなかったのだ。国内外からの強力な圧力を受け、二〇一四年四月、スウェーデンでやっとこの規制が定められた。政党には、二万クローナ［約二二万円］以上の個人献金については、金額と献金者名を開示することが義務づけられた。この新たな法律を遵守しない政党は、公的な政党交付金を得ることができないとされている。

「スウェーデンの法律における不備は、この国に見られるコンセンサス文化の結果であり、政治制度に対する信頼度が比較的高いからなんです。それでも、あれは異常でした。そして、選挙活動資金の規制は、欧州評議会の反汚職組織である『ＧＲＥＣＯ（反汚職国家グループ）』がたびたび勧告していた対策でした」と、ストックホルム大学のタースチス氏は言う。

スウェーデンでは、政党の主な財源は国からの交付金となっており、政党が集める資金の七〇～八〇パーセントに当たると言われている。与党連合の最大党である穏健党の公式ホームページに掲載されているものだが、世界的に有名な監査会社である「アーンスト・アンド・ヤング（Ernst & Young）」が党の資金について監査したところ、二〇一二年に穏健党が集めた資金合計一億六三七五万クローナ［約一八億円］のうち、一億二一八六万クローナ［約一三億円］が政府からの交付金となっていた。つまり、党の資金の七四パーセントが政党交付金だったということだ。

小さい政党でも状況は似たり寄ったりだ。左党の公式ホームページにある年次監査報告によると、二〇一二年に党が集めた資金は三四八〇万クローナ［約三・八億円］で、そのうち三〇〇〇万クローナ（八八パーセント）が政党交付金であった。

国から支出される政党交付金の合計は四億三八〇〇万クローナ［約四八億円］で、各党は一年間に有する一議席につき三三万三三〇〇クローナ［約三六七万円］を受け取っている。また、国会に議席をもたない政党も、過去二回の選挙のうちのどちらかで二・五パーセント以上の得票率があれば交付金を受け取ることができる。

交付金で、各政党の事務費を賄うこともできる。国会に議席をもつ八つの党は、それぞれ五八〇万クローナ［約六三八〇万円］の基礎交付金を受け取っている。さらに、与党政党には追加で閣僚一人当たり一万六三五〇クローナ［約一八万円］が交付されている。その他の党には、追加交付として二万四三〇〇クローナ［約二七万円］が配分されている。

政党交付金を受けるには、政党は年次収支報告書を作成する必要があり、その報告書は公認監査法人によって審査されなければならない。穏健党の場合と同様、監査後の報告書は党の公式ホームペー

Moderata Samlingspartiet
Org nr 802001-5452

**Resultaträkning**（収支報告）

| | Not | 2012-01-01 -2012-12-31 | 2011-01-01 -2011-12-31 |
|---|---|---|---|
| **Intäkter**（収入） | | | |
| Medlemsavgifter（党員会費） | | 5707 | 5516 |
| Statligt partistöd（国から党への交付金） | | 121 865 | 119 452 |
| Ersättning från länsförbund（地方支部からの収入） | | 16 659 | 16 716 |
| Hyresintäkter（家賃収入） | | 4 929 | 16 716 |
| Övriga intäker（その他） | 2 | 14 590 | 18 090 |
| | | **163 750** | **165 149** |
| **Kostnader**（支出） | | | |
| Övriga externa kostnader（その他） | 3, 4 | -49 279 | -49 778 |
| Personalkostnader（人件費） | 5, 6, 7 | -110 797 | -100 787 |
| Avskrivninger（減価償却） | 8, 9 | -1 392 | -1 097 |
| | | **-161 468** | **-151 662** |
| ***Verksamhetsresultat***（業績） | | ***2 282*** | ***13 487*** |
| **Finansiella intäkter och kostnader** | | | |
| Återförd nedskrivning aktier i dotterbolag | | 0 | 300 |
| Resultat från långfristiga värdepappersinnehav | 10 | 464 | -411 |
| Ränteintäkter | | 1 668 | 1 504 |
| | | **2 132** | **1 393** |
| ***Resultat efter finansiella poster*** | | ***4 414*** | ***14 880*** |
| Återbetalning aktieägartillskott | | 0 | 1 300 |
| ***Årets resultat*** | | **4 414** | **16 180** |

穏健党の収支報告書を見ると、資金の74％が国の交付金であることが分かる。

ジで閲覧が可能となっている。

政党におけるその他の資金源は、個人献金、党員の会費、政党が開催する宝くじ抽選会などとなる。一九六五年までは、政党の主な資金源の一つが各党員の支払う会費だった。しかし、翌年に国からの政党交付金が導入されると、政党資金の半分を占めるようになった。スウェーデンのシンクタンクである「ティンブロ（Timbro）」によると、二〇一〇年の個人献金は、各党の政治資金のうち〇〜四・三パーセントでしかなかった。

一九八〇年、国会に議席をもつ各党は、選挙活動における収支報告について一般公開はしないが、党の間で公表しあうという合意に達した。スウェーデン司法省によると、二〇一四年に成立した新たな法律の目的は、各党の政治活動における資金集めと、立候補者の選挙活動資金集めについて、一般市民が管理できるようにすることだった。

スウェーデンの権力者に関しては、やはり「太陽の光」が一番の「消毒」となる。誰もが政府の透明性を高めることが、常時そこにいる敵、つまり汚職に対する強力な反対勢力になるということを知っているのだ。

「一般市民の公文書へのアクセスと腐敗の度合いには、明らかな相関関係があります」と話すのは、国際的な反汚職NGO「トランスペアレンシー・インターナショナル（Transparency International）」のジェレミー・ポープ氏である。

## ベアトリス・アスク司法大臣との会話

「公的な行動の透明性が、スウェーデンや他のスカンジナビア諸国において汚職が少ない理由です」（ベアトリス・アスク［Beatrice Ask］）

冬のストックホルムでは、夕方の四時は夜と同じである。暗い公園にある装飾された電灯の数々が柔らかな黄色がかった輝きを放ち、子どもたちはその薄らとした明るさのなかで遊んでいる。フムレゴーデンの美しい中央公園を横切る暗い裏道では、暗くなった芝生から、ほとんど影が見えない小さな子どもの叫び声が時折聞こえてくる。まるで、子どもたちによる「恐怖のオペラ」かのようである。巨大な葉の落ちた木々が、さらに劇場のような雰囲気を醸し出している。

街一帯で、ロウソクや松明《たいまつ》の炎がカフェやレストラン、各種店舗の入り口を照らしている。一二月が到来し、一年で一番長い夜がやって来ると、その月の一三日には一〇代の子どもたちによる行列が行われる。白いローブを着て、頭にはロウソクを載せ、教会を回って歌を歌い、聖ルシアに「暗闇をもっていってください」と頼むのだ。これは、信仰というより伝統である。宗教的少数派や無宗教の多数派も、誰もが冬の暗闇を追い払おうとするのが「ルシア祭」である。

スウェーデンの司法省において、権力の陽が当たらないところにも光を当て続ける役割をしているのがベアトリス・アスク氏［二〇一一年に来日］である。一五〇センチあるかないかくらいの身長の女性だが、議会で会ったときの握手では、私の手をしっかりと握ってくれた。

**筆者**　透明性は汚職に対する一番の対策ですか？

**アスク**　公的な行動の透明性が、スウェーデンをはじめとする他のスカンジナビア諸国において汚職が少ない理由です。政府が権力者の秘密を撲滅すれば、腐敗した行動をすることが難しくなります。体制の効率を高めて汚職を防止するには、一人ひとりの市民が行政を監視する手段をもち、意思決定プロセスに参加することが重要となります。開かれた、透明性の高い政府は、一般市民に対して説明責任を果たすことになるので腐敗も少ないのです。

**筆者**　スウェーデンの情報開示法は二五〇年も前に制定されていますが、スウェーデンの体制はよくなっているのでしょうか？　それとも、ある点では悪くなっているのでしょうか？

**アスク**　体制は安定していると言えるでしょう。スウェーデンは、より透明性を高めることに「二の足を踏んでいる」他の欧州連合の加盟国から外圧を受けています。一九九五年にスウェーデンが欧州連合に加盟して以来、スウェーデンは加盟国全体の意思決定がより透明になるように努力

ルシア祭　©Cecilia Larsson Lants

してきました。その結果、二〇〇一年頃から進歩が見られました。加盟国のいくつかが透明性のルールを取り入れ、多くの国がその方向に進んでいきました。

私たちとしても常に努力を続けました。欧州連合の同僚の多くはまだ文書を秘密扱いにしたがりますが、それはスウェーデンの原則や憲法にあたる法律に背くことになります。私たちも、一般的には外交問題に関しては同じ問題に直面します。たとえば、スウェーデンが国際条約に署名したとしましょう。相手国がその内容の一部を一般に公開したくないと言った場合です。私たちは、常に情報開示の原則をもとに交渉しますが、このような抵抗について克服することは決して簡単ではありません。常に苦闘しているということです。

**筆者**　スウェーデンでも特定の行政機関が公文書へのアクセスを妨害していると話すジャーナリストの批判に対して、どのように答えますか？

**アスク**　どの行政機関も間違えを犯します。しかし、この体制を全体として見れば、スウェーデン政府は情報開示法をしっかりと実行していると思います。どのような文書にも実質的にアクセスできますから。例外は、国家の安全保障にかかわることと、秘密保護法に定められているその他の事項だけです。政府の提案は公文書に示してあり、政府の公式ホームページで閲覧することができます。議会の決定もインターネットに掲載してあります。また、政治家の支出や政府職員の給与も公開されています。

もちろん、常に欠陥はあります。完璧な制度というものはありませんからね。公的機関が不必要に公文書へのアクセス要求を遅らせるといったことがいくつかあったのは事実です。明らかに残念なことです。当局は、すべての要求を迅速に取り扱わねばなりません。しかし、体制全体としては非常に透明性が高いと思っています。

**筆者**　法律で認められている以上に秘密保護法の適用を拡大している当局もあると、手厳しい批判をしている人もいますね。

**アスク**　政府の機関で、勝手に秘密保護法をつくるという権限のある機関はありません。正式な情報への市民のアクセスは、スウェーデンの憲法で保障されている権利です。場合によっては、法律の解釈によってある文書が秘密扱いとなるかどうかと疑問が生じることもあります。しかし、公的機関が公文書へのアクセスを拒否する、あるいは公文書の一部でもアクセスを拒否した場合は、裁判所でその決定を争うことができるのです。

裁判所は、法の前ですべての市民の平等を尊重し、その裁定においては公正かつ客観的でなければなりません。透明性によってこそ、市民が政府の支出や公的機関の効率性を監視できると同時に、政府の決定に深くかかわることができるのです。

**筆者**　私も、大臣の個人支出報告をチェックすることはできますか?

**アスク**　はい。大臣と国会議員は、支出を開示して市民に報告する義務を全員が負っています。

ベアトリス・アスク氏
©SVT [SWEDISH PUBLIC TV]

# 第3章 汚職を許さない

「人間はあらゆる点で至らぬものなのだ」（オーディンの訓言）

汚職、しかも賄賂だけで動くお金は世界で一兆ドル以上に上る。なお、これは世界銀行による控えめな見積である。政治の世界では、キケロ（Marcus Tullius Cicero, BC106～BC43）の時代でさえ、選挙前にローマ人が剣闘士のスポンサーになることを禁止していたという。そして、ローマ市民の票を買う行為が蔓延していた紀元後最初の世紀から、盗みや略奪が盛んに行われるようになった。

スウェーデン人にも政治スキャンダルはある。しかし、スウェーデンの政治家が盗んだり、賄賂を贈ったり、権力を濫用しようものなら、裁きを免れることは絶対ない。政治家だからといって免責特権はないのだ。汚職で訴えられても、特別な法廷で裁かれることはない。法の支配に勝る政治家はいないのだ。一般市民と同じく、公正な司法の対象となる。

「スウェーデンの政治家は、ほかの市民と同様に訴追され、裁判を受けます」と、汚職を専門にしている検察官の一人であるアルフ・ヨハンソン（Alf Johansson）氏は言う。顔を写され、さらしものになり、収監されて、裁判を受けるということが分かっていれば、この特別な集団といえども違法な行為をすることは思い留まるだろう。

免責特権という文化がない以上に大事なことが、スウェーデンにおける誠実さと公的機関に対する信頼の醸成という文化の発展である。一八世紀の終わりまで、スウェーデン王国には何らかの腐敗があったと言ってもよいだろう。しかし、その後、下水道の蓋を剝《は》がすときがやって来たのだ。この国の顔を変容させる変化のプロセスは、諸機関の革命的な変革がきっかけであった。骨の折れる大仕事の助っ人となったのが情報開示法で、国中の大掃除を手伝うことになった。

一九世紀の終わり、国のレベルでの汚職は実質的に一掃された。新たな道徳律が、高潔さを担保する確かな規則とともにこの国を席捲した。公費や国の資産を使うことは権力者の裁量によるものだという考えは、過去のものとなったわけである。

この改革は、ほぼ完璧なものだった。最近、スウェーデンで汚職研究を出版した著者が指摘しているように、誰も他人を利用しようとしない社会は明らかにユートピアである。

国のレベルでは、誰もがスウェーデンは政治的な汚職がないことに同意するだろう。現在抱えているジレンマは、新聞を政治スキャンダルで賑わせる地方自治体レベルの不道徳者とどのように闘うかということである。スウェーデンの研究者によると、この歪んだ行いは、自治体の役人と地方のビジネスマンとの不道徳な関係が原因であるようだ。これについて、一九九〇年代にはじまった市町村における公的サービスの一部が民営化した結果である、と言う人もいる。地方分権が進んでいるスウェーデンでは、地方レベルのほうが見境のない関係が蔓延《はびこ》りやすいという素地があるのだろう。

しかし、一般的にスウェーデンは、汚職の分野において大胆な悪行が行われる国ではない。統計が嘘をつかないとすれば、国民を代表する議員のなかに、税金を「食物」にするという不届き者はほとんどいない。

「ほとんどのスウェーデンの政治家は腐敗していません。地方自治体レベルでは濫用があるでしょうが、国レベルでは国のお金で飲み食いをする政治家はいません」と、〈アフトンブラーデット紙〉の政治評論家であるレーナ・メリン氏は言う。

それよりも撲滅が難しいのは、スウェーデン語で「vänskapskorruption《ヴェンスカープスコールプシュン》」と呼ばれる「縁故ひいき」である。極端な例を挙げれば、一九八〇年代にオロフ・パルメ首相がかかわった一件がある。ハーバード大学から講演依頼を受けたとき、パルメ首相は講演料を受け取らなかったと、あるスウェーデン人ジャーナリストが書いた。その代わりにパルメ首相は、大学訪問中、息子のヨアキム・パルメ氏が「同大学に入学したがっている」とほのめかしていたというのだ。

その後、ヨアキム・パルメ氏は同大学に奨学金を受けて入学することになった。スウェーデンのメディアは疑問を呈した。「首相は、息子のために税金を払うべきか」というものだ。

パルメ首相は、その奨学金を収入として申告しなかった。しかし、スウェーデンの税務署は、パルメ氏は息子の奨学金に対して税金を払うべきだとし、その額は四万クローナ［約四四万円］だと判断した。

その数日後、一九八六年二月二八日のパルメ首相の悲劇的な死によって、この議論は結論が出ないまま終わった。しかし、この一件は「ハーバード事件」として知られるようになった。

スウェーデンは国の評判に汚点を残す可能性を秘めながらも、汚職に関する議論では「謎」と言われるほど優等生だ。通常の経済理論のルールブックに従えば、スウェーデンは回復不能なほど腐敗した国になるだけの特徴をすべて備えている。大きな公的セクター、干渉主義的傾向の政府、さまざまな規制に関して強大な決定権をもつ巨大な官僚組織、これらは腐敗につながりやすいものばかりである。しかし、国際的な汚職の指標は、まったくもってこの逆を示している。

すべての国際的な指標が、スウェーデンは世界でもっとも汚職の少ない国の一つであると何度も示している。「トランスペアレンシー・インターナショナル」［二一二ページ参照］の年次報告によると、一九九六年に汚職の少ない国のランキングを発表しはじめてからスウェーデンは六位以下になったことがない。世界銀行が発表している「世界ガバナンス指標（Worldwide Governance Indicators：WGI）」でも、法の支配、汚職の抑制に関する指標において、評価の高い国のランキングでトップレベルとなっている。また、二〇一〇年と二〇一一年、「世界正義プロジェクト」(1)は、司法の効率と法の支配の尊重に関してスウェーデンを「最優秀」と評価している。

それでもなお、常に警戒して見張りをしなければならない。ストックホルムの中心部にある国の

「汚職対策部隊」［四〇、一九七、二二九ページ参照］が常に目を光らせている。世界でもっとも汚職の少ない国であっても、機会があれば「盗みが発生する」ことをこの部隊は知っているのだ。独立した検察官の作業部隊が、政治家、事業主、行政職員などの汚職容疑を捜査し、調べている。この部隊もまた、確固たる倫理的行動規範である情報公開法と、企業や公的機関の倫理意識を向上させるプログラムを両輪とする統合されたシステムの一部である。

その戦略は、まやかしをする者、欺瞞を働く者、不正直な者を見張ることだ。闘うべき最大の悪は賄賂であり、汚職対策部隊は、これらをいかなるシステムをも脅かす「癌」と見なしている。

このような有害な寄生虫を退治するために、政府は公的機関および民間の会社において私的な贈答品を受け取る場合の規範を作成した。スウェーデン人の大半が知っていることだが、職場で四〇〇クローナ［約四四〇〇円］以上の価値のある贈答品を受け取ることは犯罪と見なされている。法律では、スウェーデンで汚職の罪を犯した者は誰でも、罰金または六年以下の禁固刑に処せられる。しかし、政治家による犯罪での禁固刑というのはこの国では珍しいことである。

よく知られた事件が一九九五年に起こっている。スウェーデンの小さな自治体であるモタラ市の市長が、スペインとポルトガルのビーチで「dolce《ドルチェ》 vita《ヴィータ》（甘い生活）」をするために公金を使ったということで刑務所行きとなっている。

---

（1）世界中に法の支配を広めようと活動する、アメリカの独立した多分野横断的組織。

# モタラの事件

社会民主党のソルヴェ・コンラドソン（Sölve Conradsson）氏の、刑務所への行き方は素晴らしかった。ある日、スウェーデン南部のモタラの市長として彼は、地方の政治家と有力者で準正装での豪華ディナーをするのもいいかもしれないと思い立った。もちろん、税金でだ。そうすれば、翌朝は二日酔いで頭が痛くなるかもしれないが、財布は大丈夫だと思ったわけだ。安心して、楽しい時間を過ごせるはずだった。

すっかり浮かれたコンラドソン氏は、うっかりディナーの招待状を地元紙〈モタラティドニング（Motala Tidning）〉の編集長にも送ってしまった。もちろん、編集長は、「誰がこのような豪奢な宴の代金を支払うのか？」という疑問を抱いた。

編集長がブリット＝マリー・シトロン記者に依頼して主催者の経費をつまびらかにしたとき、コンラドソン氏はディナーで着たジャケットをハンガーに掛けたところだった。監査人の手を借りて記者は、ニュースで汚職事件が取り上げられることに慣れていないこの国で、スキャンダルを発表するために充分となる証拠を集めていた。首が飛ぶことになるのだ。

この地方紙は、連載によってコンラドソン氏が公金を私的な旅行、ディナー、私物の購入に使っていたことを暴露した。ＴＴ（スウェーデン通信社）ニュースは、すべてが「納税者のお金で」という部分を強調した。スウェーデン人は、この手の不正は海外にしか存在しないものだと思っていた。言うまでもなく、警察と検察が乗り出すことになった。

市長は辞任を余儀なくされた。市から一四万クローナ［約一五四万円］を自分の口座に振り込んで、家族と一緒にポルトガルとスペインまで休暇旅行に行くなど、犯した犯罪のいくつかは「とくに異常なものであると見なされた。モタラ市の裁判所の判事は、コンラドソン氏は「極めて恥ずべきやり方で」公金を自らの消費活動につぎ込んだ、と言って非難した。コンラドソン氏は手錠を掛けられ、一年六か月の禁固刑に処せられ、六〇万クローナ［約六六〇万円］以上の罰金を払うはめになった。

二〇ページにわたる判決文で判事は、損害は金額によって差し測られるものではないと指摘した。そして、「この犯罪の裁判は、モタラ市に負の影響をもたらしただけでなく、この国の政治家に対する市民の信頼を著しく損なうことになった」と判決文に書いている。コンラドソン氏の策略にかかわったとして訴えられた七人のうち、六人が有罪判決を受けている。

この事件を暴露した記者は、モタラ市の醜態を晒すことでスウェーデン最高の「ジャーナリズム賞」を受賞している。彼女は、「情報開示法が、地方行政の不正調査の主な助っ人になった」と述べている。また、モタラ市のこの件について本を著した著者のブリット＝マリー・シトロン氏は、「自治体の法律はまるで牙のない虎のようです」としたうえで、「地元の野党の役割は飾りでしかない」と書いている。市民の監視の目が届かず、市民と乖離した政治支配層とでも言える階級が、捕食性の雑草のごとく生い茂っていたのだ。

モタラ市は、政治家が庶民感覚を失うととんでもないことになってしまうという悪例の象徴となった。コンラドソン氏は刑期を終えて刑務所から出てきたが、政治生命は六年前に潰《つい》えていた。

## トブレローネ・スキャンダル

この女性は、チョコレート一つとオムツ、その他の私物を政府のクレジットカードを使って購入したために大きなツケを支払うことになった。副首相のポストを失うことになったのだ。

一九九五年、このスキャンダルはスウェーデン政治の年代記に「トブレローネ・スキャンダル（Tobleroneaffären）」として刻まれることになり、モナ・サリーン氏［九二ページ参照］が二〇一一年に政界を追われるまで、その影が彼女に付きまとうことになった。

チョコレートが象徴として使われているとはいえ、チョコレート一つでこの騒ぎが引き起こされたとは信じ難い。サリーン氏は、社会民主党で将来を嘱望された政治家だった。彼女が国の指導者になるのは、毎年バルト海が凍るのと同じくらい確実なことである、と目されていたくらいだ。

一九八二年、二五歳のサリーン氏は最年少でスウェーデン議会に当選した。気迫にあふれ、政治素養があるサリーン氏は、その後二〇年にわたって大臣をはじめとするその他の権力の座に君臨した。そして、一九九一年の総選挙では、最後のテレビ討論において、「私のシャツの下に隠れようとしないでくださいよ。私のシャツは短いですからね」と、中央党の党首であるオロフ・ヨハンソン氏に一撃を食らわした。さらに、社会民主党のヨーラン・ペーション首相とて、サリーン氏の痛烈な批判を交わすことができなかった。

「『意見交換』の新しい意味を知っていますか？　ヨーラン・ペーションを自分の意見で説得しようと彼の部屋に行きますね。なんと、出てきたときにはすっかり彼に取り込まれていたのですよ」と、二〇〇二年に司法大臣だったサリーン氏は、民主主義と統合についてペーション氏と議論したときのことを批判した。

トブレローネ・スキャンダルの一年前、つまり副首相に就任する直前、サリーン氏はもっとも有名な発言をしている。税金を払うという行為の高揚感についてである。

「あなたが社会民主党なら、税金を払うのはカッコいいことであるはずです。私にとっては、税金というものは、政治というものが何かを一番よく表しているものとなります」と、サリーン氏は一九九四年の公共放送で述べている。

一九九五年一〇月、〈イクスプレッセン紙〉が攻撃を開始した。イングヴァール・カールソン首相の後継者と見込まれているサリーン氏が、「政府のクレジットカードを使って私物を購入した」と。それに対して彼女は、「トブレローネとオムツとタバコを買いまし

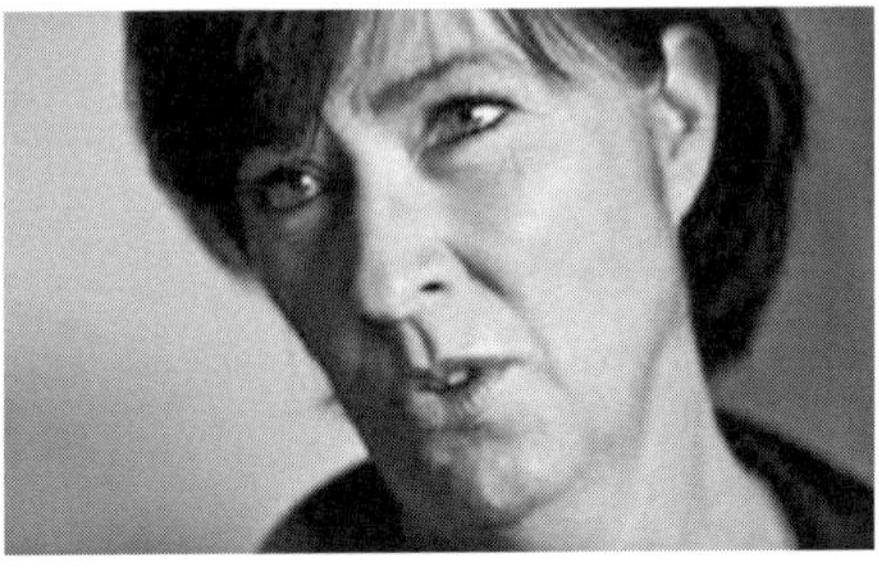

モナ・サリーン氏　©MAGNUS JÖNSSON

た」と認めた。戦々恐々としてるメディアは、このスキャンダルを「トブレローネ・スキャンダル」と名付けた。

副首相だったサリーン氏は、政府のカードを使ったのは「給料の前借りをしたつもり」であると釈明した。彼女に言わせると、それは当時よく行われていたことらしい。また彼女は、自分のクレジットカードは政府のカードとよく似ており、「公費を使う意図はなかった」とも弁明した。そして、「使った金額は必ず返す」と明言したが、時はすでに遅かった。

公費で買ったのが、チョコレートの一つや二つでないことが発覚したのだ。政府のカードで支払った金額は合計五万三一七四クローナ［約六五万円］で、レンタカーの借り出しや、その他の私的な買い物に使っていたのだ。このスクープの翌日、〈ヨーテボリ・ポステン（Göteborgs-Posten）紙〉が世論調査の結果を載せた。回答者の六六パーセントが、サリーン氏はスウェーデンの指導者として相応しくないと答えていた。

このスキャンダルをめぐるメディアの調査から、雇用税を納めずにベビーシッターを雇っていたことや、テレビのある世帯に義務づけられている受信料の支払いを停止していたことなどが分かった。また、駐車料金の未払いも数多くあることが分かり、サリーン氏を中傷する人から、「スウェーデンの首相になるには不適切なリーダーである」というレッテルを張られてしまった。

そこでサリーン氏は、窮地に立たされたスウェーデン人の政治家がするお決まりの手段に倣い、一時引退（タイムアウト）を表明した。ところが、これがサリーン氏の敵対勢力をさらに勢いづけることなってしまった。というのも、一時引退をして退避した先が南国の楽園モーリシャスであり、公費で警護まで付けていたからだ。

検事長は、サリーン氏に対する捜査をはじめることにした。一か月後、サリーン氏は副首相を辞任すると発表した。同時に、党の党首と首相への立候補も取り消した。そして、一九九六年には議員辞職までしている。

トブレローネ・スキャンダルの最終幕は、証拠不十分と、政府のクレジットカード使用の規則が不明瞭であるという理由で検察が調査を中止したことで降ろされた。意図的であろうとなかろうと公費の使用で問題となったスウェーデンの政治家は、誰もがそうせざるを得ないのだが、サリーン氏も同じく使った経費を全額払い戻すことになった。

それでも、スキャンダルの影がサリーン氏につきまとった。彼女は、一九九八年に再び内閣の閣僚として復帰したが、多くの人が、以前ほど政治的な威信はないと感じていた。二〇〇七年、ほかの候補者が党首への立候補をためらうなか、再びサリーン氏の名が浮上した。五〇歳になり、トブレローネ・スキャンダルから一〇年以上が経っていたこともあり、ついに彼女は、社会民主党初となる女性党首の座を手に入れた。そして、二〇〇九年五月九日、サリーン氏が「労働の日」のスピーチをしているとき、誰かが彼女にトブレローネを投げつけた。

「初めてのことではありません」と、のちにサリーン氏はスウェーデンのニュース番組「ＴＶ４」で語っている。彼女は、国民の信頼を回復する重要性を訴えた。自分自身も変わることができ、国民の信頼に値するのだ、と示したかったのだ。

「国民は、私の言葉に耳を傾けてくれているのでしょうか。それとも、大きなトブレローネが見えているのでしょうか？　以前よりは私の言葉を聞いてくれていると思っています」と、サリーン氏は同テレビ番組で言った。

一九九五年のスキャンダル中、サリーン氏は「まるで乾燥機のドラムの中にいるようだった」と言っていた。何もかもがグルグル回っていたのだ。そして、一四年後の「TV4」のインタビューで、いまだに政府のカードでトブレローネを買ったという汚名が返上できていないことを認めた。

「なかには、決して忘れない人もいるんです。そういう人に対しては、いつも何らかの罪悪感を抱いてしまいます。私は多くのことを学び、変わったんです」

二〇一〇年の総選挙におけるキャンペーンの終盤、テレビ記者として私はサリーン氏に会った。八月のある晴れた日曜日、ストックホルムのタンテルンデン公園でのことだ。集まった人々は、芝生の上に用意された椅子に座っていた。党首の顔が印刷されたTシャツを着ている人もいる。壇上からサリーン氏は、スウェーデンで再び富裕層と貧困層の格差が拡大していると訴えた。

「私たちがスウェーデンで築きたいのは、このような社会ではありません」

と、党首のサリーン氏は強調した。だが、スピーチには以前のような力がなかった。ヨーロッパ全土を蝕む経済危機の真っただ中でスウェーデンは総選挙を迎え、福利厚生と失業給付の削減にもかかわらず、中道右派の政府が約束した安定と、その効果的なスウェーデン経済の経営に軍配が上がった。

サリーン氏が党首として戦った二〇一〇年の選挙では、社会民主党の得票率は三〇・七パーセントで、一九二一年に普通選挙制度が導入されて以来、最悪の結果となった。そして二〇一一年三月、サリーン氏はホーカン・ユーホルト氏に党首の座を譲りわたした。サリーン氏の党首としての在任期間は四年に留まり、スウェーデン社会民主党の歴史において、党首としての在任期間に関して最短記録をつくった人物となった。

## 汚職対策部隊の検事長との会話

「食べ物や学校、医療へのアクセスを求めて日々生きるために闘っているという状態であれば、人が社会の腐敗と闘うことに関心をもつことはないでしょう。しかし、その人が所属する社会の一部だと感じられるならば、権力の濫用を許すことはないでしょう」

（グンナール・ステトレー［Gunnar Stetler］）

グンナール・ステトレー氏は、めったにない計算でもするかのように顔をしかめ、二度瞬きをして、張り詰めた顔つきになった。かなりの間を置いて、少しずつ記憶の迷路から出口に向かい、ついに答えを見つけた。過去三〇年間で、スウェーデンの国会議員と政府高官による汚職事件は二件しか記録されていない。

「うろ覚えでしかありませんが……ここでは国会議員や政府高官による汚職事件への関与は非常に少ないんです」と、ステトレー氏は話した。

私たちは、「汚職対策部隊」〔一九七ページ参照〕の主任検察官が所有しているファイルや文書が山積みになっている執務室に来ている。同じハントヴェルカーガータン通りの、ここからほんの数歩のところには、泣く子も黙る「スウェーデン経済犯罪局（Ekobrottsmyndigheten）」がある。四月の太陽で冬の氷もすっかり溶け、通りの反対側では、クングスホルム教会の墓地を母親たちがベビーカーを押して歩いている。このような墓地を歩く光景が春にはよく見られる。

小さな執務室でステトレー氏は、この国の汚職の疑いのある重大事件を調査する専門の検察官を統括している。それほど重大ではない詐欺や搾取、そして欺瞞などの事件は、地方レベルのさまざまな当局が調査を行っている。

一九三センチの長身で、いかにも真面目そうで、賄賂などは一切受け取らないという顔つきのステトレー氏は、スウェーデンのメディアでは「この国一番の汚職ハンター」との誉《ほまれ》が高い。彼が摘発した案件のなかでは、二〇〇三年、スウェーデンの通信会社「テリアソネラ（TeliaSonera）」が

グンナール・ステトレー氏
©SVENSKA DAGBLADET

ウズベキスタンで足場を固めるために三億三七〇〇万ドルもの贈賄をしたというものがあった。「今までの経緯を見れば、正式に汚職で告訴されれば七五パーセントは有罪になります」と、ステトレー氏は言う。

一九四九年生まれのステトレー氏は、租税回避地であるイギリス領のヴァージン諸島に登録されている会社に一八〇〇万クローナ［約一九八〇万円］を流用したとして、二〇〇五年に禁固三年の刑に処せられたスウェーデンの「ＡＢＢ社」の元取締役に対する調査などを指揮したことで有名になった。

「ボルボV70では満足できなくなり、ポルシェに乗り換えたいと思うときが来るものなんですね。欲というのは、人間のジレンマの一部です」と、ステトレー氏は振り返る。この検事長によると、スウェーデンがひどく腐敗した国のリストには載らない理由が三つあるという。政府の行動の透明性、国民の教育レベルが高いこと、そして社会の平等性である。

**筆者**　スウェーデンが、世界でも腐敗の少ない国であるのはなぜですか?

**ステトレー**　まず、公文書への一般市民のアクセスを担保する法律です。この法律は二〇〇年以上も前に制定されましたが、政府の権力濫用を防止しています。市民やメディアが望めば、私の給料や経費の支出、仕事がらみの出張旅費などを調べることができます。私のファイルは一般に開かれているのです。政府の公文書を市民の手の届くところに置いておくことで、権力の座にある人たちが不適切な行為をしないようにするのです。二つ目は一八四二年に制定された法律です。スウェーデンに義務教育を導入し、国民の一般的な教育レベルを引き上げました。

**筆者**　国民の教育レベルが高いと、汚職防止にどのような影響をもたらすのですか？

**ステトレー**　教育を受けられないと国のシステムの理解ができませんし、ましてやそのシステムを監視することができません。スウェーデンでは、社会は上からつくられるものではなく、下からつくられていると思います。ですから、すべての層の人がよい教育を受ける必要があるのです。中国では汚職が多く発生しているようですが、教育が汚職削減に役立つと信じています。

**筆者**　汚職疑惑はどれくらいの頻度で通報されますか？

**ステトレー**　毎日、市民から電話がかかってきます。通常、一五件の疑惑のうち一件くらいしか根拠がありません。ほとんどの疑惑は、さほど深刻でない場合が多いのです。たとえば、契約落札のため、役人が業者の招待でリゾートに行くことに合意したとかですね。スウェーデンでは、公務員がこのような招待に応じることは許されていません。

もっと重大な疑惑も扱っています。スウェーデンの拘置所・刑務所を管理している刑務所・保護観察庁（Kriminalvården）のトップ一人を、ちょうど正式に起訴したところです。刑務所を建設する業者から、何百万クローナもの賄賂をもらっていたのです。私たちは、一般市民、メディア、スウェーデン会計検査院（Riksrevisionen）といった国の監査システムからの申し立てによって行動を起こしています。

**筆者**　国会議員などの政治家が関与する国レベルの汚職はどの程度ですか？

**ステトレー**　この国では、国会議員や政府高官が汚職事件に関与するケースは非常に少ないんです。

**筆者**　そのような事件が最近起こったのはいつですか？

**ステトレー**　私の記憶が正しければ……二件ほどあったと思うのですが……そうですね、ここ……三〇年くらいですかね。

**筆者**　ということは、一九七〇年代から国のレベルではたった二件しか政治家がらみの汚職が起こっていないということですか？

**ステトレー**　そうです。

**筆者**　それはどういう事件でしたか？

**ステトレー**　間違えていなければですが……一〇年ほど前……西海岸の選挙区の国会議員が何かしたと……うろ覚えですが。

**筆者**　過去三〇年で二件しか国レベルでの汚職事件がなく、それもはっきり覚えていないということは、重大なスキャンダルは起こっていないと考えてもいいということですか？

**ステトレー**　そうですね。政治に関する汚職はそうです。重大な事件は、主に自治体で起こっています。

**筆者**　一九五五年にスウェーデンの政治家が汚職で禁固刑を言い渡されて以来、禁固刑になった例はありませんね。スウェーデンの政治家の汚職が禁固刑にならない程度の軽いものだからでしょ

---

うか？　それとも、このシステムが汚職をした政治家に寛容なのでしょうか？

**ステトレー**　スウェーデンでは、一般的にすべての刑が寛容なものです。

**筆者**　どういうことですか？

**ステトレー**　スウェーデンの刑法では、基本原則は罰を与えることではなく、その個人を社会に復帰させることとなっています。これが私たちの伝統です。政治家の汚職に、刑法が厳しい罰を与えることはありません。

**筆者**　それでは、罰を厳しくすれば政治家の汚職はなくなりますか？

**ステトレー**　世論が腐敗した政治家を罰してくれます。政治家や行政の役人が腐敗した行為をした場合、権力の座にいながら間違えを犯したかどで社会から厳しい罰を受けます。たとえば、国会議員であれば、正式に起訴されなくても、世論の圧力を受けて辞任に追い込まれるかもしれませんね。

**筆者**　政治家を汚職容疑で捜査対象にするときは、議会や委員会からの許可が必要であるなどといった特別なルールはありますか？

**ステトレー**　いいえ。

**筆者**　政府を監視するのは、主にメディアやスウェーデン国民ですか？　それとも、あなたが統括するような組織ですか？

**ステトレー**　一義的には、自由な報道次第ということになるでしょう。メディアが法的な文書にアクセスできれば、より公正な社会を求めて市民と一緒に行動を起こすことができます。もちろん、汚職対策部隊のような組織も重要な役割を果たしています。スウェーデンでは、ほとんどの人が政府機関を信頼していますが、その理由の一つは、政府機関がすることを市民が監視できるからです。

**筆者**　国の汚職対策部隊は、どのような取り組みをしているのですか？

**ステトレー**　我々は主に賄賂を扱っています。賄賂は、公的部門でも民間部門でも、どのようなシステムにとっても「癌」であると言われています。賄賂の金額が少額であっても、一〇億クローナ［約一一〇億円］の入札に影響を及ぼす場合もあります。

公的部門では、物品やサービスの調達が適切に行われることが大事です。たとえば、新たな病院の建設で一七億クローナの費用がかかるとします。公的機関がこの規模の契約を扱う場合、病院を建設する会社とその契約を承認する公務員の間にいくらかの距離がなければなりません。スウェーデンでは、ほとんどの人が承知していると思いますが、公務員はたとえ少額であっても贈答品を受け取ってはならないのです。

**筆者**　一般的にスウェーデン人は、四四〇クローナ［約四八〇〇円］以上の贈答品を受け取ることを禁止するという決まりを守っているようですね。

**ステトレー**　公的部門でも民間部門でも、通常、三〇〇クローナ以上の贈答品は受け取ってはいけません。最高でも四四〇クローナまでです。私の職では、何一つ受け取ることができません。

**筆者**　何も、ですか？

**ステトレー**　そうです。何一つだめです。コーヒーやデニッシュさえだめです。そして、スウェーデンの政治家や公務員は、本物の賄賂と見なされるもの、つまり高額な賄賂は受け取らないと思います。

**筆者**　決して起こらないと思いますか？

**ステトレー**　起こる可能性はありますが、まず起こらないでしょう。問題は賄賂の定義です。ディナーへの招待に応じるとか、リゾートで週末を過ごすことを賄賂と思わない人もいるでしょう。しかし、スウェーデンでは、これらは賄賂と見なされます。とくに公的部門で働いている人にとっては、です。

**筆者**　では、ディナーの招待に応じれば犯罪になりますか？

**ステトレー**　私の見解ですが、もしお互いに何らかの利害関係があれば、個人や会社で公務員をディナーに招待してはいけません。

**筆者**　スウェーデンがさらに公正な社会になるように、どのようなアドバイスをしますか？

**ステトレー**　こういうことは、一夜にしてできることではないということを理解してください。汚職と闘うには、政府の透明性を担保するシステムを実施しなければなりませんし、一般の教育レベルを引き上げ、社会の平等性を高めなければなりません。教育は、スウェーデンで私たちが「社会的平等（jämlikheten）」と呼ぶ基本的な原則なのです。そして、これが腐敗を防止する要素となるのです。

**筆者**　社会的平等は汚職防止にどのような役割を果たすのですか？

**ステトレー**　食べ物や学校、医療へのアクセスを求めて日々生きるために闘っているという状態であれば、人が社会の腐敗と闘うことに対して関心をもつことはないでしょう。しかし、その人が所属する社会の一部だと感じられるならば、権力の濫用を許すことはないでしょう。

（原注）スウェーデン地方自治体連合（ＳＫＬ）によれば、自治体の予算に占める教育への投資は四二パーセントである。また、スウェーデン教育研究省によれば、ＧＤＰ（国内総生産）の八・六二パーセントを、成人職業訓練を含むあらゆるレベルの教育に投資している。

## 贈答品の規制

世界全体の傾向として贈収賄は増えている。しかし、スウェーデンは世界でもっとも汚職リスクが低い国である。この事実は、贈収賄に関するアメリカの国際認証機関「トレース・インターナショナル（TRACE International）」による最新の「リスク指数報告」の結果である。スウェーデンの法律は、汚職をする者、およびその予備軍に目を光らせている。そして、その予防にも予断がない。

職場で授受された贈答品は賄賂と見なされるのだ。これは、公的部門、民間部門を問わずに適用されている。

贈収賄罪で有罪になれば、最高給与の一八〇日分相当の罰金を払うか、二年以下の禁固刑に処せられる。そして、賄賂と見なされる金品を受け取った場合、最高で年収の五〇パーセント相当の罰金となるか六年以下の禁固刑となる。

違法な行為を防ぐためにスウェーデンでは、公的セクター、政治家、裁判所、民間会社での疑惑対象となる贈答品や待遇を規制するための特別な規則が設けられている。「ビジネスコミュニティーにおける贈答品、褒賞、その他の優遇に関する行動規範（Kod om gåvor, belöningar och andra förmåner）」と呼ばれ、公的部門と民間の両方において守られるべき行動規範を示している。これは、スウェーデンの刑法によって規定されている反汚職法を補完するものである。

スウェーデンの公務員に聞いてみれば誰でも知っていることだが、納入業者、契約業者、その他の心遣いには上限が設けられている。規則によると、一般的な原則は職場で四四〇クローナ（約四八〇〇円）以上の贈答品を受け取ることは犯罪と見なされている。この金額で買えるものといえば、バラの花を一〇本ちょっと、シャンパン一本、北極圏に近いカリックス産のキャビアで、一度食べたら忘れられない「カリックスレィロン（Kalix löjrom）」を一盛りほどである。

だが、実際のところ、事はそれ以上に深刻なものとなっている。その贈呈品を受け取る人の影響力によって、あるいは特定の状況においては、いかなる贈呈品もその価値とは関係なく賄賂と見なされるのだ。

「迷ったときはプレゼントを断って、警察沙汰になることを避けたほうが賢明だ」と話すのは、「スウェーデン反汚職協会（Institutet Mot Mutor）」の理事長であるクラエス・サンドグレン（Claes Sandgren）氏だ。職場での贈答品の授受については、みんなを疑心暗鬼にしてしまうことになる。そこで、この反汚職基準によって足をすくわれないように、各機関や会社、公的機関では、その従業員や職員に対してガイドラインを作成している。たとえば、エーレブロー（Örebro）市では、公務員が贈答品の提供を受けたときに自問しなければならないことを、市の公式ホームページにおいて次のように記している。

「この贈答品は、何らかの優遇を意味しているか？　なぜ彼らは、自分にこの贈答品を提供しようとしているのか？　この贈答品と自分の仕事に関係はあるのか？　そして、答えが『イエス』なら、この贈答品は賄賂であり、それを受け取ることは法に照らしてみたときに犯罪となる」と警告し、さらに、「職員は時としてレジャー活動に招待されることがある。それが旅行であれ、サマーハウスの提供であれ、ボートの乗船であれ、そのような申し出は常に断ること」と付け加えている。

「ＫＴＨ《コーテホー》」と呼ばれる王立工科大学（Kungliga Tekniska Högskolan）では、役員会が職員に次のような警告を発している。

「この大学に関連した人または会社から贈答品を受け取ることは、その贈与者とのよしみを正当化することとなり、正しいことではない。贈答品を贈与する者とそれを受け取る者が、判事を前にして個人的な友人であると確認するケースもあるが、裁判所はめったにこの言い訳を認めない」

重大な疑念が生じた場合、一般的に相談する相手は「反汚職協会」となる。協会の公式ホームページでは、社会の腐敗と闘い、高い倫理基準を維持するため、「贈答品に関する行動規範」の解釈についてさまざまなアドバイスを載せている。現金やローンの授受はもちろん禁止で、ボーナスや値引き、食事、会議に出席するための出張、条件、物品やサービスを何かと引き換えに買うという申し出については注意が必要である。また、お祝いなども規制の対象になっている。

「クリスマスプレゼントの受け取り拒否ができない場合、注意深い人であれば、その価格が物価基礎額（prisbasbelopp）の一パーセントを超さないように気を付けるでしょう。とくに、受け取る側が公的部門で働いておればなおさらです」と、協会のホームページに書かれている。物価基礎額（二〇一四年現在は四万四四〇〇クローナ）とは、スウェーデンの社会保障制度の鍵となる要素で、各種社会保障手当の算定基準ともなっている。したがって、同協会のガイドラインに従えば、四四四クローナ（物価基礎額の一パーセント）を超す額の贈答品は受け取ってはならないということになる。

別の規則によれば、「五〇歳または六〇歳の誕生日パーティーの場合、状況にもよるが、公的部門で許容される範囲は物価基礎額の三パーセント」となっている。

行動規範によると、手当や経済的価値のない優遇措置を提供することも不適切と見なされている。「たとえば、社交クラブの会員権を提供することがこれに当たります」と、反汚職協会のホームページには書かれている。この規範に違反することは、公的部門ではとくに反道徳的であると見なされる。

「裁判所は、公務員の違法行為に対してはとくに厳しい基準を適用します」と言うのは反汚職協会だ。このように、贈答品を受け取ることへの懸念は広く共有されている。

友人の家でのディナーに招待されたとき、〈アフトンブラーデット紙〉の論説委員であるマーティン・ウォールステット氏は、贈答品として贈られた極上のワインを断らねばならなかったと私に言った。

「値段が非常に高かったので、そのワインを受け取ることができませんでした。そして、どの職場でも、三〇〇ないし四〇〇クローナという基準を上回る贈答品を受け取る従業員は、事前に上司の了承を得なければなりません」と、ウォールステット氏は言う。彼の横でSVTテレビのジャーナリストである妻が、「スウェーデンの記者は、通常、会社や大使館からの招待を受けることは禁止されている」と言っていた。

同じディナーには、ノーベル医学賞の選考委員であるカロリンスカ医科大学の医者で、研究者のクラーラ・グンペール氏も招待されていた。グンペール氏は、科学者が医療部門の会社の支払いで出張、ディナー、イベント参加などを受け入れることは、「いかなる状況であってもできない」と言う。疑心暗鬼とも言えそうな警戒心をあらわにしながらグンペール氏は、「医薬品会社から、サンプルや販促用の物品をもらうのも怖い」と言っていた。さらに、「セミナーや会議に出るときは、必ずホテル代やチケット代は自分で払います。そのようなイベントで無料配布されるペンなども受け取らないようにしています」ともグンペール氏は言っていた。

反汚職協会のインターネット上のアーカイブにある過去の裁定を見ると、このような恐れにも根拠があるということが分かる。たとえば、医者とクリニックの経営者が、ヨンショーピン（Jönköping）の裁判所において、それぞれ給与の三〇日分相当と六〇日分相当にあたる罰金を払うように命じられている。この二人は、医薬品会社が費用を一部肩代わりしたチェコにある病院への視察招待に応じてしまったのだ。

ファールン（Falun）市では、クリスマスの直前、車の販売店が年次点検を担当する機関である「スヴェンスカ・ビルプロヴニング（Svenska Bilprovning）」の従業員七人にアルコール類をわたしたということがあった。この件が裁判所で争われたとき、判事は毅然として判決を下した。「スヴェンスカ・ビルプロヴニング」はクライアントを公正に扱う義務があり、これほどのクリスマスプレゼントを受け取れば、その従業員はプレゼントをくれたクライアントを優遇する可能性がある、としたのだ。

結局、プレゼントを受け取った従業員は、罰金として三〇日分の給与を支払うことになった。また、車の販売店は、四〇日分の給与に当たる罰金刑が科せられた。

スウェーデン北部のエーレブロー（Orebro）では、市の職員二人が、あるビジネスマンからバルト海に浮かぶオーランド島周辺への短時間クルーズという招待を受け取ったことで裁判になった。裁判所は二人に、給与の三〇日分の罰金を科している。一方、ビジネスマンのほうは、五〇日分の給与相当の罰金という、より厳しい刑となった。さらにエーレブローでは、終身刑となっている囚人が、保護観察期間中に監視をしている人物に食事やコーヒーをご馳走したということがあった。この人物は、給与八〇日分相当の罰金刑を科されている。

ノールショーピン（Norrköping）での例も述べておこう。ある女性の両親がビザを申請したが拒否されたということで、この女性はその決定を見直してほしいという依頼をするとともに、ブランディー一瓶とチョコレート一箱、そしてCDをスウェーデン移民庁の役人に送った。役人はこの贈答品を断っているが、この女性には、給与三〇日分の罰金刑が科せられている。

「常に注意をしてください。贈答品を断ったことを後悔する必要はありません」と、「財務省の公的部門で働く職員を対象とした助言（Om Mutor och Jäv — en vägledning för offentliga anställda）」に書かれている。政治の世界では、ちょっとした手違いでも重い罰を受けることがあるということだ。

## ソフィアの選択――出張とBMW

国会議員のソフィア・アーケルステン（Sofia Arkelsten）氏の選択は、政治家としてのキャリアを、風になびいてバランスを失った北欧の松葉のように揺るがすことになった。アーケルステン氏は、大手石油会社の「シェル」から、フランス南部で開催される環境に関するセミナーに招待された。その旅費は「シェル」が支払うというのだ。

「シェル」がスポンサーとなった出張は二〇〇八年のことだが、アーケルステン氏はそのとき、穏健党の環境問題担当のスポークスパーソンだった。二〇一〇年にそのことが明るみに出たのは、彼女が党の幹事長に昇進したばかりのときだった。これが理由で、一般市民から批判を浴びることになってしまった。

　血の臭いを嗅ぎつけたスウェーデンのメディアがさらに調査をし、アーケルステン氏がそのほかにも二回、スポンサー払いの出張をしていたことが分かった。さらに悪いことに、同時期に彼女は高級車ＢＭＷを無料で数日間借りていたのだ。ドイツの自動車メーカーは有名人や政治家に連絡をし、新発売となる水素エネルギーの「グリーン」な車「Hydrogen 7」の試乗をすすめていた。アーケルステン氏は、これに「乗って」しまったのだ。

「アーケルステン議員はタダでＢＭＷに乗っていた」

〈スヴェンスカ・ダーグブラーデット紙〉の大見出し（ヘッドライン）に批判の文字が並んだ。このニュースは、反汚職部隊の検事長であるグンナール・ステトレー氏［二二九ページ参照］の耳にも届いた。ステトレー氏は、スウェーデンの汚職と賄賂を禁止する法律について言及し、「もちろん、国会議員も法の支配対象者です」とメディアに語った。

　穏健党の公式ホームページでは、アーケルステン氏がフランス南部のポーで開催されたセミナーなど、スポンサーが旅費を払う出張に行ったことについて次のように弁明している。

アーケルステン議員は、「シェル」に旅費を負担してもらって出張をしたことでメディアから批判を浴びた　©SVT [SWEDISH PUBLIC TELEVISION]

「そのときの判断では、今も正しいと思っていますが、学生や科学者、世界中の政治家に会う可能性のあるセミナーに出席するための出張は、国会議員としての使命に関係のあるものだと思っています。もし、私がセミナーに出席したことで、私自身が不適切な影響を受けているのでは、という憶測を生じさせたということなら謝ります。国民に選ばれた議員が、高潔さに対して疑問をもたれないように行動することは必要不可欠です」

スウェーデンのメディアが「シェル」の報道部長に迫り、アーケルステン氏がオイルマネーによってどんな恩恵にあずかったのかについて聞き出そうとした。

「私たちが支払ったのは、往復の航空券とホテルの宿泊費二日分、そしてランチとディナーです」とスポークスマンは言い、さらにこのセミナーには、環境問題に関係した多数の組織や研究者、および政治家が出席していたと付け加えた。

その後、穏健党の幹事長は辞任すべきかどうかという議論が国で起こった。そのとき、アーケルステン氏はＢＭＷの試乗を認めるように迫られていた。

「私は新たな技術を試すため、数日間この車を試乗しました。これは、環境に関して私が果たした役割に関連していると思いますし、特別なことではないと思っています。私は車に試乗し、運転して、祖母を乗せたりしただけです」と、アーケルステン氏は言った。しかし、彼女の批判勢力は、国会議員が自動車メーカーからの特典を受けるべきではなかったと言っている。社会民主党のアンダーシュ・イェゲマン氏が次のように言った。

「この自動車車メーカーは、燃費の向上に取り組んでいます。しかし、それを確かめるために、あなたがBMWを運転しなくてもいいのです」

この件に関する捜査の結果、検事長はアーケルステン氏の選択について賄賂の要素は疑われないと結論づけた。グンナール・ステトレー検事長によると、彼女の出張目的は妥当である、と判断されたわけである。

「国会議員が特定のイベントへの招待を受けていいのは、その目的が妥当である場合のみです」とステトレー検事長は言い、レジャーや娯楽目的のものは該当しないということだ。検事長は、国会議員の出張について、議会はより明確なルールをつくるべきだとも言う。

「シンプルな決まりを導入すればいいのです。私の見解では、そうすべきだと思います」

高級車の試乗に関してステトレー検事長は、アーケルステン氏がBMWに乗った期間は違法と言えるほど長くはなかったとしている。しかし、野党は彼女への攻撃の手を緩めなかった。

「彼女は判断が甘かったと思います。それも、一度だけではありません。このような行いをした人を幹事長に留めておくかどうかは穏健党の判断になります」と、社会民主党のモナ・サリーン党首が言っている。

アーケルステン氏を攻撃した四日後、サリーン氏は国際テニストーナメントを主催する組織から無料観戦の招待を受け、王立ストックホルムテニス競技場のスタンドに座っていた。招待客としてサリーン氏は五日にわたって観戦し、決勝戦でロジャー・フェデラーが優勝杯を手にする試合を観たのである。これは、総額七五〇〇クローナ［約八・三万円］に相当する娯楽である。

このトーナメントで、主催者の招待客として観戦した人のなかにはスウェーデン軍の最高司令官であるスベルケル・ヨーランソン氏［二〇〇ページ参照］もいた。ただ、ヨーランソン氏は自分でチケット代を支払っていた。サリーン氏は、最高司令官と同じように招待を受けたことは正当なことであると言い張った。

「このことと、石油会社が環境政策に責任をもつ政治家の旅費や宿泊費を支払って、政治家の意思決定に影響を与えようとすることとはまったく次元の違うものです」と、サリーン氏は言った。そして、彼女は、アーケルステン氏への批判の急先鋒である、スウェーデン反汚職協会のクラエス・サンドグレン理事長のサポートに頼った。

「（サリーン氏が得た）便益は比較的無害なものでした。誰かが影響を与えようとしているというわけではないからです」とサンドグレン氏は言ったが、議会は「どのようなチケットなら国会議員は受け取ってもよいか、明確なルールが必要だ」と新ルールの導入を提唱した。

サリーン氏の件は、結局、国の汚職対策部隊の検事長によって精査されることになった。

「一般的に言って、贈答品が犯罪と見なされるには、その贈答品が個人的なものだと解釈されるリスクのあることが条件となります。つまり、贈る側と受け取る側に依存関係を構築するリスクがあるかどうかということです」と、ステトレー検事長は言っている。

検事長は、サリーン氏の件については正式な捜査はしないと決定した。サンドグレン氏の主張と同じ理由に基づく決定であった。つまり、無料のトーナメント観戦チケットをサリーン氏がもらったことで、違法な影響力が行使される可能性が極めて小さいということだ。

「党の党首や国会議員が受け取るものについて、何が適切で何が不適切かについて、検事長が弁護できるかできないかを決めるものではない」とステトレー検事長は書き、「議員がどのような接待を受けていいのか、ある程度の不確実性が議会にあることは確かだ」という結論を出した。

サリーン氏とアーケルステン氏は、収賄疑惑の罪からはなんとか免れたものの、二人の評判は大きく傷つくことになった。

国民に愛されているスウェーデンの王室でさえ、永遠の監視から逃れることはできない。国王の臣下の何人かの眼には、スウェーデン国王の後継者がもらったハネムーンの贈り物が疑わしいと映ったようである。

## 王位継承者への疑わしい贈り物

ヴィクトリア皇太子(2)は、その大事な日を、ウェディングドレスの長いトレーンと同じように長い間待たなければならなかった。その一〇年前、二〇〇二年に皇太子は専属の運動インストラクターであるダニエル・ヴェストリング氏と恋に落ちた。おとぎ話の王女のように、父である国王から民間人との結婚の承諾を得るのは容易なことではなかった。王維継承者が選んだそのパートナーを「オケルボ村のダニエル」と、育った村の名前で呼ぶメディアさえいた。

スウェーデンのゴシップ紙が何年にもわたっていろいろな憶測をするなか、国王は皇太子の結婚をやっと認めた。結婚式の日取りと場所は、三四年前、やはり民間から王室に入った皇太子の母シルヴィア王妃（シルヴィア王妃の母親はブラジル人で、一〇代になるまでサンパウロで育った）とカール一六世グスタフ国王が結婚式を挙げたところと同じであった。かくも長く待たされたあとであるがゆえに、「華燭の宴」は取るに足らない出来事で台無しにすることはできない。たとえば、「ヴィクトリアの結婚の資金を払うのを拒否しよう（Vägra betala Victorias bröllop）」というフェイスブック上での運動がそうである。ヴィクトリア皇太子の挙式費用の一部を税金で賄うことに対して抗議するという運動である。

（2）　国王と王妃の長女で、王位継承者（第一位）であるので「王太女」とすべきところだが、皇太子と言ったほうが分かりやすいためこの表記とした。

億万長者からプレゼントされたヴィクトリア皇太子のハネムーンは賄賂の疑いがもたれた
©AFTONBLADET

「国の汚職対策部隊は、このハネムーン旅行は賄賂ではないと発表」

二〇一〇年六月一九日、見るからに幸せそうなヴィクトリア皇太子がストックホルム大聖堂の祭壇に登り、「ヴェステルイェートランド公爵」という爵位をもらって貴族となったダニエルの隣に立った。祝福する国王の家臣たちは、将来の女王とその王配《おうはい》を一目見ようと通りを埋めつくした。待ちわびた結婚に報いるように、三日間に及ぶ祝賀が執り行われた。しかし、ハネムーンの詳細がつまびらかになると、この王国の住民のなかには後味の悪さを感じる人が出てきた。

ハネムーン旅行の出資者は、スウェーデンの有力者で、語学学校「ＥＦ」のオーナーであるベルティル・フルト氏だった。ヴィクトリア皇太子とダニエル王子は、このビジネスマンが所有する専用機でタヒチに飛び、フルト氏が所有する豪華なヨット「エリカ七世」で南洋をクルーズし、同じくフルト氏が所有しているアメリカのコロラド州にある豪邸に泊まったのだ。

「スウェーデンの王位継承者が、スウェーデンの億万長者にハネムーンの旅費や宿泊費を出させるというのは妙な話です。その人が、会社を通じて恩を返してもらおうと思っても不思議ではありませんからね」と、〈ダーゲンスニュヘテル紙〉の政治評論家であるペーテル・ウォロダルスキ氏は言う。そして、合計八人のスウェーデン市民が、この王室カップルと億万長者に関して、国の汚職対策部隊に申し立てを行った。〈イクスプレッセン紙〉によると、申し立てをした一人が「普通の市民なら、裁判に持ち込まれるというリスクを考えて、贈り物としてシャンパンを受け取ることすらしません」と言ったという。

ハネムーンは、一〇〇万クローナ［約一一〇〇万円］以上かかっている可能性が高い。疑惑を調べたあと、スウェーデンの汚職対策部隊は、ヴィクトリア皇太子とダニエル王子の調査をすることはできないと述べた。

「皇太子は王位継承者であり、汚職対策法の対象となる人と同じ分類に入らない。もし、私が王室に不適切な贈り物をしようとしても、私は罰を受けることはありません」と、グンナール・ステトレー検事長は言った。検事長は、現行の法律では「思いがけない帰結は可能だ」ということを強調したわけである。言い換えれば、王室は汚職対策法の「縛り」から外れる唯一のグループということになる。ステトレー検事長に言わせれば、これは議会で審議されるべき問題だということだ。

「将来的には、王室のメンバーに賄賂を贈ろうとすることも犯罪と見なされるようになってほしいものです」と、彼は〈スヴェンスカ・ダーグブラーデット紙〉に語っている。

王宮は、「ハネムーン旅行は、カップルの友人からの結婚祝いだ」とする声明を出している。そして、王宮の主任報道官（当時）であるニナ・エルド氏は、検察の決定に対するコメントは控えるとした。「もし、同じ申し立てが政治家や判事に向けられたなら捜査が行われたことでしょう」と、反汚職協会理事長のクラエス・サンドグレン氏は言っている。

さて、皇太子の妹であるマデレーン王女はさらに運が悪かった。二〇一三年、王女は車で走っているところをスウェーデン警察に止められたのだ。

## 警察が王女を止めた日

マデレーン王女とアメリカの民間人婚約者との結婚式が四日後に迫っていた。それだけに、王女は急いでいた。王室の車である「Volvo XC60」のハンドルを握っていた王位継承者の妹は、ストックホルムの中心部でバス専用ラインを走りはじめた。すると、警察のホイッスルが鳴るのが聞こえ、彼女は止まらざるを得なくなった。罰金を払うことになりそうだったマデレーン王女は、「誰に向かって話しているのか分かってるの」というような言い方はしなかったものの、バス専用ラインを走る権利があると説得を試みたが、無駄に終わった。

〈アフトンブラーデット紙〉によると、マデレーン王女は警察官に文書を見せ、王室のメンバーとして自分には刑事免責があると言い、なんとか罰金は免れたという。

「警察官は、刑事免責が王室のメンバー全員に適用されるものであるかどうか、王室の車になんらかの例外があるのかについて、はっきりと知らなかったのです」と、交通課のラーシュ・リンドホルム課長は言う。しかし、リンドホルム課長は、「そのような刑事免責があるのは国王のみである」

マデレーン王女　©ROYAL COURT OF SWEDEN [SVERIGES KUNGAHUS]

とも言っている。そして、王位継承第四位のマデレーン王女は、警察による懲罰は免れないと判断された。

「我々はすでに、一〇〇〇クローナ［約一・一万円］の罰金を科しています」と課長は言う。しかし、王宮の報道官がこれに介入し、国に公式訪問などがある特別な日は、王室の車にバス専用ラインを走る権利があるとする特別な許可の写しを警察に送ってきたのだ。そして、「マデレーン王女の結婚式には貴族や外国からの貴賓などがストックホルムにたくさん来るため、この特別な日にあたる」と言ったのだ。

「マデレーン王女は、免責を主張しようとしたわけではありません」と報道官は言い、マデレーン王女は警察に特別許可を見せた、と説明した。これにより、マデレーン王女はギリギリで警察に罰金を支払うという状況を回避している。

「特別な状況のため罰金は取り下げられました」と、警察の報道官ハンス・ブラント氏が言っている。

## スウェーデン反汚職協会の理事長との会話

「政治家は、選んでくれた市民への敬意を忘れてはならない」

（クラエス・サンドグレン［Claes Sandgren］）

クラエス・サンドグレン氏［二三九ページ参照］は、贈収賄の恐れに苛まれる人たちを救う役割をしている。政治家、ビジネスマン、公務員などが未来永劫ぬぐうことのできない汚点を避けるため、彼に信頼できる助言を求めているのだ。彼は、法律にあるグレーゾーンを光で照らして、進むべき道を示してくれる。つまり、贈答品を送ったり受け取ったりしてもよいかどうかと迷う場合、彼に相談すれば「何が正しいか」について教えてくれるということだ。スウェーデンでは、何かを「贈る」行為をしたために、警察への通報を「受ける側」になりかねない。

反汚職協会の理事長であり、ストックホルム大学法学部の教授でもあるクラエス・サンドグレン氏は、賄賂や汚職の疑惑がメディアで取り上げられると必ずと言っていいほど登場する人物である。一九二三年に創設されたこの組織の理事長になったのは二〇〇八年のことである。

私は、スウェーデンの旧市街であるガムラスタンを、サンドグレン氏にインタビューする場所に向かって歩いていった。その日は金曜日で、多くのスウェーデン人が、それとはっきりと分かる国営の酒類専売公社「Systembolaget《システムボラーゲット》」（「システムの会社」という意味）の袋を手に持って歩いていた。パープルまたはグリーンのビニール袋には専売公社のスタンプが押されており、袋の中に入っている酒類のアルコール含有率が分かってしまう。

専売公社の使命は、責任あるアルコールの販売を促進することである。二〇歳以下の未成年はもちろん、酔っぱらって買いに来た人も購入することができない。したがって、大酒のみの人は計画が必要となる。通称「Systemet《システーメット》」と呼ばれる酒類の専売スパーマーケットは夜の七時には締まり、土曜日の開店時間は数時間、日曜日は閉店となっているのだ。「システムボラーゲット」以外で買えるのは、アルコール含有量が一・八パーセントの「lättöl《レットエール》」と呼ばれるライトビールか、二・八パーセントの「folköl《フォルクエール》」と呼ばれる大衆ビールだけである。

金曜日のせいだろうか、ガムラスタンへ向かう道すがら、市内の多くの公園は通常より多くの人であふれており、酒瓶を持っている人たちも多かった。五月のある日の午後、気温は一八度だった。かなりのスウェーデン人にとって、ビキニ姿で芝生の上に寝転がるのには充分な温度だ。

そして、これからはどんどん暖かくなっていく。暗くて寒い月が何か月も続いたあと、六月には「夏至祭」のお祭りがある。一年でもっとも日が長くなる日で、スウェーデン人がもっとも楽しみにしている祝日である。この日、スウェーデン人は多産と豊穣を象徴するメイポールを取り囲み、カエルの真似をしたダンスを楽しむ。このヴァイキング時代から祝ってきた夏至祭の日に、スウェーデン人はしらふでいることができない。

ガムラスタンは、すでにパーティームードになっている。多くの観光客や地元の人たちが、古い路地に並ぶカフェやバーにあふれている。反汚職協会は、ガムラスタンの主要な路地「ストラニーガータン」にある築二〇〇年以上の建物に入っており、にぎやかな界隈を見わたすことができるという特権に恵まれている。

本や報告書が所狭しに積み上げられた部屋でサンドグレン理事長は、反汚職協会の役割について、会社や自治体が倫理基準を守り、汚職対策法に違反しないようにするためのガイド役だと説明してくれた。サンドグレン氏は、六八年間の人生において、「スウェーデン人の判事で賄賂を受け取った人を知らない」と言う。

---

**筆者**　公的部門や民間の会社で贈答品の交換について、なぜ規約が必要なのですか？

**サンドグレン**　この規約の目的は、社会における贈収賄や汚職を防ぐ倫理基準を打ち立てることです。通常は、最高で四四〇クローナ［約四八〇〇円］ほどの贈答品なら受け取ることができます。これはスウェーデンの社会保障手当の算定基準である物価基礎額（prisbasbelopp）の一パーセントに当たります。この金額を尋ねる人がよくいます。しかし、検察官であれば五〇クローナ［約五五〇円］のものでさえ受け取ることはできません。ちなみに私は、検察官ならコーヒー一杯でもダメだと思っています。

**筆者**　検察官が贈答品を受け取った場合はどうなるのですか？

**サンドグレン**　原則として、罪を犯したことになります。検察官は、贈答品に関するルールがより厳しい公的部門で働いていますからね。もう一つ重要な要素は、公的部門も民間も、その組織のトップが、贈答品を従業員が受け取ってもよいかどうかを決めるということです。トップが贈答品を受け取るべきではないと判断すれば、従業員は何も受け取ることができません。

**筆者**　あなたの見解では、政治家にとっての最善の行動規範は何ですか？

**サンドグレン**　原則としては、贈答品やディナーへの招待は受けないことです。政治家は、選んでくれた市民への敬意を忘れてはなりません。もし、民間企業のある営業マンが間違いを犯したとしても、一般市民への影響は軽微なものでしょう。しかし、政治家が一般市民の信頼を揺るがすような行為をすれば、民主主義にとっては痛手となります。そして、その信頼が崩れれば、市民は「なぜ投票する必要があるのか、なぜ税金を払わねばならないのか」と問うようになり、民主主義が損なわれることになります。

**筆者**　政治家がビジネスマンにディナーに招待された場合、犯罪と見なされますか？

**サンドグレン**　そのときの状況と、その政治家が責任を負う分野によります。たとえば、その政治家がビジネス分野にかかわる議会提案に関係していた場合、その分野の企業人から、何であろうと受け取るべきではありません。また、ビジネスマン側も提供するべきではありません。

　政治家が置かれている状況は、検察官の場合と似ています。しかし、これを規定する具体的な規則はありません。それだけに、産業大臣は企業が費用負担するディナーの招待に応じるべきではありません。とはいえ、あるスウェーデン企業が創立一〇〇周年を祝って大規模なディナーパー

クラエス・サンドグレン氏　©SWEDISH TV4

ティーを行い、何百人もの人が招待されている場合は、政治家を何人か招待してもいいでしょう。すべての政治家は、もし自分がこの招待に応じたら有権者はどう思うだろうかと、常識をもって判断しなければなりません。

**筆者**　それにしても、電話がひっきりなしにかかってきますね。贈答品を受け取ることをためらう人からも電話が入りますか？

**サンドグレン**　受け取りをためらう人も、送るのをためらう人もいます。毎日、アドバイスを求める人から電話がかかってきます。なかには、ある商品の販売促進をしている会社が、仕入れる側の従業員にそれを提供してもいいかどうかと聞いてくることがあります。自治体からも、似たような質問が来ます。法律の許容範囲かどうか、ということです。

もちろん、会社は政治家に何かを送りたいと思っています。お金ではありませんが、何らかの接待です。もっとも多い質問は、「ディナーの招待に応じてもよいかどうか」とか「この人とゴルフをしてもよいかどうか」です。

**筆者**　そういう人にはどのように答えるのですか？

**サンドグレン**　そういう質問に答えるのは、常に簡単ではありません。もし、政治家がディナーに招待されたとき、それがただの宴会ではなく、セミナーや特定の問題について話し合うプログラムの一部であれば応じてもよいことになるでしょう。

**筆者**　しかし、あなたは、ソフィア・アーケルステン議員がフランス南部で行われたセミナーに企業の旅費負担で出張したときは批判の急先鋒を務めていましたね。

**サンドグレン**　私は、彼女が罪を犯したとは言っていません。しかし、私の見解では、彼女は不適切な行動をしたと思っています。議員には、そのようなタイプのイベントに参加するための予算があるからです。ですから、アーケルステン議員は出張や食事の経費は自分で払えたはずであり、民間企業に払ってもらう必要はなかったのです［二四二ページ参照］。

　また、スウェーデンの王位継承者は、ハネムーンの代金をあるビジネスマンに払ってもらいました。私は、これも不適切な行為だったと思っています。その会社は、それが理由で利益を生むかも知れないからです［二四八ページ参照］。

**筆者**　スウェーデンの判事は、贈答品を受け取ったり、クルーズやリゾートへの招待に応じたりできますか？

**サンドグレン**　私は、スウェーデンで腐敗した判事の話を聞いたことがありません。少なくとも近年では、この国で賄賂を受け取った判事を知りません。私は六八歳ですが、そのようなケースを聞いたことがありません。法律で判事がそのようなものを受け取ることを禁じているわけではありませんが、倫理的には禁じられていることを知っています。判事は、旅行や贈答品の提供には応じません。

**筆者**　スウェーデンの司法制度に腐敗がない理由は何ですか？

**サンドグレン**　まず、伝統ということが挙げられます。さらに、判事は高給をもらっています。最高レベルである最高裁判所では、判事の月額報酬は一〇万クローナ［約一一〇万円］となっています。

**筆者**　裁判制度も透明性が担保されていますか？

**サンドグレン**　はい。裁判にかかわるすべての文書は一般公開されています。どの裁判所に行ってもチェックできますよ。

**筆者**　ウィキリークスの創設者であるジュリアン・アサンジ氏がスウェーデンで性的暴行の容疑がかけられていますが、私がこの件に関する文書をチェックすることはできますか？

**サンドグレン**　アサンジ氏の件は裁判所で扱っていません。まだ、正式に起訴されていませんから。捜査中はすべて秘密です。この規則は容疑者を守るためです。アサンジ氏は、罪を犯した疑惑をもたれているだけですから、この件に関する捜査は秘密とされています。しかし、検察が正式に起訴することになれば、すべての文書は一般市民に公開されます。裁判の文書に対するアクセスにおいて、法律で例外が認められているのはほんのわずかです。たとえば、子どもの身元や精神障碍者を守るためです。

**筆者**　一九二三年に創設されて以来、反汚職協会の役割はどのように変わってきましたか？

**サンドグレン**　この協会は、当初ビジネスの組織として創設されました。そのころ、多くのビジネスマンが、不正な手口による不公平な競争を防ぐことが重要だと考えたんです。今日、この協会の主な活動は、セミナー、講演、研修の促進とともに、会社や自治体に助言することです。現在、反汚職協会に資金提供している五つの団体の一つに「スウェーデン地方自治体連合会（ＳＫＬ）」があります。

**筆者**　反汚職協会の保存文書にある、もっとも多い汚職のタイプは何ですか？

**サンドグレン**　市町村の役人への賄賂ですね。

**筆者**　どういう賄賂ですか？

**サンドグレン**　さまざまな優遇や接待です。許可を早く取りたいがためにウィスキーを贈るとか……まあ、なかには取るに足らないものもあります。交通違反の切符を切らない代わりに、警察官が運転手にサラダを要求したとかです。もちろん、もっと重要なケースもあります。

**筆者**　逮捕者が出るほどですか？

**サンドグレン**　いいえ、私が知っているかぎりでは、賄賂で逮捕された人はいません。

**筆者**　それは犯罪がさほど重大ではないからですか？　それとも、スウェーデンの制度が寛容だからですか？

**サンドグレン**　両方です。スウェーデンに問題があるところと言えば、私の意見ですが、大企業が特定の国で足場を固めるために賄賂を贈ることです。そのような場合、捜査が難しいケースもあります。お金がいろいろな方向に飛んでしまっているので証拠を掴むのが難しく、正式な起訴に結び付けられないのです。

一般的に、民間企業の汚職を防ぐ際に重要となる要素は競争の度合いです。以前、「システムボラーゲット（酒類販売）」の従業員がからんだ贈収賄のケースがありました。この国営企業が、アルコール飲料の販売を独占していることが要因だと思います。システムボラゲートを通さず売ることができないわけですからね。誰でも店をつくってお酒を売ることができれば、賄賂を贈るということはないのです。もちろん、お酒の販売を抑制するといった正当化するだけの理由はあります。しかし、汚職と闘うという意味においては、どのような形であれ独占はよくないことだと言えます。それは、賄賂に対する潜在的なインセンティブになります。

**筆者**　あなた自身は、今まで贈答品を受け取ることをためらったケースがありますか？

**サンドグレン**　これまでに、誰かが私に何かをくれたりしたことはありません。まあ、私には影響力がないと思っているんでしょうね。

スウェーデンには数多くの倫理規定がある。しかし、この国にも権力欲の強い人がいる。

## 市長と古代ローマの軍団

二〇一三年五月、誇りと抑えきれない喜びを胸に、スウェーデン南部の市ハールビー（Hörby）の市長はすべての地元メディアを集めた。市庁舎に掲げられた新たな芸術的な壁画のお披露目である。この巨大な壁画のある部分が、集まったメディアの注目の的になった。ラーシュ・アールクヴィスト（Lars Ahlkvist）市長自身が、兜と鎧を身に着けたローマの兵士としてキャンバスに描かれていたのだ。

風変わりなこの壁画の端には、古代ローマの軍団になりきった市長が、キリストの磔の行進に参加しているところが描かれていた。もう一方の端には、第二次世界大戦の一幕で、ハールビー付近で死んだイギリス人パイロットが描かれていた。その間にも、よく知られた顔が描かれていた。ハールビー市の有力企業家がスウェーデン王カール一一世（Karl XI, 1655～1697）として描かれ、貴族として描かれている夫人の隣に立っているのだ。

市長と企業家を描いたこのような愚行に注目が集まったが、壁画の芸術的な側面についての議論や評価はほとんどなかった。市長が市庁舎に新しく芸術作品を飾ることを決めたときメディアは、アーティストを選ぶのに公募をしなかったという事実に着目した。市長の知り合いであり、市長の近所に住む企業家の友人である画家のヨハン・ファルクマン氏に直接委託されたのだ。その壁画には、六〇万ク

ハールビー市庁舎の、実在の人物を描き入れて問題となった壁画　©SVT PUBLIC TV

ローナ［約七三三・五万円］もの公費がつぎ込まれていた。

〈スヴェンスカ・ダーグブラーデット紙〉が、市長との次のような会話を掲載している。

**記者**　芸術に詳しく、専門性のある委員会がこのような委託案件を決める、と法律には明確に示されていますよね。

**市長**　私は芸術家一家の生まれです。これまでも、多くの時間を芸術に捧げてきました。

**記者**　何か、芸術に関する公的教育を受けていますか？

**市長**　芸術に関する知識を得ようとする意欲こそが大事だと思います。この分野における公的な教育そのものではありません。そして、知識に関して、自分の能力を疑ったことはありません。

地元の市議会議員は、この壁画の芸術的な評価よりも、現存している人を描いて絵に盛り込んだという「嘲《あざけ》り」で世の中から注目を浴びるようになるや否や、この壁画から距離を置こうとした。なかには、市長の辞任を要請する人さえいた。しかし、その努力は無駄に終わっている。

市の行政当局は、ファルクマン氏が直接委任を受けたのは、特別な芸術的資質が必要とされたからだと説明した。「巨大な芸術品」をつくる専門家でなければならなかった、というのだ。古代ローマの兵士として描かれた市長は、この議論を逆手に取り、「芸術は常に物議を醸すものであるべきだ」とし、この壁画が市にもたらしたものは「利益以外の何物でもない」と言い切った。

「この壁画のおかげでハールビー市は注目されました。いいことですね！」

## 秘密警察の秘密のパーティー

政府機関もまた、納税者が容認する範囲を踏み外すことがある。一風変わった例として挙げられるのは、二〇一一年に行われたスウェーデン公安警察（サポ）が開いた盛大なパーティーで、そのテーマが「ボンド、ジェームス・ボンド」というものだった。

この秘密のパーティーはサポに所属する一〇〇〇人の職員を対象に開催されたもので、五三〇万クローナ［約五八三〇万円］以上の支出があった。スパイをテーマとした雰囲気づくりに、膨大なお金がつぎ込まれたわけである。ホールはカジノと転じ、サポの職員はディーラー（クルーピエ）の周りを動き回り、偽《にせ》のお金でブラックジャックをしたり、賭けをして楽しんだ。

ステージでは、有名なアーティストやダンサー、コメディアンが次々とパフォーマンスを披露した。そして、ノーベル賞の晩餐会で来賓を楽しませることで知られる「アンバサダーオーケストラ」が「００７映画」のヒット曲を演奏した。

何人かの証言によると、ゲストのなかにはイギリスの秘密諜報部「ＭＩ５」のトップであるジョナサン・エヴァンズもいたということである。イベントの公式プログラムでは、イベントのインスピレーションとなった「００７映画」のアメリカ人プロデューサーであるアルバート・ブロッコリ氏を称えている。

二〇一二年、〈ダーゲンスニュヘテル紙〉はこの公安警察のイベントを暴露し、非難した。「法律の規定とは反対に、イベントを取り仕切る業者の公募はなく、法外な額となる契約の申し出が一つの代理店に直接あった」と同紙は書いている。パーティーの全経費は組織内の「接待費（エンターテインメント）」として報告されているが、同紙は、そのなかの税申告に間違えがあると指摘した。そして、サポの幹部が間違えを認めたとしている。

当時のサポのトップであるアンダーシュ・ソーンベリ氏は、〈ダーゲンスニュヘテル紙〉に対して、「パーティーは、テロリストからの脅威、自爆テロ、当エージェンシーの再編成といったストレスの多い年が終わり、職員の士気を高めるために行った」と語っている。しかし、同紙によれば、これもまたシステムの濫用の一例となる。「会議に出るための高額の出張費や職員のパーティーといった一連のスキャンダルが報じられてもなお、フレドリック・ラインフェルト首相は、これらは個別の問題であり、システムの問題ではないと主張」と同紙は報じている。

ジェームズ・ボンドをテーマとしたサポのパーティー　©TOBIAS@HOTEL. J. COM

また、二〇一二年には、〈ダーゲンスニュヘテル紙〉が別の公的機関の散財について報じている。「スウェーデン経済・地域成長庁（Tillväxtverket）」（通称、成長政策庁）が、二〇一〇年一月から、ディナー、スキー旅行、スパなどといった職員のイベントに、一人当たり二万五〇〇〇クローナ［約三〇・五万円］も支出をしていたことが明らかになった。二年にわたる大盤振る舞いで、総額一〇〇万ドル［約一億円］以上ものお金を使っていたのだ。同紙によると、城での宿泊、高額なワイン、チョコレートのテースティングなど、納税者が公務員にしてほしいとは絶対に思わないような贅沢が含まれていた。

年に一度の職員のディナーパーティーだけでも、この政府機関は一人当たり一四七六クローナ［約一・六万円］を支出し、この組織自体のガイドラインに規定されている額の二倍以上を使っていた。また、パーティー会場は豪華な「ストックホルム・グランドホテル」であった。

「実際、グランドホテルは一番安い選択肢だったのです」と、組織の最高責任者であるクリスチーナ・カルム氏は弁明した。

「もうたくさん」と、アニー・レーフ産業大臣はカルム氏をクビにした。同じ週、大臣が管轄するすべての政府機関のトップを呼びつけ、職員のイベントの支出に対して、合理的で模範的な上限を設けるように指導した。

「成長政策庁には、国民からも、政府からも全幅の信頼を得た最高責任者が必要です」と、アニー・レーフ大臣は声明で述べている。

その前年、成長政策庁は運営費として追加で六〇〇万クローナを受け取っていた。二〇一二年、政府は追加予算の要求を却下した。この決定により、成長政策庁は一〇〇〇万クローナ［約一・一億円］の埋め合わせをすることになった。

二〇一〇年、〈ダーゲンスニュヘテル紙〉のジャーナリストであるペーテル・ウォロダルスキ氏が、「スウェーデンは汚職事件の扱いに慣れていない」と指摘し、「汚職は世界に大きな影響を与える悪だが、スウェーデンでは、汚職はほかの国で起こるものというイメージがある」と論説で書いていた。「国際統計を見ると、スウェーデンは比較的腐敗のレベルが低い。しかし、我々がこの問題は国内では起きないと思っているなら、我々自身を欺いていることになる。今年だけでも、刑務所関係、ヨーテボリの自治体、新国立サッカー場の計画に関して賄賂の報告があった」とウォロダルスキ氏は、一九五八年のワールドカップ「スウェーデン大会」でブラジルチームが初優勝を飾った「ロースンダ・スタディオン」の建て替えにかかわる不正について言及している。

論説では、スウェーデンの航空・防衛企業の「サーブ」に関する過去の疑惑にも触れられていた。この疑惑について「サーブ」は否定しているが、グリペン戦闘機の外国への販売に関して賄賂を払ったというものである。しかし、「サーブ」に対して正式な告訴はされていない。

このような不快なニュースが絶え間なく流れ、とくに自治体レベルの政治はすでに国民を動揺させはじめている。汚職という問題に、スウェーデン人が得意とする「討議」という方法で向き合うときが来ているのだ。

## 苦悩する王国

二〇一三年春のある朝、九時、政府の内閣府があるローセンバードのコンベンションセンターは満席となった。ステージ上の長いテーブルでは、スウェーデンの汚職研究に関する書物を最近出版した著者たちが、集まった人の多さに圧倒されていた。以前なら、民度の高いスウェーデンであるだけに、このような恥ずべきテーマのセミナーを開催しても、「スカニア（Scania）社」が製造するトラックの貨物スペースを埋めるだけの人数さえ集まらなかった。

しかし、この日は、ジャーナリスト、政治学者、研究者や警察の代表者、産業界、自治体、政府の閣僚らが部屋を埋めていた。ここ数年スウェーデンを悩ませている問題について話し合うために、二〇〇人ほどの人が集まったのだ。結局のところ、この王国には国民の予想を上回るほど汚職が多いということだろうか。

「外国の同僚は、私がスウェーデンで汚職を研究していると話すと驚きます」と、政治学者のアンドレアス・ベルフ氏が導入部分で言う。「なぜ、スウェーデンで汚職を研究するのか分かりますか？スウェーデンが汚職の少ない国のトップだからといって、この国に汚職が存在しないということではないのです」

ベルフ氏のスピーチは、長い間眠っていた獣《けもの》のはらわたを開いたかのようなものだった。汚職が話題に上ったのは随分前のことだが、このたびのような論議は最近はじまったばかりである。この国にあるすべての警報が、二〇一〇年に前代未聞のスキャンダルが発覚したときに鳴りはじめた。スウェーデン第二の都市ヨーテボリ（Göteborg）で、地元の役人が業者から賄賂を受け取り、公金を横領して個人の旅費や自宅の改築に使ったというのだ。

ほかにもスキャンダルがあった。その一つは、ソルナ（Solna）市（ストックホルム県）の政治家が、その地域で高額の契約をいくつも取り付けた建設会社から給与をもらっていることが発覚して辞任に追い込まれている。困惑した国民は、スウェーデンは国際指数が示すように本当に汚職のない国なのだろうかと疑問に思いはじめた。

ローセンバードで行われたセミナーでは、答えを出そうとしていた「問い」があった。汚職に関する報告のあと、二時間続いた議論において注目に値する事実があった。国会議員、判事、中央政府の閣僚の倫理的な行動に対しては、一切疑問がもたれていないということである。そして、すべての非難の的が同じ方向に向けられていた。つまり、地方政府で再発していた汚職である。

議論では、この現象の主な理由は、一九八〇年代末に自治体で実行された組織変革であるということだった。自治体のサービスが外部へ委託されるようになり、公的リソースが民間企業への支払いに使われるようになったからだ。公的機関と地元にある民間企業の危険な結びつきが腐敗行為につながり、議論のなかで汚職対策部隊のグンナール・ステトレー検事長が言ったように、「魚心あれば水心あり」が蔓延《はびこ》ることになったのだ。

「以前は、市民が税金を払い、自治体がその税金で教育や高齢者福祉、その他の社会サービスを提供していました。そして市民には、自治体が何をしているのかと監視する機会があったのです。しかし、ここ二〇年で、さまざまな公的サービスが民間セクターに委託されるようになりました」

ローセンバードでのセミナーで、スピーカーの一人であるステトレー検事長はこのように発言した。そして、次のように続けている。

「民間企業が学校を運営したり、病院を建てたりしているんです。そして市民に、以前のように民間企業を監視する機会がないというのが問題です。それが、汚職の機会が増えた原因です。これが、ヨーテボリで起こったことなのです。以前は市が行っていた事業の多くが民間企業に取って代わられました。それゆえ、人が不誠実な行動をしはじめたのです。これは、北欧諸国すべてで起こっていることです」

セミナーの報告では、地方レベルの公共調達のリスクもまた相当なものだという。

「スウェーデンの公共事業の規模は年間五〇〇〇億クローナ［約五兆五〇〇〇億円］で、そのうちの一〇〇〇億クローナは入札もなく、透明性を欠くなかで行われたものなのです」と、汚職研究の著者たちは指摘している。

スウェーデンは、自治体での潜在的な汚職を削減するため、「もっと見張りを強化する必要がある」と著者たちは主張している。都市計画やさまざまな認可、調達、社会サービスなど、地方自治体が責任をもつ活動は不適切な影響を受けやすい。研究者たちによると、例外はあるものの、スウェーデンの自治体は、中央政府と比べるとメディアや監査人の監視が行き届いていない。しかし、セミナーの報告では、スウェーデンの公的部門の大きさそのものが汚職を起こす要因であるということを「示唆するものは何もない」となっている。

「スウェーデンの自治体で起こる汚職は、福祉国家としての比較的野心的な政策が原因であり、スウェーデンの公的部門は、国際基準から言っても非常に大きいからだという仮説は排除しました」と、この論文に署名した四人の研究者が言っている。

この研究論文では、とりわけ経済学者の間においては、公的部門の規模がシステムの汚職の程度に直結しているという憶測が広まっていることを認めている。この論理で考えれば、「汚職は、政府の存在と主要な仲介者の関与があればほぼ確実に起こる」ということになる。しかし、スウェーデン人研究者は、この見方は「単純すぎる」と考えている。

「これに対極する仮説は、公的部門の規模が大きくなると、有権者はリソースが適切に使われているかどうかを監視する可能性が高くなるというものだ。この意見では、公的部門が小さければ有権者は税金が悪用されていても見過ごすことになるので、公的部門が小さいほど腐敗する可能性が高いということになる。それに関連する金額が小さいので、有権者が政府の活動を監視することに関心をもたない、あるいは怒ったり批判をしたりする気にならないということだ」

この論理によれば、公的部門が大きければ有権者はより批判的になり、政府のリソース管理について高い水準を求めることになるので、汚職という問題を減らすことができることになる。

このスウェーデンの研究によると、広範な福祉国家の構築と維持に成功した国は歴史的にも汚職のレベルが低いとされている。報告では、反汚職ＮＧＯ「トランスペアレンシー・インターナショナル」［二二二ページ参照］が作成した汚職と政府の大きさに関する図によると、汚職のレベルが低い国は一般的に大きな公共部門があることを示している。

とはいえ、この問題はひと筋縄にはいかない。誰もが、このセミナーで提示された論理に賛成したわけではないのだ。しかし、ローセンバードで提示された報告に署名した政治学者に言わせると、スウェーデンにおける汚職の蔓延を治す薬は公的支出の削減ではなかった。

「我々の研究に基づいて自治体による汚職のケースを定量的に分析する指標をつくったのですが、そのとき、自治体の歳出の規模と指数には負の相関関係があることが分かりました。多くの要因が考慮されているにもかかわらずです。したがって、公的部門の規模を縮小することで汚職対策ができるという仮説を支持する要素を確認することができませんでした」と、研究者たちは言っている。

それでは、市町村レベルでとくに起こりやすい汚職を撲滅するためにはどのような解決策があるのだろうか？　セミナーの参加者が全会一致で同意したのは、自治体の汚職防止の答えは、国の権力の横行を一掃するために決定的な役割を果たしたツールを自治体にも適用するというものだった。つまり、情報開示法である。

「自治体の権力監視について、市民とメディアの機会を拡大するべきです。抑制のメカニズムが確実に機能するようにして、自治体の歳出を公開するためにインターネットの利用を広げることが必要です」と、スウェーデン行政管理庁（Statskontoret）の研究員であるヨハン・モルク氏は言う。

この研究報告の著者たちが提唱する別の対応策は、自治体の会計監査を強化し、広範囲にすることだ。グンナール・ステトレー検事長は、監査をリアルタイム化する必要があると言っている。

「年に一度の監査では充分とは言えません。違法行為が発覚して二年も経ってから調査をするようでは、充分な証拠は得られないでしょう。もし、得られたなら、それは運がよかったというだけです」と、検事長は聴講者に向かって言った。

ローセンバードで提示された一五一ページにも及ぶ研究報告の最後には、スウェーデンの科学者がよい例として、籤《くじ》のように無作為に自治体の監査を行うブラジルの手法について言及をしていた。

討論の結果として、報告書の著者たちは、誰もが求めていた答えを出すことはできなかった。「スウェーデンで汚職が増えているかどうか、確信をもって言うことはできない」と認めたのだ。汚職とは、結局のところ、数値化することが極めて難しい社会現象である、と報告書には書かれている。それでも、警戒の手を緩めてはならない。低レベルの汚職でも、かなりの社会問題を引き起こすことがあるからだ。

「汚職は、政治経済システムに負の連鎖を起こします。競争を歪んだものにし、企業の投資意欲を削ぎ、企業家精神を損ないます。さらには、法の支配の正当性を脅かし、主要な社会的制度に対する信頼を揺るがせることになります。その結果、経済発展の条件と政府の民主主義的な形式が機能する基礎を蝕むのです」

スウェーデンの政治学者によると、議会制民主主義では政府を監視するうえでの有権者の役割が必要不可欠なのだ。

「高い教育を受けた有権者ほど、問題を認識しやすく、新聞報道もよく知っており、責任を取るべき政治家が誰なのか分かります。そして、選挙において自らの投票権を行使することで、責任のある政治家を罰っすることができるのです。比較研究によると、国民の教育レベルの高さは汚職レベルの低さにつながります」と報告書には書かれている。また、「有権者は不正を監視し、その不正行為を行った人と政党とを結びつけ、投票で罰を与える必要があります。そうすれば、政治家は非難されるような行為は罰せられるということを学びます」と、セミナーに出席した科学者たちも指摘している。

コンベンションセンターを出るとき、アンダーシュ・ベルフ氏に、スウェーデンではより厳しい法律で腐敗した政治家を罰することが必要か、と尋ねてみた。

「そうは思いませんね。スウェーデンで政治家が何か違法行為をしたことが発覚すれば、再選されることはほぼありませんから。法律の規制とは関係なく、です」

## 好循環の創出

ストックホルム中心部の長い歩行者道「ドロットニングガータン（女王の道）」に刻まれているのは、この通りに住んでいたスウェーデンの偉大な作家であり、脚本家のアウグスト・ストリンドベリ（Johan August Strindberg,1849~1912）の名セリフである。そしてもう一つ、現在のスウェーデンにおける政治の現実とあまりにもかけ離れているために目立つものがある。

「元大臣よりも従順で、無害な生き物がいるだろうか？(原注)」

ストリンドベリは、一九世紀にこのように問ったのだ。

一八世紀から一九世紀初めのスウェーデンでは、道徳的とは言えない市民がたくさんいた。しかし、一八四〇年には、それ以後守られることになった誠実さを大切にする、堅固な文化の基礎を築くプロセスがはじまった。

この計画は、猛烈な勢いで実施された。その戦略は、王国に優れた統治の仕組みをつくることを目的に、劇的な制度改革をするというものだった。スウェーデンの政治学者ボー・ロスステイン氏によると、「制度的なビッグ・バン」とでも言うものだった。急進的な変化が、国のほぼすべての政治、社会、経済制度において導入されることになった。

目的となったのは、好循環の創出だった。すべての改革が、一つの目標に向けて行われた。つまり、特権をもつ少数の市民ではなく、

通りに刻まれているストリンドベリの問い ©INGRID FALK-GUSTAVO AGUERRE

すべての市民の権利を保障することを意図して、効率のよい、公正で、普遍的な国の制度を創出することにしたのだ。

そのあとには、超人的な努力を要する作業が待っていた。そのころのスウェーデン王国では、贈収賄が横行し、法律よりも王朝との関係や特権階級としてのつながりが大切であり、貴族は宮廷や官職の割り当てで優先され、軍隊の将校や官僚は官職の売り買いをしていた。

権力の座に就いた人を辞めさせるには、どんなに無能であっても、それが正当な理由とはならない。官職の間では、自分たちの地位にかかわる土地や不動産から収入を得ることはごく普通の習わしであった。さらに、大学への入学は、特権のある人の個人的な人間関係に負うところが多かった。この時代の法学部の状況をある歴史家が「紛れもない知性と組織の泥沼」と表現しているが、この状態が一九世紀の初頭まで続いたのだ。

最初の一歩は、公的部門の改革を行い、ウェーバー的な構造をつくり出すことだった[2]。その構造では、公務員は、オープンで普遍的なルールのある選考プロセスにおいて才能と技術的な能力に基づいて採用されるのだ。この劇的な改革は、一八六〇年から一八七五年にかけて実施された。

(原注)　ストックホルムのストリンドベリ博物館によると、この文言は一八九四年、L'Echo de Paris 発行のフランス人向けの「モダニティー」についての記事に書かれていたものである。Strindberg, "Qu'est-ce que le modern," L'Echo de Paris, 20.12.1894.

(2)　マックス・ウェーバーの合理的な官僚制のこと。

新たな倫理性によって、公務員は市民を公正に扱うことが必然となった。公正な態度で行動することは、誰とも平等に、区別なく、敬意と配慮をもって接することを意味した。これにより、古い秩序にあったような個人的な関係や私的な利益に基づいた特権はなくなった。

公務員であることの意味はまったく別のものになった。公職を、「領主」が利益を引き出すことのできる「領土」と考えることもなくなった。ある程度は腐敗した行為が起こり続けたが、かつてのようにそれが「常識」とは見なされなくなった。

「公職は不動産の一つの形であるという古い通念がなくなりはじめていた」と、スウェーデン国立公文書館長で歴史家のエーミル・ヒルデブランド氏が一八九六年に書いている。多少なりと汚職は残っていたものの、標準的なやり方ではなくなっていたのだ。

ほかのいくつかの分野でも、古い秩序がほぼ同時に消えていった。一八四二年、学校改革によって万人のための無償の義務教育が制定されている。そして一八四五年には、政府が新聞を没収する権利が廃止され、政府の権力についてメディアで活発に討論されるきっかけとなった。また同年、官僚制において貴族が優先的に高官となる制度が廃止されている。

一八六二年には、改正された刑法により、公職にある者の不正行為を罰する新法が制定された。翌年、大学教育改革が承認され、一八六六年には広範囲にわたる議会の改革が導入された。そして一八七六年、国の官僚制について包括的な再編成が行われた。このような経緯のもと、改革があらゆる分野に及んだわけである。

このような改革は、価値観の変容そのものだった。スウェーデンは、政府の質の高さと民主主義の制度に対する信頼を特徴とする社会を築こうとしていたのだ。誰もが、旧来の古めかしい、腐敗した制度が滅びつつある状態を目にすることができた。それによって社会の期待も変わり、市民は国の機関に関して、公平・公正で適切な待遇を受けることができると確信するようになった。

市民がこのような国の変化を感じはじめると、当然、市民自身も変わりはじめることになる。新たな倫理的秩序に、市民自らの行為を適応させるようになった。それが規則になったのだから、公的な場では誠実かつ品位ある行動をしようという意識が広まることになった。市民と国家という縦の関係だけでなく、「市民 vs 市民」という横の関係においてもそれは同じである。

スウェーデンおよび諸外国の学者によると、一九世紀末には国レベルでの政治家の汚職はほぼ一掃されたということだ。しかし、市町村という自治体レベルでは、一九五〇年前後まで不正行為が見られた。そのころは、地方政府における権力の大部分が、財政を取り仕切る自治体の長に集中していたからだ。これを解決するために全国の市町村で包括的な行政改革が行われ、汚職疑惑で汚名を着せられたことがなく、研鑽を積んだ公務員を雇うようになった。専門性をもった監査人が財務を管理しはじめたということである。その甲斐あって、徐々に自治体レベルの汚職も少なくなっていった。それだけに、最近の自治体での汚職事件ではショックが大きかったと言える。

国レベルで清浄化したプロセスの特筆すべき点として、腐敗した活動や慣行を対象とした直接的な改革はほんのわずかだったことが挙げられる。主な手法としては、国の政治制度の中枢に的を絞り、直接的な打撃を与えることで汚職に間接的な衝撃を与えるというものである。そもそもの目的が、政治文化に変革をもたらすことだったのだ。

ヨーテボリ大学政治学部のボー・ロスステイン教授は、スウェーデンの汚職史を分析し、「腐敗した活動や慣行を直接叩くのではなく、間接的に影響を与える手法で個別主義的な政治文化を普遍主義的な政治文化に変容させました」と述べている。

個別主義的な政治文化では、政府機関が市民に提供する待遇がどのようなものになるかについて、市民各自のステータスや社会的地位によって決まってくる。よい待遇を受けるには、人脈があり、社会的地位が高く、最後には賄賂を贈ることも辞さないという態度を示すことが必要となる。このテーマを研究している学者によると、組織的な腐敗はこの種の文化に根差しているものとされる。

ロスステイン教授が言うように、腐敗した制度のなかの「腐ったゲーム」において、自分一人だけが正直であっても汚職という問題は解決しない。研究によると、腐敗が進んだ社会では、贈収賄の必要性が人々の心象風景に深く植え付けられており、社会全体の裏側に潜む常識となっているのだ。警察に止められたり、レストラン開業の承認を得たり、公的部門の仕事を得たいときに賄賂を払うという違法行為は、そのような腐敗した社会では普通のことと見なされる。

「道徳的には批判されるべきと考えている人でさえ汚職に走ってしまうのは、ほかの人がみんなしているからです」とロスステイン教授は言う。同教授によると、これを解決するためには、すべての市民がその義務を果たすように監督される公正な制度を構築することが必要となる。社会の大多数が誠実に行動していると多くの市民が感じるようになれば、特別な関係が生まれ、市民同士の協力がより一般的なものになり、社会的な信頼度も高くなる。これが、スウェーデン社会の基本的な特徴となっている。

ロスステイン教授は、ある重要な要素にも注目している。汚職は、その社会の文化に大きく左右されるものだが、文化が決定的な要因ではないとしている。その例として、教授は香港とシンガポールを挙げている。

科学者のヒルトン・ルート氏による研究では、これら二つの社会が異例とも言える経済成長を遂げた際の前提条件となったのは、一九七〇年代にはじまり、成果を上げ続けた「汚職」との闘いだった。最近行われた反汚職NGO「トランスペアレンシー・インターナショナル」の調査のなかでも、シンガポールは汚職に関してスウェーデンと並んで第五位にランクインしている。ちなみに、香港は一四位である。シンガポールと元イギリスの植民地であった香港（一九九七年に中国に返還）、地理的にも、文化的にも同じようなほかの国々が高い腐敗レベルを示しているということは特筆すべきだろう。前出のランキングでは、中国は五九位、インドネシアは九六位となっている。

「この結果から、腐敗の程度は文化で決まるものではないという結論を導くことができる」と、ルート氏は論文で述べている。ルート氏は、ほかの研究も引用して、腐敗の進んだ社会に住む一般市民でも、汚職を道義的に正しい行いだとは思っていないことも主張している。そして、ほとんどの人が腐敗した行為をしないと確認できれば、賄賂を贈ったり受け取ったりしないほうがいいと考えているとも言っている。

この研究によれば、「ほかの人」が誠実であるかどうかの認識を変えることが重要となる。そのため、制度的な改革は広範囲にわたるものでなければならない。

「司法は、公的サービス、選ばれた政治家の高潔さ、非政府組織、メディアと同様に重要です」と、ロスステイン教授は言っている。スウェーデンの経験から言えることは、汚職対策が些細な取り組みの導入にかぎられたものであれば、政治文化や社会の秩序の変革に何の効果も現さないということである。

「それまでとはまったく異なった均衡を達成しなければならないのです」と言うロスステイン教授は、調査の分析結果を、スタンフォード大学の社会学・政治学者であるラリー・ダイアモンド教授の言葉で締めくくっている。

「蔓延する汚職は、テクニカルな調整や政治的な圧力で正すことができるものではない。汚職が蔓延しているということは、システム自体がそういう風に機能している証明であり、社会や政治のルールや期待にも深く浸透している。汚職を削減し、社会を蝕まない程度に抑制するためには、制度・機関の革命とも言える取り組みが必要とされる（原注）」

（原注）この節の記述は、Rothstein, B. (2011). Anti-corruption: the indirect 'big bang' approach', Review of International Political Economy, 18: 2, 228-250. を参照している。

# 第4章 スウェーデンという国

## この国のはじまり

この国が生まれたときは氷に囲まれていた。「世界の果てはここだ」と言われていた。紀元前一万一〇〇〇年、スウェーデンは厚い氷に覆われており、最後の氷河期には氷が三〇〇〇メートルもの厚みに達していた。氷床が溶け、この変わった土地に最初の訪問者としてやって来たのは、ギリシャの探検家ピュテアスだった。紀元前三五〇年、スカンジナビアを探検中にこの地に立ち寄ったピュテアスは、「海が凝固し、一年の半分だけ太陽が照り、もう半分は夜しかない」と、氷だらけの地の恐怖を語っている。

ピュテアスの話は幻想のように思える。しかし、その話の本質には真実味がある。スウェーデンの最北部では、夏には太陽が沈まず、冬になると闇が空を支配する。このような極端な環境におれば、誰であれ、精神に何らかのトラブルがあっても不思議はない。緯度のやや低い首都のストックホルムでさえ、バランスの取れた環境に住んでいるとは言い難い。私はここで一〇回の夏を経験しているが、夜遅くなってやっと太陽は沈むが、完全に沈むことはなく、午前三時には鳥が鳴きはじめ、新たな朝の到来を告げるのだ。冬は逆に、午後三時には夜の帳《とばり》が下りるのだ。

このような自然現象よりさらに変わっているのが、古くから伝わる奇妙な習慣で、この地の権力者は、人々の問題となると当事者に相談するというものだ。この変わった慣行を最初に見聞きしたのは、フランスのベネディクト会修道士アンスガール（Ansgar, 801～865）である。八五〇年ごろ、アンスガールはヴァイキング王オーロフ（Olof）との接見を求め、異教徒である王の民に、神の言葉を広める許可を得ようとした。王はティング（ting）に民を集め、「民の投票によって決定する」と答えたのだ。この集会は、ヴァイキング時代の原始的な議会である。

世俗的な意思決定の仕方に驚いたアンスガールは、この土地では「公的な性質のものは、王の命令というよりは民の意見の一致をもって決める」と「年代記」に記している。(原注)

中世になっても、この民は変わることがなかった。一三一九年、ウプサラの郊外で催された集会でマグヌス・エリクソン（Magnus Eriksson, 1316～1374）が国王に選出されたとき、各地区を代表して四人の農民がこの集会に出席していた。そのころは、国王も選出されていたということだ。そして、その国王は、税のことになるとスウェーデンの平民の声を聞かねばならなかった。これが、スウェーデンにおける意思決定についての、市民参加に関する長い歴史のはじまりとなる。

王の隣には常に議会があった。一五世紀に国会（Riksdag）の初期構造ができたとき、農民も参加が許されている。貴族、聖職者、中産階級、農民の代表者からなる「四部会議」の一つを占めていたのだ。言うまでもなく、これはヨーロッパのほかの地域では見られない現象である。

「人民の『民主主義』的な特徴は、農民の身分が表していました。その歴史全般を通じて、スウェーデンには封建制下の『農奴』と呼ばれるものがなかったのです。あるいは、土地を所有していた農民が、領主である貴族に権限を奪われ、疎外されていた時代というものがなかったと言うべきかもしれません」と、スウェーデンの政治学者であるオーロフ・ルイン氏は言っている。つまり、ほかのヨーロッパ諸国とは対照的に、スウェーデンの王は絶対王権を行使しなかったということだ。

この国がもっとも独裁的であった時代はスウェーデン帝国（一五六一～一七二一年）の絶頂期、戦争を挑発していたスウェーデンがドイツ、ロシア、デンマーク、フィンランド、バルト海沿岸諸国の一部を支配下に置いていたときだ。そのころ、ヨーロッパの有名な哲学者であるフランス人のルネ・デカルト（René Descartes, 1596～1650）がスウェーデンの極寒の気候に屈して亡くなっている。スウェーデン女王クリスチーナ（Kristina, 1626～1689）の招待に応じて一六五〇年に到着したデカルトだったが、ストックホルム宮殿の凍てつく寒さに耐え切れず、肺炎で亡くなったとされている。

---

（原注）Herman Lindqvist, *Sveriges Historia*, 2002.

スウェーデンの超大国としての時代の終わりは、特段祝うこともなくやって来た。国王と議会の力関係は、一八〇九年の憲法で定義された。しかし、女性や低所得の労働者といった一般市民のほとんどは政治から排除されていた。また、そのころのスウェーデンでは「飢え」が蔓延していた。

## 飢え、貧困、街中の豚

一九世紀前半のスウェーデン、首都ストックホルムでは牛が放牧され、豚がブーブーと鳴いていた。スウェーデンは貧しく、飢えが蔓延していたのだ。一八六〇年ごろに飢餓状態となったスウェーデンは、ロンドンから任意の食糧提供を受けていた。

当時のスウェーデンは、農業が経済の中心という後進国で、国民の九〇パーセント近くが地方に住んでいた。首都には労働者階級の町があったが、まるでスラムのようで、劣悪で過密な家屋にベッドを借りて労働者は暮らしていた。一二五一年に築かれたストックホルムは、二〇世紀初頭まで衛生管理の行き届かない都市だったのだ。ストックホルムに住む人の寿命は、男性が三九歳、女性が四七歳であった。

多くの住民にとって、「絶望」から逃避する唯一のルートが港であった。一八五一年から一九三〇年にかけて、約一三〇万人のスウェーデン人がより良い将来を求めて外国（主にアメリカ）に渡っている。その人数は、当時のスウェーデン人口の約二五パーセントに当たる。何千人もの若者がスウェーデンの地方を捨て、アメリカの家庭で使用人として働くことになった。

しかし、当時、スウェーデンは歴史の転換点に差し掛かっていた。鉱山や森林といった貴重な天然資源がこの国にはあった。科学の発展と教育、技術、インフラに対する投資によって産業が栄えはじめていた。この国が、近代化に舵を切ったのだ。

一八四二年には、万人のために無償の義務教育が導入されている。当初、この制度は、事業の費用負担をしたくない農民層からも、保守層からも反対されている。保守層の反対理由は、貧困層に教育を施せば、都市へ流入した大衆に急進的な思想を湧き起こすことになるのではないかという「恐れ」からだった。

結局、義務教育の導入は、子どもたちを従順にし、社会に適応した市民にするために有効であるという理由もあって実施された。このおかげで、識字率が非常に高くなった。そして、労働者階級や下位中流階級の子どもたちも大学に進学するようになった。ちなみに、同時期、汚職を削減し、公正で透明な行政を目指す構造改革によって、さまざまな制度・機関に対する信頼も徐々に強まることになった。

一九世紀の終わりには、一連の民主的な組織を求める国民運動がはじまっている。労働組合や労働運動がより良い労働条件を求め、禁酒運動によってアルコールの禁止が提唱され、独立した宗教グループが国教であるルーテル教会以外の宗教活動を認めるように運動したほか、共同組合はより安価な消費財の販路をつくっている。

「スウェーデンではまだ議会制度が完成しておらず、普通選挙や平等な選挙権が完全に導入されていないこの時期に、これらの国民運動が民主主義を学ぶ学校の役割をした」と、政治学者のオーロフ・ルイン氏は言っている。そして、男性も女性も等しく選挙権を得る普通選挙制度が一九二一年になって導入されている。

一九世紀まで、スウェーデンはヨーロッパの最貧国の一つだった。二〇世紀になって、教育のレベルが高く、スキルのある国民をもつスウェーデンは世界でもっとも繁栄し、工業が高度に発達した先進国の一つに転じた。そして、将来を憂いて国外に移住したスウェーデン人の多くが母国に帰還しはじめた。

## 鉄道と富の登場

スウェーデン人が最初に機関車を見たときは、恐怖に慄《おのの》いたようだ。時速四〇キロという信じられないほどのスピードについて噂はあった。多くの人が、そんなに速く走るなら、中にいる人は息ができずに気絶して倒れてしまうのではないかと心配したぐらいである。さらに悪いことに、ジャーナリストのヘルマン・リンドクヴィスト氏の著作『スウェーデンの歴史（Historien om Sverige）』（二〇〇二年）で描かれているように、ドイツの医師がスウェーデン議会での証言において、「そのような速さで走る列車の窓から外を見た乗客は、脳に損傷を負う可能性がある」と、科学者としての威信をかけて言っているのだ。

この列車のスピードを上回ったのが、経済成長のスピードだった。一八六四年の自由貿易法の承認や、翌年の国際自由貿易体制の支持など、一連の経済改革とリベラルな改革のおかげでスウェーデン経済は急成長を遂げた。そのころ、後進国であったスウェーデンでは、発明による特許登録が相次ぐ前代未聞の技術革新が起こっている。

これらの技術革新の前にもスウェーデンの天文学者アンダーシュ・セルシウス（Anders Celsius, 1701～1744）が温度の計量単位を考案していたが、この時期のスウェーデンにおける発明は世界に広まることになった。アルフレッド・ノーベルのダイナマイトの発明、世界初の遠心分離機に乳とクリームの分離機、安全マッチ、現代的なエリクソン電話などが次々と登場した。一九〇〇年には、電話の数でストックホルムが世界一となっていた。

この時期の何年かでスウェーデンの技術はさらに進歩し、ファスナー、ボールベアリング（二〇世紀初頭の、もっとも難しいと言われていた産業の問題を解決した）、テトラパックの長期保存を可能にする包装、ルネ・エルムクヴィスト医師（Rune Elmqvist, 1906～1996）による埋め込み型ペースメーカー、エンジニアのニルス・ボーリン（Nils Ivar Bohlin, 1920～2002）の「ボルボ車」向けの三点シートベルトなどのイノベーションが生まれている。

この革新的で企業家精神に富んだ気風は、現在もスウェーデンのイノベーションに生きている。インターネットで自由にコミュニケーションができる「スカイプ」や、ホーカン・ランス（Håkan

Lans）の色付きコンピューター画面、オンライン音楽配信サービスの「スポティファイ」などだ。

そして、最初のイノベーションと同じ速さで、エリクソン、ＳＫＦ、エレクトロラックス、ＡＧＡ、サーブ、ボフォース、スカニア、ボルボといったスウェーデン企業が成長し、世界中に進出していることはご存じだろう。

農民と小作農の国だったスウェーデンは、一九〇〇年から一九三〇年の数十年の間に工業国へと変身を遂げた。一九三〇年代には現代的なスウェーデンが現れ、それとともに、新たな都会的デザインと建築という急進的なコンセプトが生まれた。これは「フンキス（funkis）」と呼ばれる機能主義の時代と一致する。

二つの世界大戦中におけるスウェーデンの中立政策は、「経済的な奇跡」にとって有利に働いた。スウェーデンの産業は打撃を受けなかったのだ（原注）。第二次世界大戦終結後、スウェーデンはヨーロッパの復興に必要とされる物品を供給することができたおかげで経済力がさらに拡大していった。ついに、この国は富める国となったわけである。そして、政治においては、国民生活の急進的な変革が進んでいた。

## スウェーデン・モデルの誕生

このころになると、多くの国が進歩的なスウェーデンを将来の手本と見なすようになった。二〇世紀の二極化した世界において、この国の急進的な実験は、資本主義と社会主義の両極端の中庸を行くものだと思われた。事実、スウェーデンの道筋は、いわゆる「北欧資本主義」を象徴するものとなった。つまり、活力ある市場経済と機会の均等、社会的連帯、万人のための医療、教育、文化に基づく高福祉とを組み合わせる処方のことである。

福祉国家としてのスウェーデンの基盤は、人民の労働と一九世紀に芽生えた社会運動だった。一八八九年の春、これらの社会運動を束ねる組織として「スウェーデン社会民主労働党」が結成された。社会変革の提案はリベラルな政治家からも出され、一九一三年にスウェーデンは、世界で初めてすべての市民を対象とした「普遍的公的年金制度」を創設している。これが、スウェーデンの福祉国家としてのはじまりである。

一九二〇年三月、ヤルマール・ブランティング（Karl Hjalmar Branting, 1860~1925）氏がスウェ

---

（原注）中立で平和なスウェーデンは、世界有数の武器製造国でもある。一八六五年のアルフレッド・ノーベルによるダイナマイト発明以来、スウェーデンのイノベーションは武器開発に貢献している。第二次世界大戦中に中立を貫くことができたのは、特殊な地政学的な状況があったからだ。スウェーデンはドイツにとって重要な鉄鉱石の供給元であったため、スウェーデンが戦争にかかわらないということはドイツの利益でもあったのだ。一方、デンマークとノルウェーはそうはいかなかった。両国はまさに、スウェーデンの鉄鉱石の運搬ルートを守るために侵攻されたのだ。そしてスウェーデンは、ドイツから逃れてくるデンマーク人やノルウェー人の避難場所となった。第二次世界大戦中、ドイツはスウェーデンの主要貿易相手だったということだ（Lars Magnusson, *Sveriges Economiska Historia*, Norstedts, 2010）。

ーデン初の社会民主党内閣を組閣した。ヨーロッパにおいても初めてのことだった。
「社会民主主義そのものは社会主義であるとされていたが、同時に日々の政治では、その意味における野心は放棄していた。少なくとも同様の政党にも理解されていたことだが、天然資源、産業、銀行の国有化のことである。社会的所有は目的そのものとは定義されておらず、産業は基本的に民間の手のうちに残ることになる」

前掲した政治学者のオーロフ・ルインは、このようにスウェーデン・モデルを説明しているが、次のように付け加えている。
「しかしながら、資本主義の行き過ぎや歪みと闘い、さまざまなメカニズムを使って利益を制限しようという意志はあった」

そのころ、頻繁に使われた言葉は「社会的包摂」だった。一九三〇年代以降に実践された福祉国家プログラムの目的は、市民のために本物のセーフティーネットを築くことだった。社会民主党の党首ペール＝アルビン・ハンソン（Per Albin Hansson, 1885～1946）氏がつくった「国民の家（Folkhemmet）」という表現が、この取り組みの目標を象徴している。つまり、自分の家の中と同じように、市民が安心できる社会をつくるということだ。

特権そのものもなければ、特権をもった人もいない。これが、一九三二年に首相になっても電車で通勤していたハンセン氏が描いた、新しくて、より人間的な社会のビジョンであった。
「よい家には、特権のある人も拒絶される人もいない。ひいきされる子どもも、ひいきされない子どももいない。そのような家では、誰も相手を軽蔑することはなく、ほかの人を利用しようという者もいない。その家の中では、強い者が弱者を虐げたり、搾取したりもしない。よい家には平等がある」と、ハンセン首相は議会の演説において述べている。ハンセン氏はまた、スウェーデン人が名前のみで「ペール＝アルビン」と呼ぶ、最初の政治指導者でもあった。

新たな社会の構築には、歴史上有名となる、資本と労働の提携が必要だった。いわゆる「スウェーデン・モデル」を形づくる追加措置として、強固な組織をもつ労働運動とスウェーデンの産業が協定を結んだわけである。これにより、工業生産の流れがストライキによって脅かされる可能性が最小となり、労働者は団体交渉と連帯を特徴とする賃金制度でより良い条件を得ることができたのだ。

この労使間協定が経済成長の条件を安定させ、それによって成長する経済が広範な福祉のプログラムを支えることになった。一九三八年に締結されたこの協定は、交渉が行われたストックホルムの地名を取って「サルショバーデン協定（Saltsjöbadsavtalet）」と呼ばれている。「生存を輸出に頼る国にとっての安寧が動機となり、経済のプロセスにおける二つの主なエージェントの役割をお互いに認め合ったのである。産業のほとんど、九〇～九五パーセ

ペール＝アルビン・ハンセン氏
©WWW. MALMO. SE

ントを民間企業が占めているのだが、その産業の国際競争力が上がり続けるかぎり繁栄が続き、大きくなり続ける福祉国家は、社会福祉制度の受益と同ペースで増える税金によって支えることが可能である」と、アメリカ人ジャーナリストのM・W・チャイルズは書いている(1)。

スウェーデンは、労使間の協約、高負担、寛容な社会政策、混合経済を組み合わせた固有のモデルで、プラグマティズムと進歩主義の例となった。社会民主党に主導され、この国で強固な福祉国家を築くだけの準備が整ったことになる。

## 「揺りかごから墓場まで」の社会保障

スウェーデンの経済が好調だった一九三〇年代、広範囲にわたる寛容な社会福祉国家の構築が徐々にはじまっていった。「揺りかごから墓場まで」――市民に福祉が行きわたるように入念な制度設計がなされた。世界最高水準の税金に支えられた改革は広範囲に及ぶものであった。

その第一歩は、包括的改革のパッケージ(三二種類)を実施することであり、これには、大規模な公衆衛生システム、無料の産科病院、大学を含む無償で質の高い教育、子どもと青少年へのビタミン配布と無料の歯科治療、寛容な社会手当、産時休暇、失業手当、国が保証する公的年金の導入などが含まれていた。

スウェーデンは、二〇世紀に資本を統制し、新たな社会政策を発展させた唯一の国ではない。これは、大恐慌のあとのフランクリン・ルーズベルト（Franklin Delano Roosevelt, 1882～1945）の「ニューディール政策」ないし、ウィリアム・ベヴァリッジ（William Henry Beveridge, 1879～1963）などに影響を受けたイギリスでの福祉国家をめぐる議論にも牽引された世界的な潮流である。

　しかし、スウェーデン（とスカンジナビア諸国）の社会モデルは、他の社会福祉モデルとは一線を画すだけの要素があった。それは、普遍性[原注]である。これは、第一義的に貧者を対象とした政策ではなく、富める者も、貧しい者も、中間層も、収入にかかわらずすべての人を対象とした政策や手当である。

　富裕層は高額の税金を払うが、同時に寛容な手当や社会サービスを受けることができる。富の再配分が、誰もが均等に機会を与えられる連帯の社会で貧困を減らし、平等を推進した。また、ほかの北欧社会と同じく、スウェーデンでも公的教育への投資が国の制度を築く柱の一つとなった。

「この時期は、個人への投資に関する歴史的な時代となった。個人が社会での価値を最大限にすることができるよう、リソースへのアクセスが提供されたのだ。従来より識字率の高い国々として知られる北欧諸国は、長期にわたって基礎教育と研究への投資でトップランクにある」

　このように書いたのは、スウェーデンの歴史学者でリベラルな日刊紙〈ダーゲンスニュヘテル〉の

---

（1）九ページ参照。一九三六年に出版された『Sweden:TheMiddleWay』は、学ぶべきユートピアとして、スウェーデンのイメージを世界各国に定着させるきっかけとなった。

（原注）Magnusson, L. (2010). Sveriges Economiska Historia, Norstedts.

政治部長であるヘンリク・ベルググレンと、エルスタ・ショーンダル大学のラーシュ・トレゴード教授である。

福祉手当と社会サービスは、一九四〇年代および一九五〇年代を通じて拡充されていった。一九五〇年代の半ばには、スウェーデンは世界で生活水準の平等性がもっとも高い国になっている。その後、大きな試練が待ち構えていた。とくに一九九〇年代の深刻な危機では、国の歳出を大幅に切り詰める必要に迫られた。しかし、この危機の前まで、社会モデルの強化に国は高揚していた。

そして一九七〇年代、スウェーデンは世界第四位の経済力を誇り、公正で完璧な社会という「ユートピア」に到達したかに見えた。

## 極端な国

極端な国のスウェーデンは、奇抜な考えにおいても有名になった。たとえば、専業主婦も休暇をとる権利がある、そして、「その費用は国が出すべきだ」というものだ。実際、スウェーデンの専業主婦たちが休暇を取って旅行をし、ホテルや民宿に泊まるといったことは一九七〇年代半ばまでごく普通に行われていた。

経済が好調で、大胆な歳出が可能であったこの国にも、専業主婦が数多くいた時代があったのだ。しかし、まもなく女性の労働市場への進出がスウェーデン経済の拡大において必要不可欠なものになった。「スウェーデン労働環境当局（Arbetsmiljöverket）」によると、今日ではスウェーデン人女性の七六パーセント[2]が仕事をもっている。

　道徳性の概念もまた変わっていった。一九六九年にBBCで放送された有名なインタビューでは、当時、スウェーデンの教育大臣であったオロフ・パルメ氏とジャーナリストのデイビッド・フロストの間で興味深い対話がなされている。このジャーナリストは、多くの国で流行していたスウェーデンのエロチックな映画のせいもあって、当時話題になっていたスウェーデン人の性に対するリベラルな考え方について尋ねている。

**フロスト**　スウェーデンでは、本当に検閲がないのですか？

**パルメ**　スウェーデンには、映画や出版物といったものにある程度の検閲はありますが、ほかの国と比べれば厳しくはありません。

**フロスト**　最近は、どういうものが検閲の対象なのですか？

（2）二〇一七年現在、女性（二〇～六四歳）の八四・五パーセントが仕事をもっている。

1970年代まで主婦は国費で休暇をとっていた　©UPPLANDSMUSEET [UPPLANDS MUSEUM]

**パルメ**　暴力は検閲の対象です。時に、サディズムの要素がある場合は尚更です。たとえば、ウォルト・ディズニーの映画のなかにもスウェーデンで放映禁止になったものがあります。暴力とサディズムで子どもを怖がらせることは認められません。

この答えに、インタビューする側は驚いてしまった。また、「道徳性というのは、性的な問題にかぎられたものではありません。低賃金や失業も不道徳と言えます」と言ったパルメ氏、その後まもなく首相に就任している。

オロフ・パルメ氏とジャーナリストのデイビッド・フロスト氏
©SVT PLAY [ONLINE FILE FROM SWEDISH PUBLICTV. SVT]

一八〇九年にスウェーデンは「オンブズマン」という役割を登場させ、政府の行き過ぎに対処できない個人を助けることにした。そうかと思えば、一九四一年には身体的、精神的に障碍のある人の不妊手術を行う政策を決定し、一九七〇年代に廃止されるまでこの政策を続けた。

もっとも啓発的な考え方も生まれている。一九七九年、スウェーデンは子どもに対する体罰を禁止する法律をつくった最初の国となった。また、テレビで子ども向けの宣伝はすべて禁止となった。その理由は、「一二歳以下の子どもたちは、商業的な圧力にさらされるのに充分な年齢ではないから」だった。さらに、「多くの場合、買えないようなオモチャや服などを欲しがるように子どもたちを誘惑してはいけない」ということだった。

今日、スウェーデンの広告業界では、女性をモノ扱いするような性的役割を押し付ける宣伝はしないという姿勢が貫かれている。半裸の女性（あるいは男性）が描かれた広告版がスウェーデンの都会で見られることはまずない。ジャーナリストのバルブロ・ヘドワール氏が次のように書いている。

「半裸の女性を車の横に立たせた車の広告をつくったりすれば、その担当役員は二度と雇われないだろう」

二〇〇八年、アイルランドの航空会社が「セクシスト」と思われる宣伝キャンペーンを発表したとき、スウェーデン国内で抗議の声が上がった。この宣伝では、ミニスカートと短めのトップを着た女性が学生として描かれており、女性の横にある黒板には、「一番『お熱い』新学期セール」と書かれていた。

「女性のイメージを使って、性的に人々の注意を惹こうとしています。一般的に、これは女性にとって侮辱的なことです」と、スウェーデンの「宣伝のセクシズムに反対する取引倫理委員会（Trade Ethical Council against Sexism in Advertising:ERK）」は非難している。

ジェンダー平等はこの国の重要な特徴であり、アンダーシュ・ボリ財務大臣［一八ページ参照］でさえ、自分をフェミニストであると標榜している。一九七〇年代には学校でも、遊び道具として女の子に車を与え、男の子に人形を与えるという急進的な実験が行われている。そして現在、就学前学校でさえ、スウェーデンの子どもたちは「女の子」、「男の子」という伝統的な性役割に関係したことを押し付けられることはない。この理念は、子どもたちがジェンダーに縛られることなく、自由に自分の選択ができる平等な機会が与えられるようにするというものだ。

二〇一三年のある夜、テレビ番組が放映したニュースが国中に憤りを生じさせた。ある教師が、男子のグループをバスケットボールのコートで遊ばせ、女子には学校のイベントのため、教室に飾り付けをするように命じたのだ。メディアがこぞって、これは不快な性差別だと批判した。ニュース番組の何分かは、この教師の説明と謝罪、そして生徒へのインタビューに費やされた。インタビューで女子生徒が、「紙で花をつくるより、バスケットボールがしたかった」と述べていた。

性差別に関する意識は言葉の領域にも広がり、分野によっては、代名詞の「彼（han）」と「彼女（hon）」を廃止しようという動きさえ現れている。ジェンダーに中立な代名詞「hen」にしようというわけだ。ストックホルムにある「エガリア保育園」の場合がそうだ。この新しい表現を、ジェンダーの垣根を取り払う方法だと見なしているのだ。また、学校の図書館には、古典的なおとぎ話に加え、シングルの親やホモセクシュアルのカップルに関する蔵書もある。

ジェンダーの平等を達成しようというコミットメントは、家庭内でも徐々に新たな現実をつくり出していった。家事は、基本的に男性と女性で分担するということだ。もちろん、それでもまだ家事負担に関しては女性のほうが多いというのが事実である。なんとスウェーデン人は、人々の家事労働の時間を測っている。その結果、二〇〇〇年から二〇一〇年で、女性の家事労働時間は一四分短くなり、男性の家事労働時間は一一分増えたことが分かっている。

ＯＥＣＤ（経済協力開発機構）の統計によると、スウェーデン人の男性は、料理、掃除、その他の家事で一日当たり一七七分を使っている。この数字はヨーロッパの平均である一三一分より長いが、二四九分も家事をしているスウェーデン人女性と比べるとまだ短い。

ご存じのように、政治の分野では多くの女性を代表に送り込んでいる。現在の国会では、三四九議席のうちの四五パーセントが女性議員となっている。(3) また、スウェーデンの王位継承法は、性別にかかわらず長子が王位を継承できるようにするために改正されている。一九八〇年に成立した憲法の改正により、弟のカール＝フィリップ王子ではなく、長女のヴィクトリア王女が皇太子（王太女）となった。しかし、民間企業の執行役における女性の数はまだ男性より少なく、男女で賃金の格差もある。平均だが、スウェーデン人男性の賃金は女性より一〇〜一五パーセント高くなっている。

## スウェーデン人の愛の理論

スウェーデン社会の主となる特徴は、「男性も女性も、各自が自分の生計に責任をもつ」という姿勢にある。

「一九七〇年代以降、このアプローチは法律に反映されてきた」と、スウェーデン中央銀行の副総

(3)　二〇一八年九月の総選挙では、女性議員は四六パーセントとなった。最年少は二二歳、最年長は八五歳である。

裁であり、現在、スウェーデンの「グローバルな課題研究所（Global Utmaning）」の理事長をしているクリスチーナ・ペルション氏がダボスで行われた世界経済フォーラムで発表している。

「課税は個人単位であり、家族や家計が経済単位ではないのです。年金と疾病休暇補償も個人の所得にリンクしています。夫婦には自分たちの子どもの世話をする義務がありますが、男性も女性も、お互いを世話する義務はありません」

これが、歴史家のヘンリク・ベルググレン氏とラーシュ・トレゴード氏が「スウェーデン人の愛の理論」と呼ぶもので、スウェーデンにおける本当の愛と友人関係は、お互いに依存しなくてもよい、独立した個人の間でのみ可能だということだ。

二〇一〇年に王位継承者である皇太子が元トレーナーであった男性と結婚したことが、この王国の国民を喜ばせることになった［二四八ページ参照］。普通の民間人の間では、このようなラブストーリーはハッピーエンドにならない。スウェーデンの離婚率は、世界でもっとも高い部類に入っている。しかし、愛が終わっても、多くの男性が子どもの成長を見守りながら幸せに生活できる。そして、離婚しても家計が苦しくなることはない。

一九九〇年代以降、スウェーデンの法律では子どもの養育費を払う必要がなくなった。ただし、離婚した相手と親権を共有することが条件となっている。このことは、実際、多くの男性が望んでいることでもある。

離婚した親同士で親権を共有することは、この国では普通のことになっている。今日、離婚した親をもつ子どもの三〇パーセントが、母親と父親との間を行き来しながら暮らしている。六歳から一〇歳の子どもになるとこの数字はさらに高く、五〇パーセントになる。

ブラジルのテレビ番組用に制作されたルポでは、一般人のアンダーシュ・ヘルリッツさんが妻と離婚後、どのように暮らしているかについて描いている。アンダーシュさんは私に、前の結婚でできた二人の子どもたちと一緒に暮らしているが、共同親権の取り決めをしていると教えてくれた。

子どもたちは一週間彼と暮らし、次の週は母親と暮らしているという。今、彼は、ブラジル人のダニエラ・グラディムさんと結婚しており、彼女との間にマリア＝イザベラという子どももいる。アンダーシュさんは、「スウェーデンでは子どもの親権を共有するのは普通のことで、かかる費用も折半します」と言っている。

子どもたちが彼の家で暮らす週は、彼が子どもたちの世話をし、費用を払っている。子どもたちが母親のところに行くときは、母親が食べ物、服、その他の費用を負担する。スポーツ教室など特別な費用については、アンダーシュさんと元妻の間で折半している。新しい妻のグラディムさんが、「すべて半々ですよ」と言っていた。

スウェーデンの法律は、男性が養育費を払うのは、子どもたちが母親とだけ暮らしている場合だと明確に規定している。逆に、子どもたちが父親とのみ暮らしている場合は、養育費を払うのは母親となる。しかし、共同親権の場合は、父親も母親も養育費を払わなくてもよいのだ。

弁護士で、離婚の専門家であるロッタ・インスランデル＝リンド氏は、多くの場合、この制度は不公平であると指摘している。ある子どもは、父親の家ではフィレ・ミニョン（牛肉のステーキ）を食べ、母親の家ではホットドッグを食べることになってしまうかもしれないというわけだ。誰もがこれに同意するわけではないが、子ども二人をつれて離婚したアンナ・ヤムス氏は、ほかの離婚したスウェーデン人と同じく、元夫に養育費を要求するのはおかしなことだと言う。

「私は、誰にも支援をして欲しくありません。私は自分で生計を立て、自分の生活をします」と、ヤムス氏が私に言っている。また彼女は、十分な稼ぎがないのは自分の責任で、もっといい仕事に就けるように努力するべきだ、とも言っていた。

「スウェーデン人の考え方は違っているんです。独立していることは、彼らにとっては非常に重要なことなのです。私には難しいです」と、ブラジル人のダニエラ・グラディムさんは認めている。

この現代化されたスウェーデンの離婚家族は、誕生日やクリスマスを一緒に過ごし、お祭りや何かのお祝いには、元夫と元妻、義父、義母、義理のきょうだいが集まるのだ。それは、すべて子どものためとなっている。

スウェーデンでは、子どもの共同親権をもつことは一九九〇年代に承認されている。そのころは、この新しい子育ての方法にみんな恐れを抱いていた。しかし、二〇一二年にカロリンスカ医科大学が行った調査では、一方の親と始終住んでいるより、片方の親からもう片方の親へと移動したほうが子どもによい影響があるという結果が出ている。この調査は、離婚家庭の子ども一七万人を対象にしたもので、定期的に母親と父親の間を移動して住んでいる子どものほうが幸福だということが分かった。

片方の親とのみと住んでいる子どもより、精神的に健全で、学校でもよく適応しているというのである。

「一週間ごとに家から家に移動するのは問題ではありません。もし、片方を選ばなければならないとしたら、そちらのほうが問題になります」と、一七歳のハミルトン・ルブリンさんが言っている様子をブラジルのテレビ局は記録している。

ほかの北欧諸国と同じく、子育てにおけるスウェーデン人の男性の役割は大きい。一九七〇年代、スウェーデンでは世界に先駆けて、産前産後の休暇を母親も父親もとることができる「育児休暇」に変更している。現在、父親たちは定められた育児休暇の二〇パーセント分[4]を申請しているが、これは長くなりつつある。統計によると、スウェーデン人男性は平均九三日の休暇を取り、子どもと一緒に過ごしている。

三〇年前、政府は重量上げのチャンピョンが膝に子どもを乗せている写真を使ってキャンペーンを行い、「子どもの世話をするのもスウェーデン人男性の仕事だ」と呼びかけたが、現在では、このような光景は至る所で見られるようになった。

スウェーデンの首都では、毎日、スーツを着た企業の幹部がベビーカーを押しつつ、携帯電話でビジネスの話をしながら歩いているというシーンが見られる。あるいは、ベビーカーを押しながらジョ

---

（4）二〇一八年の調査では二八パーセントとなっている。

ギングをし、うまく操作をしながら公園の中を走り抜けていくお父さんたちもいる。

家事をすることと独立することは、早くから学校で教え込まれている。スウェーデンでは、料理をすること、裁縫、洗濯、ボタンを付け替えることは、男女ともに学校での必須科目となっている。

毎週、学校のキッチンで学生たちは新しいレシピを用意するのだが、そうすることで学生たちは、「キュウリ」と「ズッキーニ」の違いが分かるようになり、さまざまなタイプの食べ物の栄養価を学ぶのだ。もちろん、家計についての授業もある。

洗濯の授業では、ウールや木綿など、それぞれの素材に合わせた洗濯機のサイクルを学んでいる。そして、掃除の授業では、皿を洗う、床を拭く、冷蔵庫を拭くためには何を使えばよいのかを学んでいる。もちろん、男女を問わずに機械や木工の授業もあるし、裁縫の部屋では、教師がズボンの裾上げの仕方や布を使ったモノのつくり方を説明している。さらに編み物の授業まであることから、男子にもマフラーを編むという宿題がありそうだ。

子どもを抱く重量上げのチャンピオン　©REIO PÜSTER

## 社会福祉制度

スウェーデンの福祉国家としての黄金時代は、スウェーデンが世界でもっとも公正で公平な社会を築いたと称賛された一九七〇年代半ばまで続いた。しかし、その後まもなく、安定して成長していたスウェーデン経済を脅かす混乱や危機が訪れ、過激なまでに寛容な社会政策を縮小しなければならなくなった。石油危機がスウェーデンに深刻な影響をもたらしたほか、一九九〇年代には銀行によって引き起こされた住宅バブルが崩壊し、スウェーデン経済は景気後退に陥った。

これにより、持続可能な福祉国家の模索に苦しむ社会民主党政権そのものが、補助金の削減と一部公的サービスを民営化するなどといった修正や方向転換をすることになった。そして、二〇〇六年以降は、中道右派の四党連合《アリアンセン》によって新たな制度改革が導入されることになった。不完全な点はあるものの、今のところスウェーデンの社会モデルは、まだ強靭な経済と競争力のある産業を維持するだけのシステムとなっている。

スウェーデンでは、子どもが生まれると、親は四八〇日間の給付付き育児休暇を取る権利が与えられている。このうち、六〇日間は父親のみが利用でき、別の六〇日間は母親のみが利用できるものとなっている。つまり、この二つの六〇日間は、お互いに譲渡することができないということだ。(5)

四八〇日のうち最初の三九〇日は、給与の八〇パーセントに相当する手当をもらうことができる。

ただし、この給付上限額は一日当たり八七四クローナ［約一万七〇〇〇円］となっている。(6) 残りの九〇日については、一日当たり一八〇クローナ［約二二〇〇円］の手当となる。また、この四八〇日間の育児休暇は、子どもが八歳になるまで、希望する長さの期間に分けて取ることが可能となっている。(7)

就学前保育に対しては政府による手厚い補助があるため、親は実際にかかる費用の八パーセントを負担するだけでよい。また、保育園に支払う保育料には上限が定められている。一番上の子どもについては一二六〇クローナ［約一・五万円］が上限で、(8) 二人目以降は段階的に下がり、四人目の子どもについては無料となる。

参考までに、二〇一二年の統計によると、スウェーデン人の平均給与は三万五八〇〇クローナ［約三九万円］となっている。また、親同士で自分たちの保育所をつくって共同経営することもあり、その場合は国からある程度の援助がされる仕組みとなっている。

生まれたときから一六歳になるまで、それぞれの子どもに対して月額一〇五〇クローナ(9)［約一・一万円］の子ども手当が支払われている。手当の額は二番目の子どもから累進的に増加するため、子どもが多い家庭ほど手当が増えることになる。六人目の子どもがいる場合は、最高額となる月額一万一四〇〇クローナ［約一三万円］を受給することができる。そして、一六歳になると、それぞれの子どもは義務教育終了まで子ども手当と同額の就学手当を受けることになる。ただし、これは一年のうち一〇か月間しか支給されず、学校が休みの期間は対象外となっている。(10)

興味深いことに、歯科治療は一八歳になるまでは無料となっている。また、歯の矯正に関しても、県から補助金が出ることがある。また、専門家が「矯正が必要だ」と判断した場合、患者は自分が選んだ歯科矯正医にかかり、その費用の補助を政府にしてもらうことも可能となっている。

子どもにとっては深刻となる視力に関しても、県がメガネの費用負担を行っている[11]。経済的に苦しい家庭の場合は、「社会サービス」に連絡すれば、視力に問題のある子どもがかけるメガネの費用が支払われるのだ。

無償となっている教育システムの財源は、言うまでもなく税金である。ご存じのように、スウェーデンは教育部門への支出が世界でもっとも大きい国の一つとなっている[原注]。要するに、学校に授業料

---

(5)　この六〇日のお互いに譲渡できない日数は、二〇一六年より九〇日に拡大されている。

(6)　二〇一九年現在、この上限は九八九クローナとなっている。

(7)　二〇一九年現在、二〇一四年以降に生まれた子どもについては一二歳までとなっている。ただし、四歳の誕生日以降に取れる日数は九六日となる。

(8)　保育料は親の所得によって決められているが、上限があるため、高所得者でも上限を超えた保育料は支払わなくてもよい。

(9)　二〇一八年より一二五〇クローナに増額されている。

(10)　現在は二三歳になっている。　https://sweden.se/society/health-care-in-sweden/

(11)　県は一般的な医療を担当し、社会サービスは生活保護のような福祉を担当している。

(原注)　スウェーデンの成人のうち、八七パーセントが高校を卒業している。この数字は、ＯＥＣＤ諸国の平均である七四パーセントを上回っている。

を支払う必要がないのだ。六歳になると、すべての子どもは教育を無償で受けることができ、高校まで義務教育となっている。学校は、教科書、プリント、ノートなどの用具をすべて提供するほか、給食も無料で、通常温かい二種類の料理とベジタリアンのオプション、サラダ、野菜、パンと果物といったビュッフェとなっている。そして、放課後、六歳から一二歳の子どもには、学童保育センターまたは指導者付きの活動が学校内に用意されている。午後四時ごろになると、親たちが子どもを迎えるために訪れはじめる。

大学に進学する場合のことも述べておこう。大学も無償であり、スウェーデン人の学生は、卒業するまで経済的な支援を受けることができる。月額三〇六六クローナ［約三・三万円］の手当と、六七一〇クローナ［約七・四万円］の学生ローンが受けられる。特別な事情がある場合は、追加支援の適用申請をすることも可能である。ちなみに、学生ローンの返済は、卒業後六〇歳になるまでに完済すればよい。私がストックホルム大学で学生をしていたときは、毎月、手当となる金額の小切手を自動的に受け取っていた。

歯科以外の医療制度にも手厚い補助があり、入院費は一日当たり八〇クローナ［約八八〇円］(12)でしかない。基本的な診療にかかる費用は一〇〇クローナから二〇〇クローナで、これは自治体によって異なっている。専門医療の場合は、三〇〇クローナ［約三三〇〇円］(13)の上限が設定されている。

医療制度全体として、ある患者の一年以内の自己負担額が九〇〇クローナに達すると(14)、残りの期間の診療はすべて無料となる。同様の上限が処方薬の負担額にも設定されている。これにより、誰も一年間に一八〇〇クローナ［約二万円］(15)以上を医薬品に払う必要がないということになる。

二〇〇五年、自治体と中央政府は医療制度における新たな保障を導入した。患者に必要とされる治療が診断されたあと、その治療を九〇日以内に受けられるようにするというものである。この待ち時間を超過した場合、その患者は当該自治体以外でも治療を受けることが可能となる。その場合、その費用は交通費も含めて当該自治体が負担することになっている。

スウェーデンの社会保障制度には疾病給付も含まれている。被用者が疾病休暇を取った場合、雇用者は最初の一四日間に関して手当を支払う必要がある。さらに長くかかる場合は、最長三六四日間、被用者の給与の八〇パーセントが社会保障制度によって支払われる。そのあとは、追加期間として、給与の七五パーセントが五五〇日間にわたって支払われる仕組みとなっている。

手当の計算は、三三万三七〇〇クローナ［約三六七万円］を上限とした年収をベースとして行われている。深刻な疾病の場合は、手当の支給期間が延長されることもあるほか、学生や失業者に対する

(12)　現在、一〇〇クローナとなっている。https://sweden.se/society/health-care-in-sweden/

(13)　現在、四〇〇クローナとなっている。https://sweden.se/society/health-care-in-sweden/

(14)　現在は一一五〇クローナ。自治体によっては、これより低い上限設定もある。https://www.kliniskastudier.se/english/sweden-research-country/swedish-healthcare-system.html

(15)　二〇一九年現在、二三〇〇クローナとなっている。https://www.tlv.se/in-english/medicines/what-is-the-high-cost-threshold/how-it-works.html

疾病手当の支払いを決めるという特別な規定もある。また、病気の子どもをもつ親にも、子どもの世話のために仕事を休む場合の手当が規定されている。

障碍をもった人は、無償でパーソナルアシスタンスを受けることができ（個人に対して必要とされる介助や支援が受けられること）、タクシーや特別仕様車による移動が可能となっている。高齢者には、在宅での「社会サービス」が提供され、各人の支払い能力に応じて料金が徴収されることになっている。収入の少ない高齢者に関しては無料になることもある。この制度は完璧とは言い難いものだが、原則として誰しもが、在宅でケアを受けるか高齢者施設に入居するという選択肢をもっている。

年金制度の説明をしよう。スウェーデンの年金制度は三段階になっている。所得比例年金（賦課方式部分）、プレミアム年金（積み立て方式部分）、そして保証年金である。被用者の給与およびその他の課税対象給付の総額一八・五パーセントが、年金の保険料として拠出される。このうち一六パーセントが所得比例年金部分に充当されるが、この額は、所得の増加およびスウェーデン経済の動向によって増額される場合もある。

残りの二・五パーセントがプレミアム年金への充当となっており、これは一九九九年の年金改革の一環として導入されたものである。この部分の保険料は株式の運用に充てられている。多種多様な年金基金から最高五つまで運用先を個人で選び、運用益は個人投資勘定に積み立てられるという仕組みとなっている。個人で投資先の判断をしたくない人には、「ＡＰ７（第七公的年金基金）」が運用するプレミアム貯蓄基金に自動的に積み立てられるというものもある。老齢年金には、生活水準の向上と給付原資運用益の変動というリスクが存在するわけだが、このリスクを中和するために、このプレミアム年金というシステムが導入されている。

一生、所得が低水準あるいはほとんどない人のために「保証年金」と呼ばれている国の少額年金がある。この年金の目的は、毎月、基本的な収入を保証することである。高齢者福祉（制度）が最後の頼みの綱となるセーフティーネットを提供し、最低生活水準を維持することが可能となっている。

スウェーデンで働いている人は、誰でも基本レベルの失業保険に加入している。スウェーデンの失業保険は、国庫負担の基礎保険と、被用者と自営業者が追加で加入することのできる所得保障保険で構成されている。後者の所得保障保険は任意の加入となっている。つまり、何らかの保険組合に加入し、一定の月額保険料を支払って手当をもらうことになる。

これらの保険組合は「A-Kassa（Arbetslöshetskassor）」と呼ばれている。基本的な保険では、月額の保険料は九〇クローナ［約一一〇〇円］ほどである。基本的な給付以上を受けようとすれば、所得に比例した追加の保険料を支払う必要がある。失業給付は、三六の失業保険金庫によって運用されている。従来、これら金庫は労働組合と関係があったが、今は他の組織からは完全に独立している。

失業した場合、最高三〇〇営業日まで所得保障保険手当を受け取ることが可能となっているが、これは給付であるために課税対象となる。このうち、最初の二〇〇日は所得の八〇パーセント相当が支給されるが、一日当たり六八〇クローナ［約七五〇〇円］という上限がある。そして、残りの一〇〇日間の支給額は七〇パーセントに減額される。

「A-Kassa」の保険組合に加入していない失業者も基礎保険手当は受けられるが、最低限の手当となっており、一日当たり三二〇クローナ［約三五〇〇円］となっている。また、貧困家庭や一時的に経済困難に陥った家庭に対しては、自治体が個々のケースを判断して経済支援を行っている。支援には、適当な生活水準を確保できるだけの基礎支出手当が含まれている。

これらの社会保障制度は、以前と比べると縮小されているとはいえ、やはり高福祉のレベルと言えるだろう。スウェーデンの福祉制度は、何年もかけて、経済的実情に合うように一連の改革が行われてきた。失業手当も、医療や住宅手当と同様に削られてきた。また、学校制度も、現在の生徒の学業成績がよくないと批判を受けているほか、一学級の生徒数が増えていることも問題になっている。

この国の社会保障モデルは、高齢者介護の分野においてスキルの高い介護者の数が足りないという問題も抱えている。また、スウェーデンのメディアは、民間企業に外部委託したサービスの質に問題があるとして、自治体の管理のまずさを指摘している。今や運営を民間に任せている学校もあれば、民間による医療システムの運営も稀なものではなくなってきた。

二〇〇六年以来、中道右派政権は新たな「スウェーデン・モデル」のビジョンを実現しようとしてきた。市民が社会福祉に頼らず、もっと働きたくなるようなインセンティブのある社会をつくるということだ。市民に働くことを奨励するには、勤労所得に対する減税と労働市場の外にいる人への手当を削減することが必要だった。その結果、疾病休暇手当や障碍年金が削減され、所得税率も引き下げられている。中道右派政権にとってこれは、福祉国家を現代化し、従来のスウェーデンにおける社会モデルをないがしろにすることなく、スウェーデン経済を再生することだった。このことは、左派の野党にとっては国是である「平等」と「連帯」の終焉を意味していた。

## 新時代に向けて

指標では、みんなが羨むほどのレベルにある。スウェーデンは、国連の「人間開発指数（ＨＤＩ）」や、イギリスのレガタム研究所が発表する「レガタム繁栄指数」、エコノミスト・インテリジェンス・ユニットの「民主主義指数」、「生活の質指数」、「グローバルイノベーションインデックス（ＧＩＩ）」といった指数では世界のトップレベルにあり、新たに創出された「社会進歩指数（ＳＰＩ）」や、インターネットへの接続の度合いや利用に関する「ウェブ指数」でもトップになった。

それでも、この国の問題はひっきりなしにニュースで取り上げられ、市民を不安にさせている。人々は平等と社会福祉に立脚し、世界中から参考にされるこの「スウェーデン・モデル」が、将来も持続可能なのかと心配しているのだ。経済格差の広がり、高齢化が続く人口動態が社会保障制度のバランスに落とす影、移民の統合政策の問題などといったすべてが過激な政治運動を勢いづけた。

世界でもっとも平等主義の国であるスウェーデンだが、以前より格差が広がっている。二〇一三年の報告では、この国は三四のＯＥＣＤ加盟国のなかで、富裕層と貧困層の所得格差がもっとも拡大していた。富裕層の街を見に行く「階級サファリ（Class safaris）」というバスツアーが催され、不快な新現象となっている。二〇一二年、「すべての人のためのすべて」という左翼団体が後ろ盾となって運営されているこのバスが、観光客を乗せてストックホルムの上位中流階級が住む郊外の町サルシェバーデン（Saltsjöbaden）を通ったとき、怒った住民がバスに卵を投げつけるという事件があった。

裕福な住宅街に住む人の激昂より激しかったのは、二〇一三年五月に起こった移民が住む地区での暴動だった。ストックホルム郊外の九か所で放火があり、この平和な国に衝撃が走ったのだ。

暴動の発端は、六九歳になる移民男性が自宅で警察に撃ち殺されたことだった。警察は、「男が鉈《なた》で襲いかかって来たために自己防衛をした」と言っている。しかし、連続して起こった暴動が、人口の一五パーセントを占める移民がもっている「隔離され、排除されている」という感情を浮き彫りにした。暴動の中心となったのは、一万二〇〇〇人の住人のうち八パーセントが失業しているというヒュースビー（Husby）地区だった。

悲観的な人は、多文化主義とスウェーデンの統合政策の失敗だ、と主張している。紛争地域や政治的な弾圧を逃れてきた難民の保護を一番支援しているスウェーデンは、チリ、イラン、ユーゴスラビアからの難民を受け入れ、イラク戦争後（二〇〇三年）には、イラク難民を最大数受け入れた国として認識されている。

シリアの紛争から逃れてくる難民が増え続けていた二〇一三年の八月、スウェーデン当局は、「シリア難民には永住権を即時に与える」と発表した。これら移民の多くは、スウェーデン社会から隔離された「移民コミュニティー」に住んでいる。無償の教育、その他の公的サービスにアクセスできるにもかかわらず、移民コミュニティーの住人の大半は仕事に就くことが難しく、政治家に対して「自分たちの声を代弁してもらっていない」と思っている。このような状況のもと、緊張が高まっていったのだ。

二〇一〇年、通常なら結束力のあるスウェーデン社会にとって極右政党が国会で議席を取ったのは驚くべきことであり、不安を掻き立てることになった。移民に反対するスウェーデン民主党が五・七パーセントの得票率を得て議会に議席を得たことは、移民数の大幅削減を要求するヨーロッパの極右勢力の躍進を確認する出来事となった。

「あのとき、スウェーデン人は反移民政策を掲げる極右政党の選出にショックを受けました。今の情勢を見ると、極右政党は今後も議席を維持するでしょう。現在、スウェーデンの課題の一つは移民の統合となっています」と、ストックホルム大学の政治学者であるイェニー・マデスタム氏は言う。

移民の流入ペースに不安を覚えるスウェーデン人もいる。しかし、高齢化の課題を解決するためには移民がますます必要であると言う人が多く、労働市場への移民の統合が福祉制度を維持していくうえにおいて必要不可欠だと論じる人が多い。

この国は、他の欧州連合の加盟国と比較すると、八〇歳以上の高齢者の割合がもっとも高い。九五〇万人の約一八パーセントが退職年齢を過ぎており、二〇三〇年までに退職者数は人口の二三パーセントになると見込まれている。少数の現役世代が働いて、増え続ける退職者を支えることになれば、

「時限爆弾」を抱えているようなものである。

フレドリック・ラインフェルト首相は、「スウェーデン人は、もっと働く必要がある」と警告している。二〇一二年、ラインフェルト首相は退職年齢を七五歳に引き上げることを示唆して論議を巻き起こした。現在の退職システムでは六一歳で退職することができるが、六七歳まで働いてもよいことになっている。

「退職年齢というのは魔法の方程式で計算できるものではありません。市民の労働と、大きな規模でのリソースの再分配に基づいたものです。もし、長く生きたいが仕事をする期間を短くしたいと思うなら、退職年金は少なくなっても仕方がありません。それを受け入れるだけの準備ができているでしょうか？　そうは思いません」と、ラインフェルト首相は〈ダーゲンスニュヘテル紙〉に語っている。

退職年齢の引き上げに反対する意見がメディアに殺到した。〈アフトンブラーデット紙〉が次のように書いている。

「首相のように政治の世界で生きている人にとっては、六五歳を超えて働くということは、取締役会で高い地位を占めたり、報酬のよいコンサルタントの仕事を意味するだろう。しかし、工場労働者や病院で働いている人は、そういう年齢になれば膝や腰が思い通りに動いてくれないものだ。まったく違う話になる」

スウェーデンでは、雇用創出も必要である。二〇一三年七月の登録された失業率は七・二パーセントだった。一五歳から二四歳の若者では失業率がさらに高く、一七・三パーセントとなっている。二

〇一四年九月にある次の総選挙の争点の一つは雇用の創出となろう。(16)

二〇〇六年、中道右派の連立政権が、短期の下野を除いて七〇年もの長きにわたって政権の座に君臨してきた社会民主党の支配を打ち崩した。(17)次の総選挙まで一年を切ったとき、政府は有職者に対する五回目の減税を発表した。この特異な国に住む国民の反応は、期待に反して否定的なものだった。減税は多くの国民に歓迎されず、国中で大きな議論が繰り広げられることになった。

スウェーデンの税率は、ほかの国に比べて高い。市町村税は個人所得の二九〜三六パーセントで、自治体によって異なっている。さらに、月額三万五五〇〇円クローナ（大学教授の平均収入がこれくらいである）以上の収入があれば、所得レベルに応じて二〇〜二五パーセントの国税が課せられる。税負担はさらに、食品をはじめとする商品やサービスにかかる二五パーセントの付加価値税（消費税）によって大きくなっている。

二〇一〇年にスウェーデン人社会学者のステファン・スワルフォース氏が行った調査によると、それでもスウェーデン人の七五パーセントは、医療、教育、高齢者福祉などの社会サービスを充実させるため、さらに高額の税金を払ってもよいと考えている。スウェーデン人は、いまだに減税を掲げる政治家に懐疑的なのだ。つまり、平等主義的な価値観、福祉国家、学校や医療といった公的サービス

(16)　本書のポルトガル語の初版は、二〇一三年に出版されている。

(17)　社会民主党は、短期間だが政権与党から降りた時期が数度あった。

の質に関して脅威となる要素は受け入れないということだ。

「これまで、ほとんどのスウェーデン人が喜んで高負担を受け入れてきました。それは、払った税金が質のよい社会給付や公的サービスとなって返ってくることを知っているからです。市民は、税金が政治家のポケットに横流しされることはなく、誰もが恩恵を受けることができ、よく練られた政策に使われると信じています。ですから、この『税の倫理観』は広域にわたって生き続けるのです」

このように話すのは、スウェーデンの有力経済紙〈ディレクト(Direkt)〉のジャーナリスト、ソフィア・ポルハンマー氏である。ポルハンマー氏は、二〇〇六年以降、現政権は社会福祉に頼っている人が仕事に就くように奨励することを意図して、有職者への大型減税を支持してきたことについても言及している。

「しかし、この政策の結果の一つとして、失業者や病気のために働けない人などといった脆弱なグループの生活状況が悪化しました。これが理由で、減税に関する今の政策について激しい議論を呼び起こすことになったのです」

現在のスウェーデンが陥っているジレンマの一つは、その基盤にほころびが見えはじめた福祉国家の衰退をどのように食い止めるかということだ。一方では、左派の野党側が、組織的な減税はサービスの質の低下につながり、スウェーデンの社会正義のモデルは崩壊すると主張している。もう一方は、中道右派政策を擁護し、近年の改革は新たな時代に適応するために必要だと説いている。

「今度の選挙では、一つの問題が有権者を分断するでしょう。減税を続けてもスウェーデンの社会福祉モデルを維持することが可能なのか、ということです。現在、スウェーデン経済は好調です。世界的な景気後退をなんとかやり過ごしましたし、世界でも競争力のある産業が育っています。しかし、将来はどうなるか分かりません」と、政治学者のイェニー・マデスタム氏は言った。

スウェーデン人が、将来の課題克服について神に頼るとは思えない。ここは非常に世俗的な国で、自らの人生に宗教がなんらかの役割を果たしていると答える人は、わずか一〇人に一人である。スウェーデンのルーテル派教会は、信者数の減少を目の当たりにしている。

宗教よりも影響力の強いのが、「Jantelagen《ヤンテラーゲン》」と呼ばれている「ヤンテの掟《おきて》」だ。これは、一九三〇年代にデンマーク系ノルウェー人の作家アクセル・サンデモーセ（Aksel Sandemose, 1899～1965）がつくったもので、北欧諸国に広まった。一〇か条となっている掟の中心的なメッセージは、「自分を特別だと思うな、自分がほかの人より優れていると思うな」というものである。政治家も含めて、このことは今も多くのスウェーデン人の根幹をなしている。

## ある国と、その国の政治家

スウェーデンの政治家が入閣して金持ちになったり、高級車やリムジンで列を組んだり、専用機で飛んだりするより、「地獄に雪が降る」確率のほうが高そうだ。なぜ、スウェーデンという国はこうなのだろうか？

スウェーデンの歴史をひもとくと、民主主義の伝統や個々人の平等が、年月をかけて発展してきたルター派の基本となる価値観と、厳しい倫理原則を特徴とする社会によって裏付けられていることが分かる。

「スウェーデンは、強固な平等という伝統が根付いた国です。そして、この平等主義の伝統は国の政治に反映されています」と話すのは、ストックホルム大学のルネ・プレムフォース教授だ。「スウェーデンでは、政治家というのは自分自身の生活をもとにして、自分が代表する市民の生活状況が理解できる人であるべきだ、という考え方が浸透しています」

平等の文化は、ノルウェーやデンマークといった他の北欧諸国にも共通している。スウェーデン社会は、黎明期から同質性の強い人たちによる農民社会であり、民主的な社会参加が高度に発達し、政治家としての要件は倹約と節約の価値観に結びつけられてきた。言葉を換えれば、市民を代表するために選ばれた人によって選ばれた、質素なライフスタイルと関連しているということだ。

「私たちの歴史の一部です。中世のころから、農民も普通の人も、議会や政府に参加してきました。国王によって権力が濫用された時代もありましたが、この事実、つまり政治家は質素な生活をするということが、スウェーデンにおける政治行動の実態につながっていると思います。そして、有権者は政治家がそうあるように期待しています」と、政治記者のマッツ・クヌートソン氏は言っている。

スウェーデンの政治指導者は、一般的に誠実さ、倹約、社会全体の特徴であるルター派の倫理観を反映しているようだ。作家のニマ・サナンダジ（Nima Sanandaji）がスウェーデンの強固な「倫理資本」と言うところの価値観は、何世紀にもわたって根気強く経済をつくり上げ、この国の経済的な成功を長続きさせたのだ。(原注1)

「政治家は、一般的にその人の国を映し出すものです」と、一九七五年からスウェーデンを拠点にしているフランス人ジャーナリストのジャン＝ポール・プロン氏は言う。

「スウェーデンには、特異な倫理基準がありました。農民社会からはじまり、誠実であるための堅固なルールがあったのです。スウェーデン人が世界で一番いい人間だとは言いませんが、モラルは高いと思います。この国の政治家は、清廉潔白でなければなりません。スウェーデンの政治家は、自分たちの社会での役割を自覚しています。私の国では、男性が地位の象徴として連れて歩く女性がたくさんいます。フランスでは、政治家には数えきれないほどの特権があります。そして、ジャーナリストが常に、彼らが何をするか見張っています。そして、エリート層を構成しています。この国には、それがありませんね」

社会の広範囲に広がる信頼は、スウェーデンの、そして北欧諸国一般に見られる財産である。北欧は、世界でもっとも社会的信頼のレベルが高い。これはスウェーデン人の政治家への信頼度にも表れており、最近の調査でも、回答者の五六パーセントが「政治家に対しての信頼度は高い」と答えている。(原注2)

（原注1）Nima Sanandaji (2011). *The Swedish Model Reassessed: Affluence Despite the Welfare State*, Libera Institute.

「これが鍵となる要素です。スウェーデンの市民は、自分たちの政治家が腐敗していないと思っています。そして、公的制度・機関に対する信頼度も高いのです。スウェーデンにおける社会信頼性が高いのは、一九世紀からはじまった強固な制度づくりのおかげです。それが、このシステムの中心を成す面なのです」と話すのは、ストックホルム大学のイェニー・マデスタム教授である。各国にはそれぞれの政治文化があり、それがその社会全体の文化を象徴している、ともマデスタム教授は言っている。

「スウェーデン社会では、人と人の間の平等が基本的な価値観となっています。ほかの人よりも優れた人は誰一人おらず、誰もが助け合うべきだ、という価値観ですね。そして、それは政治家にも当てはまるのです。スウェーデンの福祉国家創設といった政治改革は、この基本的な社会価値を反映しています。それゆえ、スウェーデン人は政治家が贅沢な暮らしをしている様子を見たくないのです。私たちは、政治家が普通の人であってほしいと思っています。高級車や豪邸、高級な服はいらないし、税金の無駄遣いをしてほしくありません。私たちのお金だからです。私たちが納めている税金は、社会全体の福祉のために使われるべきです」と、彼女は指摘している。

マデスタム教授は、スウェーデンの政治文化の価値観は、機械的に他の社会に移動できるものではないことを認めている。しかし、スウェーデンの経験は他国に警鐘を鳴らすことができるため、参考にすることはできると言う。

「他国の状況について詳しいわけではありませんが、多くの国で政治家の特権に対する見方が変わりつつあると思います。イタリアでは、市民がすでに彼らを代表する政治家の贅沢な生活に疑問をもちはじめており、政治家が高級車に乗ったり、欲しいものを買ったりする行為について議論をはじめています。経済危機があったせいもありますが、ギリシャでも状況は同じです。市民は政治家の特権や特典を批判的に見るようになり、『こうでなくてもいいはずだ』と思うようになってきているのです」

一方、スウェーデンも、ほかの国の文化に影響を受けているようだ。

「たとえば、国会議員の報酬ですが、最近は何度も引き上げがされています。それでも、ほかの国に比べれはまだまだ低いことに変わりはないですが……」と、マデスタム教授は言う。

太陽が光り輝いている八月の夕方、スウェーデンの財務大臣は自分の小さなワンルームマンションに帰宅するところであろう。そして、国会の議長は帰宅しようと地下鉄に乗っていることだろう。テレビでは、この特異な国の夜のニュースとして、ヴァルムド島で五頭のヘラジカがどこかの裏庭で発酵したリンゴを食べて酔っぱらい、家に侵入したという内容を報じていた。

権力の回廊では、またもや犠牲者が出た。夜のニュースのヘッドライン（大見出し）で、労働大臣が「スウェーデン公共雇用サービス庁（Arbetsförmedlingen）」のアンゲルス・ベルムデス＝スワンクヴィスト長官を即時罷免すると発表した。彼女は、二つのメディアの報道が原因で解任された。

---

（原注2）Source: Statistiska Centralbyrån, Statistics Sweden.（スウェーデン統計局）

まず、〈アフトンブラーデット紙〉が、「ベルムデス＝スワンクヴィスト氏は五〇歳の誕生日のパーティーをしたあと、家に帰るためにタクシーに乗って五七五クローナ［約六三〇〇円］を支払った。それは、税金から支払われたものだ」と報じた。

二つ目は、ベルムデス＝スワンクヴィスト氏が海外に行ったとき、携帯電話のローミングサービス(18)をブロックするのを忘れたため、その月の請求額が一万五〇〇〇クローナ［約一六・五万円］にもなったことが発覚した、という報道であった。

「これは容認できません」と、労働大臣がテレビカメラに向かって言った。しかし、このような話は尽きない。この秩序だった国では、すべてが厄介に思えるほど手はずが整えられている。スウェーデンのカレンダーを見ると分かるのだが、各週には通年で番号がついている(19)。私がもう一人の政治学者のインタビューを取り付けようと電話すると、電話の相手は「三六番目の週でもいいですか？」と答えた。

---

(18) 契約している通信事業者のサービスエリア外でも、提携事業者の設備を利用して通信できるようにすること。

(19) スウェーデンのカレンダーやスケジュール表では、一月からはじまる週に番号が付いており、特定の日月を言うときに、「第三二週は都合がいいか？」などと週の番号でやり取りすることが多い。

# 訳者あとがき

二〇一九年の春、同僚の外交官があるメールを転送してくれた。それは、本書『Sweden, The Untold Story』の英訳版の出版記念会が行われ、カール・ビルト元首相・元外相も駆けつけたというスウェーデン外務省からのメールだった。そして、この本の概要を読み、是非自分で翻訳したいという思いがマグマのように湧いてきた。本書を日本人にも読んでもらいたい、スウェーデン大使館の勤務で知り得た本当のスウェーデンの姿を知ってもらいたい、という衝動につき動かされたのだ。

表紙になっているカール・ビルト元外相をはじめ、ラインフェルト元首相、アンダーシュ・ボリ元財務相、ケント・ハーシュテット議員、ベアトリス・アスク元司法相、ヴィクトリア皇太子など、来日時にプログラムをつくったり、通訳として同行したりして身近に接したことのある人もたくさん登場する。そして、これらの人たちが本当に謙虚で、質素で、税金の無駄遣いをしないように努めていることが伝わってく

来日したカール・ビルト外相（当時）と通訳をする訳者

るだけに、本書に書かれてあることが非常によく理解できた。

スウェーデン大使館でも、情報開示に備えて文書やメールの取り扱いについて研修があったが、正直なところ、その理由がよく分からなかった。また、要人が来日する際の滞在費や食事代などにもさまざまな制限があり、時には、もう少し高くてもいいのではないかと思うこともしばしばあった。しかし、本書を読んだことでその理由のすべてが分かった。時折、「スウェーデンは極端だとなー」と思うこともあったのだが、実際、本当に極端な国であるということを再認識した次第である。

スウェーデン議会（Riksdagen）のホームページを見ると、英語で議員の月額報酬などが書かれてあり、国内の移動手段については以下のように記述されている。

It is up to the members themselves to decide what domestic journeys to undertake and what means of travel is most suitable in terms of cost, time and environmental impact.

移動手段について、費用と時間と環境への影響を鑑み、最適と思われる手段を選ぶように、という意味だが、環境への影響にまで言及しているところがいかにもスウェーデンらしい。

二〇一九年の夏に定年退職されたマグヌス・ローバック（Magnus Robach）大使のインタビューに同席した際、このように言われたことが印象に残っている。

「スウェーデンは風に揺れる葉っぱ、日本はどっしりと動かない岩石」

昔から、国内市場が小さいために国際展開を行い、輸出依存国であるスウェーデンは、国際情勢にさらされながら揉まれてきたが、小さい国がゆえに身動きが取りやすく、いろいろな実験ができ、先進的な試みを行ってきたということを意味している。

試みが失敗、あるいは効果がなければすぐに撤回する。しかし、民主主義の伝統を見るとまったく逆となる。ヴァイキングの時代から合議による意思決定がされ、王が選出される時代もあり、議会には農民からも代表が送られていた。世界で初めて出版の自由を法制化し、オンブズマン制度を取り入れてもいる。どっしりとした岩石のように民主主義の伝統が根付き、現在においても守られているのだ。

二〇一九年は、一九一八年一二月に男女平等な普通選挙を認める決定がなされ、民主的な近代議会ができてちょうど一〇〇年になる。このような年に本書の日本語訳を出版できることは非常にうれしい。さらに、スウェーデン外務省でも民主主義に関するプロモーションを強化しようという動きがあるので、本書を訳すことで日本における「スウェーデン発の民主主義のプロモーション」の一翼を担えるとすればこのうえなく光栄である。

スウェーデン大使館で仕事をはじめた当初、プロモーションの項目に「民主主義」というのがあった。貿易やビジネスなら分かるが、「民主主義をプロモーション」というのはどういうことかと思ったことがある。しかし、今ではその意味がよく分かる。この国は、そういう国なのだ。

最後に、このような短時間で出版に漕ぎ着けたいという私の我が儘を聞き入れ、助言と励ましをいただいた株式会社新評論の武市一幸さんに心からお礼を申しあげたい。また、冒頭のメールを転送してくれた人であり、常々情報を提供し、助言をしてくれるスベン・オストベリ（Sven Östberg）参事官、写真を提供してくれたヨハンソン弘美さんにも感謝したい。そして、スウェーデン滞在歴一七年の夫に、原著者同様、ありとあらゆる意味で感謝したい。

二〇一九年一〇月

アップルヤード和美

**補記**：本書の初版が出版（二〇一四年）されてから五年が経った現在、大臣や政府高官の移動に関しては、セキュリティー面を考えて車を利用するケースが多少増えている。また、給与などに関しても訳注にて記したとおり徐々に増えている。とはいえ、根本となる考え方はまったく変わっていない。

## 訳者紹介

**アップルヤード和美**（かずみ）

島根県生まれ。広島大学卒業後、中学教員として勤務し、アメリカ・インディアナ大学で国際比較教育学の修士号を取得。大学の英語講師を経て、2007年よりスウェーデン大使館勤務。本書に登場する政治家をはじめとして、多分野にわたるスウェーデンからの専門家や来日要人のプログラムを作成したり、通訳（日英）としてアテンドする。また最近では、政治経済担当として、ジェンダー平等やサステナビリティーについて、スウェーデンのプロモーションにも積極的にかかわっている。


**あなたの知らない政治家の世界**
――スウェーデンに学ぶ民主主義――

（検印廃止）

2019年12月15日　初版第1刷発行

訳　者　アップルヤード和美

発行者　武　市　一　幸

発行所　株式会社　新　評　論

〒169-0051 東京都新宿区西早稲田3-16-28
電話　03(3202)7391
振替・00160-1-113487

落丁・乱丁はお取り替えします。
定価はカバーに表示してあります。
http://www.shinhyoron.co.jp

印刷　フォレスト
製本　中永製本所





ISBN978-4-7948-1141-7